本书为国家社会科学基金一般项目（项目批准号：13BZW027）阶段性成果

多维视野中的语文教育

秦凤珍 著

浙江大学出版社
ZHEJIANG UNIVERSITY PRESS

图书在版编目（CIP）数据

多维视野中的语文教育 / 秦凤珍著. —杭州：浙江大学出版社，2015. 12
ISBN 978-7-308-15350-8

Ⅰ. ①多… Ⅱ. ①秦… Ⅲ. ①语文课—教学研究—中小学 Ⅳ. ①G633. 302

中国版本图书馆 CIP 数据核字(2015)第 278893 号

多维视野中的语文教育

秦凤珍 著

责任编辑 张小苹
责任校对 杨利军 徐凯凯
封面设计 续设计
出版发行 浙江大学出版社
(杭州市天目山路 148 号 邮政编码 310007)
(网址：http://www.zjupress.com)
排　　版 杭州金旭广告有限公司
印　　刷 杭州日报报业集团盛元印务有限公司
开　　本 710mm×1000mm 1/16
印　　张 16. 5
字　　数 280 千
版 印 次 2015 年 12 月第 1 版 2015 年 12 月第 1 次印刷
书　　号 ISBN 978-7-308-15350-8
定　　价 48. 00 元

浙江大学出版社发行中心联系方式 (0571)88925591；http://zjdxcbs.tmall.com

目　录

第一编　相似论与语文教育

第二编　百年语文教育回望

第三编　数字化语境中的语文教育

第一编

相似论与语文教育

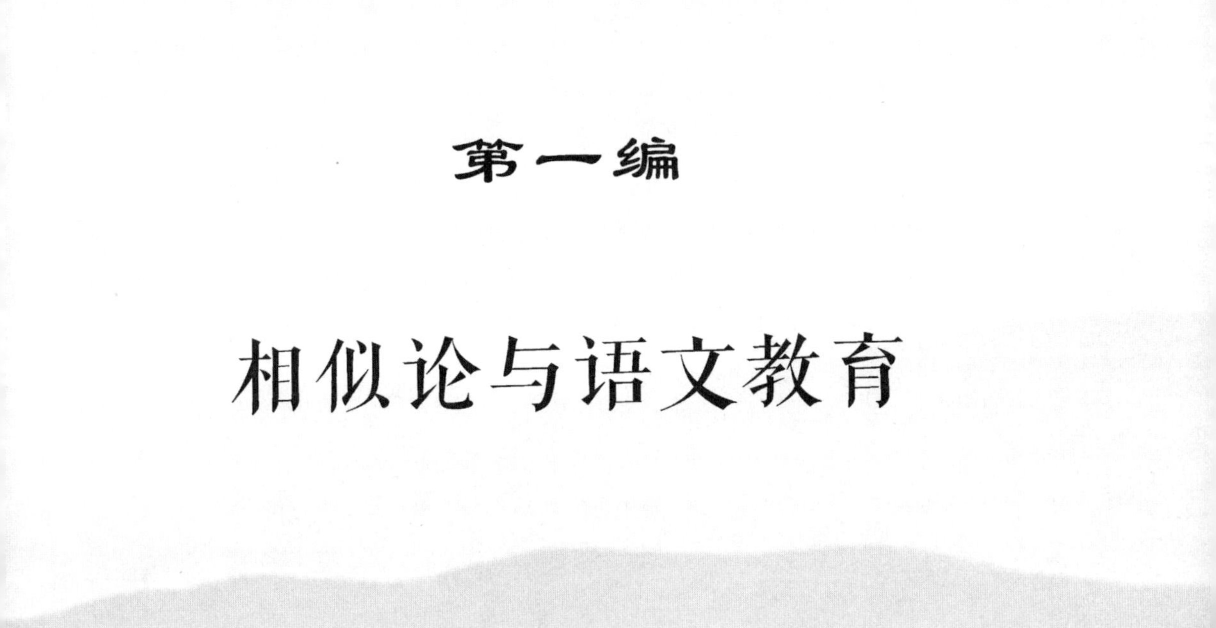

引　言

相似论是思维科学的一个分支，也是一种科学的思维方式与方法，对人类的各种实践活动具有毋庸置疑的方法论价值和指导作用。它的相关理论主要体现在张光鉴等所著的《相似论》（江苏科学技术出版社 1992 年版）中。《相似论》一书问世以后，高士其等人对它有很高的评价。钱学森同志评价说："文艺家和科学家的议论都近乎思辨性质，对我们有启发，但还有待于深化，是张光鉴同志，对形象思维作了有意义的探索……"①高老也评价说："张光鉴同志积几十年实践经验和工作方法，但他没有停留在一般的认识水平上，而不断扩大思想视野，广泛地联系各种事物，深入探讨了事物的本质，升华到理论高度，撰写了《相似论》著作。"②《相似论》出版后也在国内外引起了强烈反响，在众多领域得到了广泛的应用。

相似论主要研究自然、社会和思维领域广泛存在的相似运动、相似联系和相似创造规律。相似是相似论的枢纽所在，"相似就是客观事物存在的同与变异矛盾的统一"③，只有"同"才有继承，只有"异"才有创新。万事万物就是在"同"与"异"的交互关系中不断发展的，因此认识事物的一条重要途径就是寻找事物间的相似性，研究事物间的相似性，找到事物之间的"同"与"异"，进而实现"创新"的目的。对于今天备受瞩目的中小学语文教学改革，相似论也有其启示作用和方法论意义，能提供一些新的观照角度和研究思路。

一般来说，相似论的主要观点可概括为以下几点：

---

① 见钱学森《科学的艺术和艺术的科学》一书中的《关于思维科学》一章，http://202.117.24.24/html/xjtu/qxs/kexue/kxml.htm.

② 张光鉴等：《相似论・序言》，江苏科学技术出版社 1992 年版，第 1 页。

③ 张光鉴等：《相似论》，第 4 页。

(一)相似论认为事物之间的相似性是普遍存在的,宇宙是相互联系的整体。

无论是在自然科学领域还是在社会科学领域,由简单到复杂,由低级到高级的运动都是在相似的类同与变异中进行的,“一切事物都是由相似的单元、层次排列组合而成的”①。如在植物界,大到参天耸立的松柏,小至微小的原始藻类,表面看差异很大,但实质上它们都有着相似的叶绿素;而在动物界,所有的动物则都有着赖以生存的相似的血红素。“现代科学还进一步证明,叶绿素与血红素的化学结构也是相似的,都是卟啉络合物。叶绿素是卟啉结合了镁元素,血红素是卟啉结合了铁元素。所以客观世界中看来是风马牛不相及的东西,却深刻地存在着相似的特性,因为人和植物都是由共同的祖先——核前生物体变异而来的。”②社会科学领域同样如此,大多数民族都不约而同地经历了石器时代、陶器时代、铜器时代、铁器时代等若干阶段;从东方到西方,人类社会也基本上经历了原始部落社会、奴隶社会、封建社会、资本主义社会等几个基本阶段。有着相互联系的事物构成了世界整体,“一切事物都是由相似的单元、层次排列组合而成的”③。人们之所以能掌握大自然的运动规律,通晓自然科学和社会科学领域的真谛,实际上总是有意或无意地依靠了事物之间的相似性。

(二)相似现象不仅普遍存在于自然界、人类社会,也存在于人们大脑的思维活动与认知过程之中,“人的思维也是按照相似原理进行活动的”④。

从宏观的角度看,人是自然的产物,因此人的思维活动的形式和规则也必然与自然万物的运行规律有着密切的关联,确如恩格斯所指出的:思维是“人脑的产物,而人本身是自然界的产物,是在他们的环境中并且和这个环境一起发展起来的;不言而喻,人脑的产物,归根到底亦即自然界的产物,并不同自然界其他联系相矛盾,而是相适应的”⑤。如果从微观角度进行更细致

① 张光鉴等:《相似论》,第 5 页。
② 张光鉴等:《相似论》,第 2 页。
③ 张光鉴等:《相似论》,第 5 页。
④ 张光鉴等:《相似论》,第 14 页。
⑤ 《马克思恩格斯选集》第 3 卷,人民教育出版社 1972 年版,第 74—75 页。

地考察，那么可以说："人的思维之所以依照相似性进行活动，其直接原因在于：人的神经网络中的信息活动，乃是基于以相似性的信息（这个信息有外部输入的，也包括大脑中自己产生的）为中介而自我进行的相似激活、相似联系、相似催化、相互调制、相互匹配的原理而工作的。而这些神经网络活动过程本身又有其物理学、化学、生物学中的系统相似性原理为依据的。"[①]这个得以收集"相似信息"的神经中枢被称为"相似信息块"。"相似信息块"是一个动态的机制，它最初体现为本能或遗传因素，随着主体与客体的不断联系，主体原有的相似信息块被外界刺激不断与外界交换信息，形成新的"相似信息块"，而新的"相似信息块"再去顺应或同化更新的信息，这样主体的"相似信息块"如雪球越滚越大，于是人解决问题的能力也越来越强。这里需要说明的一点是"相似信息块"并不是一经产生就能巩固，而是要经过不断重复练习，所以乒乓球、羽毛球、网球运动员刻苦训练，成千上万次地反复练习进攻和防守中的各种相似的动作，其目的就是在大脑中的神经网格中生成造就这种反应过程中的高速度和高水平的快速信息反应通道，巩固脑中的"相似信息块"。

（三）事物之间的相似联系体现在三种关系和三条规律上。

三种相似关系分别是：相似现象与本质的关系，静态相似和动态相似的关系，宏观结构相似与微观结构相似的关系。这三种关系既是事物之间得以联系的固有关系，也是人们认识事物的途径。也就是说，事物之间表象相似，那么本质就可能相似；事物之间的运动方式或结构相似，也有可能本质相似。事物之间表象、运动方式和结构相似是本质相似的外在表现。三条规律分别是：相似运动规律、相似联系规律和相似创造规律。三条规律也反映事物的本质相似，因为规律就是"现象中持久的（保存着的）东西"，"规律是本质的现象"[②]。这三条规律既是事物之间得以联系的规律，也是人的思维运动的一般规律，人们认识事物总是先从事物的形式相似入手，然后才能认识事物运动的相似，结构的相似，进而才能认识到事物千变万化中那些相对不变的本质和规律，并在此基础上促成相似创造。其中，相似运动规律是核心，因为事物的运动才创造了千变万化的世界，而相似创造规律则是相似运动规律的结果。由上述阐释可知，三种关系和三条规律异语同旨，殊途同归，既体现出事

① 张光鉴等：《相似论》，第 9 页。

② 《列宁全集》第 55 卷，人民出版社 1990 年版，第 126—127 页。

物本来的关系，也体现出人们认识事物的规律。

（四）相似论认为认识事物要从事物间的相似关系或相似规律入手，要善于发现和把握事物的相似性。

事实上，人们之所以能认识和改造客观世界，在很大程度上是因为有意无意地遵循和利用了事物之间的相似关系。鲁班因看到锯齿草而得到启发发明了锯子，牛顿从苹果落地这一极平凡的现象中洞察宇宙间的万有引力定律，瓦特因看到开水时壶盖跃动而发明了蒸汽机……相似论则从理论的高度揭示了发现、找寻事物之间的相似性，把握事物之间的相似关系是人们解决问题的有效途径。

另外，相似论提倡形象思维，并试图从相似性入手探究和解释创造性思维过程中最为奥妙的“直觉”“顿悟”在神经、生理方面的原因。这为揭开长期以来“直觉”“顿悟”“灵感”等现象导致的认识谜团提供了解决的契机和新的思路。

总之，相似论是在当代形成的系统的思维科学理论。它的思想博大精深，是对中国传统思维方式的回归与创新，它继承中国传统思维方式中的整体观，指出了世界存在和协调发展的原因是因为事物之间是有相似性的，正如莱布尼茨所说“只要您想到了事物的相似性，您就想到了某种不止于此的东西，而普遍性无非就在于此”①。同时它又修正了中国传统思维模式中模糊性的弊病，指出事物之间的相似性是有层次的、多方位的，事物之间的相似关系存在着多种方式：现象的与本质的，宏观的与微观的，静态的与动态的。它的创新之处是以脑科学、认知心理学、生理学等为依托的，找到了作为主体的人的思维发展规律。它认为人的思维发展有章可循：首先遗传因素为人脑活动奠定了先天基础，进而人的思维发展又受到后天教育的影响，在动作思维、具体思维、形象思维发展的基础上，抽象思维和探索思维也不断发展起来。人的思维发展是累积型的，促使思维累积的内在机制就是“相似信息块”。

相似论对教育学颇有启迪意义，它提醒教育者要以人为本，按照人脑的思维发展规律来组织和实施教学，既不能拔苗助长，也不能南辕北辙，要在教育实践中真正做到因材施教。事实上教育学史上较有影响的学派的学说，如格式塔学派的“相似结合率”，行为主义的“条件反射”与“模仿说”及认知心理

① 莱布尼茨：《人类理智新论》，商务印书馆1982年版，第582页。

学派的“同化”与“顺应”说等等，都不同程度地体现和自发地遵循了事物之间具有相似关系的规律。但是这些理论没有自觉地将人的思维发展规律作为教育应遵循的基本原则，这不能不说是一种遗憾。

相似论在教育领域引起了人们的高度重视和广泛关注，已取得了很多颇为可观的成就，已出版的著作有张光鉴等的《科学教育与相似论》（张光鉴、高林生、张菀竹编著，江苏科学技术出版社2001年版）等，教育部所属“九五”、“十五”重点课题“科学教育——开发儿童少年潜能研究课题”更与之直接相关，该课题是一个综合性的课题，也是一个系统工程，要从多方面去研究开发少年儿童的潜能。为配合课题研究，全国各省（自治区、直辖市）也陆续成立起了相似性教学研究会，在香港还有“相似论香港促进会”。近年来相似论也被一些教育工作者应用于中小学各科教学当中。① 在语文教学方面，则有“科学教育——开发儿童少年潜能研究课题”的子课题——“科学认读——发展语言及思维研究”“汉语文创新教育研究”两个子课题。“科学认读——发展语言及思维研究”由江苏省的陈树民、穆淑华负责，1999年立项，从1999—2003年为第一阶段，2004—2009年为第二阶段。该课题总思路是：从人脑神经细胞活动机理出发，结合汉字的特点，树立以开发潜能为目标的汉字学习“潜能观”，充分发挥汉字的育人功能，开发儿童的潜能。“汉语文创新教育研究”由徐德江负责，根据脑科学最新研究成果，探讨汉语汉字和汉语文教学特点及婴幼儿的特殊认知规律，建立从婴幼儿开始着眼于培养孩子创新能力的新的语文教育模式，探索在婴幼儿、小学和中学的汉语文教学过程中，开发孩子的脑潜能，培养他们良好的品德和创新能力，在九年义务教育毕业时，语文水平达到或超过现行高中毕业的程度。

---

① 这方面具有代表性的论文有：杨洪清、朱新兰的《学用〈相似论〉编写〈认读通典〉》（《彭城职业大学学报》2002年第2期，第63—68页）、刘厚芬的《集约教学——相似论在植物生理学教学中的应用》（《高等农业教育》1994年第6期，第29—31页）。

第一章　相似论与中小学汉字识字教学

汉字文化在当代正愈益显示出其独特的魅力。一则汉字深刻反映着汉文化，是汉民族思维发展的活化石。再则，汉字为揭开人脑运作的规律提供了一把钥匙。汉字的特殊魅力，再加上当今中国国际地位的稳步提高，必然使汉字文化在国际上地位日益上升，汉语热在越来越多的国家和地区出现，由此，对外汉字教学作为一门有别于针对中国学生的汉字教学的独立的学科也受到了越来越多的关注。对外汉字教学既是常规汉字教学的扩展和补充，也凸显了许多新的问题。

对外汉字教学若从 1952 年第一套对外汉语教材出现算起，至今已有半个多世纪的历史了。其间对外汉语教学取得了很大的成就，对外汉语教学的研究方法也由单一的经验研究方法转向定性、定量研究方法并用，但是这些研究方法仅仅将目光局限在对外汉语教学内容和教学模式本身，就事论事，缺乏应有的高度和论析的穿透力，未能高屋建瓴地对它进行观照，因此要想使对外汉语教学实现质的飞跃，困难重重。

而我国传统的汉语母语教学虽有悠久的历史，在近年也取得了一些可喜的成果，但汉字识字教学中出现的高原现象也同样不容忽视，不仅既往的小学生识字教学方式暴露出了越来越多的问题，而且中学生汉字识字出现了严重的反弹现象，在中考和高考中乃至大学生的作业、论文中，错别字泛滥成灾。究其原因，一是因为汉字确实难学，字形笔画多，字义复杂。但更重要的是因为我们既往的汉字教学一直就汉字论汉字教学，未能站到更高处考查汉字产生发展的原因，没有从汉字产生发展的历史轨迹、规律出发去总结汉字教学的规律和方法，没有把汉字教学与人的思维发展状况、规律结合起来考察，缺乏对二者内在关联的洞察，也缺乏汉字教学与别的学科的交融与借鉴。同时汉字教学长期以来缺乏科学的方法论指导，从教者和研究者往往是从感性经验出发提出自己的设想，形成教学模式，因此汉字教学难的问题一直未能得到很好的解决。

由此足见引进新理论的重要性。本书认为用相似论的观点剖析汉字教学，找到其症结所在，有助于提高汉字教学的效率，推进汉字教学改革。因为相似论的基点是“类比联想”，它的功用是“启发”，它的灵魂是“创新”，用相似论的观点看问题有助于人们拓宽思路、增强联想能力、推理能力及创造能力，有助于人们从汉字与思维的关系及汉字与相关学科的联系出发，找到提高汉字识字教学的新途径。

限于篇幅，同时也基于本节关注的重点，下文所论的识字教学针对的主要是汉民族中小学的汉字识字教学实践。主要论述四个方面的问题，第一部分对相似论的主要观点及其与汉字识字教学的关系进行概述，第二部分从相似论的视点审视汉字产生发展的过程，第三部分借鉴相似论的方法论对汉字识字教学的历史流变进行梳理，第四部分在对当前识字教学进行反思的基础上对汉字识字教学的前景作了展望，提出了自己的一些设想。

一、相似论与汉字及汉字识字教学的关系

由前面的论述我们已经知道，事物之间的相似性是普遍存在的，人们千百年来之所以能进行发明创造，实际上是通过“人工”来再现“天工”，因为“客观世界中存在的相似性就是认识活动中相似思维活动的本源”①。因此相似论主张认识事物的科学途径就是要寻找事物之间的相似性，研究事物之间的相似性。研究汉字识字教学自然也不例外。

首先看汉字的产生发展过程。“汉字的创制与演化实际上是一个依照相似原理，由实到虚，由形象到抽象的渐变过程。”②聋哑人表达思想的过程与先民用汉字表达思想的初始动机很相似：聋哑人要想吃馒头，他就用双手的大拇指和食指合拢做馒头样，然后再指指嘴巴，别人就明白了他的意思，所以他们的思维基本上一直是具体的，几乎没有复杂的抽象概念和判断。原始先民开始与别人交流思想时，也只能借助现实生活中已经有的物体，而且是大家都熟悉的物体表示。同样道理，当需要记录时也只好对现有物体进行描摹，图画文字便产生了，对图画文字的进一步简化、省略形成了象形字、指事字和会意字。因此这三种类型的字也是对现实物体或生活实境的描述，汉字就是对客观事物的具体描述，字与物体的形象是相似的。随着生活实践的积累，随着人们在处理交际问题时不断提出新的问题，人的思维能力在增强，当

① 张光鉴等：《相似论》，第59页。
② 张光鉴：《科学教育与相似论》，江苏科学技术出版社2000年版，第277页。

已有的汉字不能满足交际的需要时，他们就将已有的汉字进行组合，于是就出现了形声字。借助已有的字来表示语言中音同或音近意义不同的字，于是又出现了假借字。汉字与事物的关系不再是单纯的“象形”，而开始“象征”，也就是说象形字、指事字和会意字是人们利用事物之间形象的相似进行创造的结果，而形声字、假借字是人们利用汉字之间结构的相似、读音的相似来创造汉字的结果。历代的汉字改革又是本着“字为我用”这个原则不断发展完善汉字的体系，人们更多地关注汉字和客观事物之间的神似，于是汉字的符号化倾向越来越显著，汉字与客观事物之间的关系是“象征”，汉字系统类化的趋势也越来越明显，汉字的简化成为汉字发展的大趋势，最终使得汉字体系出现层次性的网状结构。相似论的观点认为人们认识客观事物的关系总是先从形象相似，进而才能触及结构相似、功能相似，逐步抵达本质相似，使认识不断得到深化。因此汉字的产生与发展过程与人类思维的发展过程是相似的，汉字的发展过程体现着人的思维发展规律，可以说汉字的发展史是汉民族思维发展史的缩影。若我们对汉民族思维发展过程进行梳理，也就不难找到汉字体系形成发展的轨迹，按照汉字体系形成发展的轨迹进行教学无疑是汉字识字教学的一个切实可行的办法。因此以相似论做指导，模仿和尊重汉字形成发展的过程进行教学具有积极的意义。

其次，就汉字识字教学发展变化的过程来说，实际上从古代的汉字识字教学到当今的汉字识字教学都只从汉字体系本身来寻找汉字识字教学的方法，而不从或很少从汉字的形成过程出发寻找汉字识字教学的方法，因此多少年来汉字识字教学的改革没有太大的突破。20 世纪 80 年代后出现了数十种汉字识字教学方法，但由于指导思想的偏误，这些识字方法多将汉字识字教学仅仅局限在具体的汉字识字教学上，就事论事，而没有将汉字识字教学纳入汉字文化传承的整体系统中去看待，没有把它当作一个系统工程去处理，因此语文教育依然没有摆脱“汉字是老大难”的问题，而引进相似论则有助于促成汉字识字教学的新的突破，相似论通过寻找事物之间的相似关系找到了解决问题的捷径，它强调在相似事物之间寻觅规律，举一反三，从而可以达到“闻一知十”的效果。相似论注重继承，更强调创新，这有助于强化汉字识字教学改革在继承中不断创新的意识。

总之，用相似论的观点指导考察汉字产生发展的过程，通过考察汉字产生发展的过程可找到汉字识字教学行之有效的方法，从根本上提高汉字识字教学的效率。同时，汉字识字教学也可充实和发展相似论。二者如同作用力与反作用力一样，是相互影响、相互促进的关系。

二、用相似论的观点看汉字产生发展的过程

相似论认为事物之间是普遍联系的。从宏观的角度看，汉字的产生、发展与汉民族思维方式的发展在本质上是相似的，因为汉字是人与客观事物相似运动、相似联系和相似创造的产物，汉字产生、发展的过程中必然渗透着人的思维活动，烙刻着人的思维运动发展的轨迹，汉字系统的产生流变在一定意义上乃是人的思维的外化。从微观的角度看，汉字的产生发展过程与一个人的思维发展过程也是相似的，都经过了直观—形象—抽象的发展过程。以往对汉字的研究仅限于对汉字本身的研究，只重视对结果的研究，而很少有人从人的思维发展的角度去研究创造汉字时人脑的运作过程，这也与中国传统思维重结果而不重过程的思维方式有关。相似论则启发我们要从人的思维方式和思维活动规律出发去考察汉字的产生、发展过程。

一则，从宏观的角度看，汉字的产生发展过程与汉民族思维发展过程相似。

“所谓思维方式包括一些不自觉地经常运用的思维模式”①，思维方式是决定民族文化如何发育的一项重要的控制因素，一旦一种思维方式正式形成并被普遍接受之后，就具有相对的稳定性，成为一种思维结构模式或思维定式，决定着人们“看待问题”的方式和方法，决定着人们的社会实践和一切文化活动。中国传统的思维方式是中国先民在与自然界的相互作用中形成的，“中国传统思维重视事物的功能联系，轻视实体形质，对问题强于综合而弱于分析，重视时间因素超过空间因素，具有整体性、对待性、直觉性、模糊性、内向性、意象性等特点”②。其中整体性是最主要的特征，其他的特征是整体思维方式发展的结果。对整体思维做理性的关注始于老子和孔子，经过两汉经学和魏晋玄学、唐代佛学，到宋代理学范畴体系的完成，这一思维方式日趋完善。

最初的原始人类，还没有把自身同自然界区分开来，而是与自然混融为一，这是整体思维产生和在日后长期延续的重要原因。整体思维方式在《易经》和老子、孔子等人的理性思索中已有所体现，如《易经》就强调“观其会通”，《庄子·天下篇》中也强调“泛爱万物，天地一体也”。后人在此基础上进一步使之发展完善。整体思维认为宇宙是一个有机整体，即所谓的“天人合

① 张岱年、成中英等：《中国思维偏向》，中国社会科学出版社 1991 年版，第 7 页。

② 张岱年、成中英等：《中国思维偏向》，第 2 页。

一”,在这个整体中的任何部分之间都有密切的联系。整体思维是一种系统化思维,它倾向于对感性经验作抽象的整体把握,即重视直觉、顿悟、隐喻,而不重视分析。整体思维以统一、和谐为最终结果,缺乏对立的冲突和批判否定精神,即创新精神。在封建社会中,它尤其带有浓厚的人伦色彩,融入了崇拜贤圣的“唯圣”思维方式和“大一统”的思维方式。这些思维方式都影响着汉字的产生发展过程,但整体思维的发展不是与汉字的产生发展过程一一对应的,整体思维决定汉字发展的方向,反过来汉字的发展又促进整体思维的完善。

(一)汉字的产生

在原始社会,原始先民没有把自身同自然界区分开来,认为人和自然界是统一的,人是自然界的一部分,从伏羲、神农到夏、商、周,产生了八卦,这是整体思维的萌芽,也是汉字产生的重要根源。所以当先民们想表达自己的想法时,他们用实物来表达,如渔猎时代的结绳记事、刻木记事、编贝记事等,但是这些记事方式所记录的事必须是当事人自己所亲身经历的事,别人从结绳、刻木和实物中是常常无法获取信息的。这样的记事方法给了人们极大的启示——依靠一种实物以外的大家都熟悉的东西可有效地进行交流。随着生产力的提高,氏族内部人与人之间的交往多起来,达到的共识也多起来,如看到画着的一头牛,大家都明白表达的意思,于是初民逐渐改变了结绳记事、刻木记事的方式,改用大家熟悉的图画来表达自己的思想,如氏族首领要命令人们捕鹿,他就画一幅图画:一根棍子放在鹿的头上,于是大家都明白了首领的意思。氏族内部人与人的交流就靠画这些实物图来互通信息,这就是图画文字,虽然图画文字仍带有提示和帮助记忆的性质,但是“它能够形象地再现事物,因而它可以唤起有共同生活基础的同族人的共同观念,使他们产生大体相同的认识”①。因此,图画文字是记录思维的。随着人们共识的增多,人们将图画文字中大家熟悉的可有可无的部分进行删减,用简单的线条对事物进行描摹,这就形成象形文字,如:角、手、牛、羊、虎、虫、鱼等。对现实场景进行描摹的就形成指事字,如:本、末、刃、上、面等。会意字则是对事态的复杂关系的显示,如:从、采、受、森、比等。这时人没有与外物对立的意识,因此只是对自然进行直接描摹。

形声字的产生稍后,它与人的主体意识渐渐觉醒密切相关。随着人类主

---

① 裘锡圭:《文字学概要》,商务印书馆1988年版,第60页。

体意识的高涨，以自己为自觉能动的主体，积极地为自然立法，力图把自己的意志加在万物上，把宇宙万物纳入到自己创造的符号体系中，使之可以控制，这时虽然仍强调人与自然的统一，但是不再靠对自然的简单描摹，而是通过对自然的总体把握来实现对自然的控制。体现在汉字的产生过程中就是形声字的出现。形声字不再对客观事物进行直接的模拟，而是用已造出的字做新字的偏旁，提示语义或语音，使汉字字形所显示的音、义信息容量加大，使汉字的形、音、义有机结合。因为形声字的造字能力很强，并使汉字整体系统化，满足了人们交际的愿望，因此它的数量增加得非常快，现在形声字约占所有汉字的比例达 80％之多。转注字和假借字的出现是为了控制汉字的数量，是利用汉字之间的音义关系创造出来的，是对四种造字法的延伸。

由此可见，汉字"六书"中，除了作为用字之法的"转注"、"假借"外，其余作为造字之法的"象形"、"会意"、"指事"、"形声"四法，都是人在对客观事物的直观审查中，对现象进行概括、模拟而产生的一种象征性符号，是人与自然和外物相似的产物，汉字是以"人工"再现"天工"的最好的表现。汉字由字与外物"形似"的象形字发展到字与外物"神似"的指事字、会意字和形声字的过程恰恰体现了从现象相似发展到结构相似的相似递进规律。如前所述，客观事物是相互联系的，产生于"天人合一"的整体思维基础上的汉字之间也是相互联系的，如甲骨文中关于牛的字有：牸、牤、牴、牳、牷等，因此汉字从产生之日起就是成系统的。正如安子介所说"汉字的创造、发展合乎逻辑"①。王凤阳也认为："文字是一个系统，它是根据特定的原则组织起来的、构成的各部分之间相互联系、彼此制约的一个整体。"②汉字是人的整体思维发展的结果，汉字的发展过程体现着汉民族整体思维的发展过程。

（二）汉字的发展过程

相似论的观点认为"一切事物都是由相似的单元、层次排列组合而成的"③，汉字从产生之日起就自成一个庞大的立体网状结构的体系。萧启宏教授历经 20 年的研究发现了汉字"字形藏理，字音通意"的总规律和"同形同宗，同音意通"的总联系。在这个体系中，汉字的形、音、义是基本要素，这个

---

① 安子介：《安子介现代千字文》，香港瑞福有限公司 1991 年版，第 17 页。

② 王凤阳：《汉字学》，吉林文史出版社 1989 年版，第 37 页。

③ 张光鉴等：《相似论》，第 5 页。

体系的发展变化以汉字形、音、义的纵向变化为经，形、音、义横向联系为纬。汉字形、音、义从共时的角度看是互相联系的网状关系，从历时的角度看三者又各自自成体系。可以说汉字的形、音、义之中的任何一个因素发生变化，都会引起自身以及其他两者的相应变化，真可谓是“牵一发而动全身”。而汉字系统的发展变化又不可能不受汉民族思维方式发展变化的影响，因此可以说汉字系统的发展变化是汉民族思维发展变化的外在表现。

汉字系统是一个庞大的网状表意系统，汉字系统的发展变化过程是一项庞大的工程，要谈论和把握它很不容易，由于本人学识浅薄，纵向从古代、近现代、当代及汉字的未来四个时间段简要论析。因为时代不同，思维方式也有所差别，因此汉字改革的内容也不同。横向从汉字形体的纵向发展变化过程、词义的纵向发展规律及汉字形、音、义横向的关系的规范化方面略谈汉字发展与思维方式发展的关系。语音的发展变化涉及训诂学、音韵学方面的知识，对此本文不拟做专门论述。

1. 古代汉字的改革

古代汉字的改革主要是形体的改革，影响古代汉字改革的思维方式是整体思维方式。整体思维方式是在经验综合的基础上形成的，重经验而轻分析，所以“求简捷而少推理，靠灵感而非逻辑，重直觉而轻论证”[①]是整体思维方式的重要特点，整体思维方式重意象、重象征。在这种思维方式影响下，作为汉字载体的形体就必然向简化的方向发展，符号性的特征越来越明显。

(1)形体趋简

汉字的形体包括字体和字形两个方面，字体按照书写材料及运笔方式分为甲骨文、金文、小篆等，按照应用的范围分为标准体和应用体，字形指汉字的结构。

在“求简”思维影响下，在较稳定的历史时期一般有两种字体共存——标准体和应用体。记录正式的事件时用标准体，但标准体字体复杂，结构繁难。记录不正式的事件时用应用体，应用体快捷、方便，但不够规范、正式、庄重。应用体一般是由个人自发进行的，它是字体改变的基础和源头。如果说标准体体现的是文字的现状，那么应用体更多地体现的是文字的未来，应用体代替标准体往往是由统治阶级靠政治力量来强行完成的。标准体、应用体互相

① 张岱年、成中英等:《中国思维偏向》,第 25 页。

影响，交互替代，推动着汉字体系的不断完善。

在商代，刻在龟甲、兽骨上的甲骨文或刻在青铜器上的金文是标准体，小篆是应用体。由于甲骨文、金文中图画性的特点较突出，因此字体过分繁难，结构复杂。而小篆虽然是对甲骨文和金文的继承，但是线条开始直线化和折线化了，并已经开始注意笔画结构和书写顺序。因此秦统一六国以后，为建立一个政治经济统一的国家，规范文字势在必行，当时实行了“书同文”的政策，将小篆定为主要字体，即标准体。

秦小篆作为标准字体时，隶书作为民间字体已经存在，到了西汉隶书普及，成了主要的字体。到东汉尤其是东汉后期隶书更已达到成熟、完美的阶段。隶书代替小篆，应该看作是汉字形体上最重要的一次飞跃。篆书时期是用线条组字的，隶书时期改由笔画组字了；隶书简化了汉字的结构，减少了汉字的笔画。文字学上称这次变化为“隶变”。因为“它彻底破坏了汉字的象形特征，解散篆体，改曲为直，把无规则的线条变成了有规则的笔画，从而奠定了方块汉字的基础”①。

草书是辅助隶书的一种简便字体，主要用于起草文稿和通信，草书在东汉时代比较流行，但因为草书难认，而且不定型，因此终未能普及。南北朝以后，楷书就成为主要字体了，楷书对隶书的改变似乎不大，但是楷书的笔画书写起来比隶书更加方便，所以由隶变楷也是汉字史上的一次重要的简化。

由此可见，从殷商时期的甲骨文到魏晋以后的楷书是一个逐渐的演变过程，相邻的字体书写时运笔方式的差异较小，体现的是继承的关系，但是在“同”中又不自觉地体现出了“异”，这种连续渐变的日积月累，最终就使字体发生了显著差异，对比两端，判若两字。综观汉字字体变化的趋势，不难发现汉字的象形性越来越弱，汉字符号化的特性却越来越明显，这是人类“趋简”思维发展的必然结果，也是人类思维相似发展的必然结果。

字形就是指汉字的结构，汉字有单体字和合体字之分，单体字的单位是笔画，合体字的单位是部件。汉民族整体思维求协调、统一，因此汉字字形与字体的发展经常是同步的，字形变化的总趋势因此也是简化。当然，为了完善汉字的系统，给汉字归类，汉字字形也出现过繁化的情况，如狮子的“狮”字，原来假借同音的“师”字，为了使它表示的“动物”意义更加明确，于是在“师”字的左边加了形旁“反犬旁”等。汉字字形的繁化是汉字体系完善的一

---

① 张书岩、王铁昆、李青梅、安宁：《简化字溯源》，语文出版社 1997 年版，第 3 页。

种表现，是汉字体系发展过程中必然要出现的现象，这是由汉民族的整体思维方式决定的，但它并不影响汉字字形简化的总趋势。

总之，在汉民族整体思维方式的影响下，汉字形体发展演变的总趋势是"从简"，汉字形体演变的规律是：汉字的象形性逐步减少，符号性逐渐增强；汉字从一字多体向字有定形发展；汉字的偏旁逐步简化、类化。

(2)汉字体系的规范化

从前面的分析我们已经知道，汉字是人与客观世界相似的产物。客观事物是成系统的，因此汉字从产生之日起就是按照客观世界的体系发展的。汉字的形与音的产生都是通过对客观事物的描摹来表示词义，因此汉字的形、音、义在创始之初是三位一体的，汉字形、音、义的结合浑然天成。汉字的发展过程就是汉字体系按照客观事物的分类不断类化的过程。但由于认识的限制，直到春秋战国时期人们才开始有意识地注意到汉字的结构问题，以及通过字形的分析来显示字义、字形和字音的关系，直到东汉，许慎"成功地设计并描写出小篆字系的优化方案，实现了历史上第一次汉字整体系统的简化"①。由于受到"唯圣"思维方式的影响，许慎的汉字体系在古代是权威，没有人怀疑过，造成汉字体系发展缓慢，但是从历史的长河中来观察汉字体系，还是能看到它的发展趋势，就是体系越来越规范化。汉字就是在形、音、义三者横向、纵向的相互联系中向前发展的，正所谓"横看成岭侧成峰"。在整体性思维方式的影响下，虽然汉字发展的趋势是符号化越来越明显，但符号化也是在继承的基础上发展的，因此符号化也只能使汉字系统更完善、更科学。

首先看形、音、义三者的横向关系。其一，从字音与字义的关系看，文字学家已经总结出来的，凡从"奇"声的字大都有偏的含义；凡从"皮"声的字大都有分析的含义；凡从"句"声的字大都有屈的意思；凡从"农"声的字大都有"厚"的意思；凡从"康"声的字大都有"虚"的意思；凡从"方"声的字大都有"旁"的意思；凡从"居"声的字大都有"直"的意思；凡从"壹"声的字大都有"闭塞"的意思；凡从"仑"声的字，大都有"条理"的意思；凡从"尧"声的字，大都有"崇高"的意思；凡从"音"声的字，大都有"深幽"的意思；凡以"咸"作声义偏旁的字，大多与"全、都"之义有关，如"感、缄、减、箴"等。其二，从字形与字义的关系看，凡由"豸"字所组成的字，大都与四足行走、行动矫健、毛皮华丽的兽类有关，如"豺、貂、貉、貘"等。凡由"单"所组成的字大多都与"捕、打"有关，

① 苏培成、尹斌庸选编：《现代汉字规范化问题》，语文出版社 1995 年版，第 87 页。

如“掸、弹、惮、殚”等。“尸”在表示蹲下的同时，也成为诸多汉字的偏旁部首，如“尾、屎、尼”以及“居、辟、孱”等字。凡由“止”字所组成的字，大都与脚及其行为有关，如“步、此、涉”等。凡以“旁”为组字构件者，大多都与“扩散、一团”等义有关，如“磅、榜、滂、膀、螃、鳑”等等。凡以“粦”为组字构件者，都有飘动、错落之义，如“磷、辚、麟、嶙”。用“犬”字作声旁和义旁时，大多与“犬”的行为有关，如“伏、吠、突、厌、器、获”等。因此有人说“汉字的发展不是盲目的，它是受它的内在的规律制约的；这些规律是汉字学研究的对象，也是指导汉字改进、改革的路标”①。

汉字形、音、义发展的理想化状态是一形表一义表一音，而且形、音、义之间的关系可以类推。但是由于人们生理、心理因素，汉字的数量不可能无限，因此怎样妥善整合汉字与客观世界的关系是汉字改革亟需解决的问题。

其次，汉字词义的发展也是先后承接、逐渐演化的。在演变过程中词义发展的类型主要有词义的深化、词义的扩大、词义的缩小、词义的转换和感情色彩的变化等几种形式。词义的深化主要是指“概念义适用对象不变，表示的对象特点深化”②，如“人”字，《说文解字》中指“天地之性最贵者也”，《现代汉语词典》解释是“能制造工具并使用工具进行劳动的高等动物”。词义扩大的例子如“河”，古代是黄河的专名，现在指一切河流。词义缩小的例子如“生育”一词，古代“生育”一词的使用对象从动、植物等缩小为人，其关系对象从动、植物等的后代，缩小为人的后代。词义转移的例子，如“需”的本义为“身上被弄湿了”。人在发汗后，会变得虚弱，故引申出“柔软”之义，后世增“竖心”旁，写作“懦”，专一表示“懦弱”之义。人在沐浴后，会变得干净起来，后世遂增“立人”旁，写作“儒”，用来表示儒者之义。“需”的本义是被水淋湿的意思，此义由后起的转注字“濡”来承担。遇雨难行，必须等待雨停，所以，“需”又引申为等待某种境况到来之义。在“儒、懦、濡”等字分担词义后，“等待”则成为“需”的基本义③。感情色彩变化的例子如“爪牙”，原指鸟兽用于攻击和防卫的“爪”和“牙”，现在用来比喻坏人的党羽。词义类型的变化是外在形式，从本质上看，词义的发展演化与儒家思想的发展演变是同向的，词义的演化中渗透着儒家的哲学思想。

① 王凤阳：《汉字学》，第 16 页。

② 符淮青：《现代汉语词汇》，北京大学出版社 1985 年版，第 92 页。

③ 唐汉：《唐汉解字》的《汉字与日月天地》分册，书海出版社 2003 年版，第 75 页。

总之，汉字发展过程是汉字形体演变和汉字系统规范化的过程，也体现出人类思维的发展过程。在人与自然相互作用的过程中，汉字产生并形成自身体系，这个自身的体系要不断规范，不断科学化，否则汉字就不能很好地为人们的交际服务。

2. 现代汉字的改革

清朝末年，尤其是甲午战争以后，严复、胡适、康有为、梁启超等有志之士从甲午战争失败的惨痛教训中，开始关注方法论，他们借鉴西方的科学实证方法与形式逻辑方法，着手改变中国古代传统的思维方式。但由于没有找到中西文化的结合点，建立在资本主义基础上的科学实证方法在中国没有深厚的根基，因此中国近代思维方式只是一种机械性的思维方式，在中国不可能被推广、接受。但它对中国传统的整体思维方式是一个很大的冲击，至少是促使人们去反思“唯圣”思维方式的弊病。再加上甲骨文的发现，使人们对传统的“许学”产生了怀疑，对汉字的体系进行重新审视。于是他们主张改革汉字或废除汉字。主张改革汉字的人开始了简化汉字的运动，主张废除汉字的人掀起了切音字运动等拼音运动。但由于当时主张废除汉字的愿望强于改革汉字的愿望，因此从清末到1949年以前汉字简化运动进展是缓慢的。

清末到新中国成立前拼音运动的产生发展主要是受到西方近代思维方式的影响，其中直接原因是明朝的传教士来华传教时用拉丁字母拼写汉字来学习汉语，这种新颖的拼音方法给中国学者以很大的启迪，于是掀起了清朝末年的汉字改革运动，这些运动主要有切音字运动、注音字母运动、国语罗马字运动及拉丁化新文字运动，这些学者主张废除汉字，至少形成拼音与汉字对峙的局面。但由于汉字植根于中国传统思维方式，而思维方式一旦被一个民族接受后是不会轻易发生改变的，因此汉字最终没有拼音化，正如聂鸿音所认为的“一个民族只要选定了某个文字系统，过不了多久，这个文字系统就被他们看成了本民族传统文化的一部分，就像人们的风俗习惯一样，虽然无法避免外来文化潜移默化的影响，但若试图在短时期内使之发生本质的变化，除非有强有力的政治手段保证，否则是很难实现的”①。整体思维方式已经渗入中国传统文化的深处，在一定程度上转变成了一种文化基因，要想在短时间内改变它是不太可能的。因此，在中国近现代不可能让拼音来代替汉

① 聂鸿音：《中国文字概略》，语文出版社1998年版，第19页。

字。不过虽然汉字拼音化的道路终究没走成，但是这四场运动为《汉语拼音方案》的制定与完善提供了宝贵的经验，因此也对汉字系统的完善工作做出了应有的贡献。

3. 当代汉字的改革

由于近代思维方式的冲击，频繁与外国的交往，再加上新中国成立后面临的汉字普及问题，汉字体系的不足暴露无遗，中国传统思维方式于是逐渐走上了与其他民族思维方式融合的道路。因此新中国成立后的汉字改革力度最大，使汉字发生了两千多年来的空前的巨变。20 世纪 50 年代的这次简化运动主要是针对汉字体系进行的，主要有人们熟知的简化汉字、推广普通话、制定和推行《汉语拼音方案》等。

首先看简化汉字改革。1949 年 10 月 10 日，新中国的第一个全国性文字改革组织——中国文字改革协会成立。1954 年，中国文字改革委员会成立。1955 年 1 月"文改会"发表《汉字简化方案草案》，1956 年 1 月公布《汉字简化方案》，1964 年颁布的《简化字总表》对 1956 年的方案进行修正。这次汉字简化运动简化的原则是"述而不作""约定俗成，稳步前进"，虽然也存在缺陷，如类推没有规律，简化随意，没有理据，汉字合并时不顾及词义，但成绩是显著的。第二次汉字简化工作开始于 1972 年，1986 年废止《第二次汉字简化方案(草案)》。由于这次简化缺乏理据，无规律地大量地简化字形，因此在社会上产生了用字混乱的现象，其很快被废止。

其次是制定和推行《汉语拼音方案》问题。制定和推行《汉语拼音方案》、推广普通话运动几乎和汉字简化同步进行。1949 年 10 月成立了中国文字改革协会。1955 年 2 月开始设计汉语拼音方案，提出了《汉语拼音方案(草案)》。1956 年 2 月中国文字改革委员会发表《汉语拼音方案(草案)》。1977 年 9 月联合国第三届地名标准化会议(雅典)推荐用该方案作为中国地名罗马字母的国际标准。1982 年 8 月 1 日国际标准化组织又发出国际标准《ISO 7098 文献工作——中文罗马字母拼写法》文件，从此汉语拼音方案广泛通行于世界各国。1984 年 10 月公布了《汉语拼音正词法基本规则(试用稿)》。该稿经过修改于 1988 年 7 月由国家教育委员会和国家语言文字工作委员会联合公布施行。汉语拼音方案自 1958 年 2 月公布后，广泛应用于汉字注音、对外汉语教学、图书编目、档案编码以及文字信息处理等方面，并在普及推广普通话过程中起了巨大的作用，曾一度与汉字平起平坐甚至代替汉字。但 20 世纪 80 年代以后，人们发现汉字是"复脑文字”①,对提高人的智力作用很大。于是,1986 年全国语言文字工作会议以来,拼音的地位逐渐降低,使之从属于汉字,而不再是准备将来代替汉字的拼音文字了。

再次,新中国成立后的推广普通话运动紧随汉字改革运动,1955 年,全国文字改革会议把“国语”改称普通话。1982 年《中华人民共和国宪法》更明确规定推广全国通用的普通话。随着义务教育的逐渐普及,规范的普通话正在成为事实上的全国共同语。普通话所代表的汉语已经成为世界上使用人口最多的语言。

20 世纪 80 年代后,随着中国与世界各国的多元交往,中国人的思维方式也呈现出多元化态势,人们更多地对中国传统思维方式进行理智的审视和反思,继承传统思维方式的“求同性”,吸收西方思维方式的“求异性”;继承传统思维方式的“循环性”,吸收西方思维方式的“创造性”等种种趋向交错融合,形成一种既注重统一,同时又强调对立的新型的辩证思维方式。在中国的汉字学领域出现了新汉字学。

综观汉字发展过程,总的趋势是实用化、科学化、规范化,汉字的发展过程很像民间的“道听途说”,张三告诉李四说:“王五拣了十元钱”,李四告诉马六时说:“好像听说王五拣了二十元钱”,马六接着往后传……最后传言王五偷了三百元钱,并且被公安局抓了起来。“传言”的结尾与开初真是大相径庭,但是细想每一次传言都是在原传言的基础上加上自己的理解变成的。汉字体系的发展与之有些类似,也就是说汉字体系是人们在继承前人成果的基础上,结合自身的生活环境发展起来的,汉字体系的发展渗透着人的思维方式的发展变化。现在汉字改革运动还在继续进行。2004 年 7 月德籍华人张

---

① 这方面比较有代表性的文章有:郭可教的《“双重编码”和“复脑文字”》(中国社会科学院语言文字应用研究所编,《汉字问题学术讨论会论文集》,语文出版社 1988 年版,第 110—113 页);郭可教、杨奇志的《汉字认知的“复脑效应”的实验研究》(《心理学报》1995 年第 1 期,第 78—83 页);许世彤、区英琦、唐红波、胡碧媛、羊彪、王克虹的《在汉字辨认上大脑两半球的功能特点》(匡培梓、张嘉棠编《中国语文——认知科学第五届国际研讨会论文选编》,科学出版社 1992 版,第 126—130 页);杨仲乐、魏景汉、匡培梓等的《汉语词义联想中大脑两半球联合区的脑磁图变化》(匡培梓、张嘉棠编《中国语文——认知科学第五届国际研讨会论文选编》,科学出版社 1992 年版,第 199—203 页);郭可教、高定国、高尚仁的《书法负荷对儿童大脑的激活效应的实验研究》(《心理学报》1993 年第 4 期,第 408—414 页);何金彩、章锦湘、王小同的《大脑半球损害病人的汉字抄写研究》(《心理学报》1994 年第 3 期,第 305—311 页);张武田、冯玲的《汉字属性匹配与大脑两半球协同活动》(《心理学报》1998 年第 2 期,第 129—134 页)。

钊在新青年网的“中国学术城”发表了《汉字简化，得不偿失》和《简化汉字到底简化了什么》两文，提出了“白话文、简化字白化了文化，简化了思想”的主张。几乎与之同时，在人民网上的“读书论坛”专栏讨论汉字简化的有关问题时，也有许多人不支持汉字简化运动。其实汉字的简化运动是不可阻挡的，因为汉字是人与外物相互作用的产物。人与外物的关系是不断发生变化的，人的思维方式也是不断发生变化的，因此汉字也是会不断发生变化的。汉字简化绝不是个别人的主观构想，而是有历史依据的。“汉字的简化并不意味着表意性的减弱，只是表意方式的变化”①，汉字的简化只能使它越来越符合人们的思维发展规律而不是相反。

今后汉字简化的工作还要进行，“汉字简化的方针是约定俗成，稳步前进”②，汉字简化工作要尽可能多地沿用历代习用的简字，使汉字简化工作具有雄厚的文化基础并收到“顺乎自然”“水到渠成”的效果。简化汉字时，“不要破坏汉字的表意和表音作用，不要再给汉字增加基本结构单位，不要再增加一字多音现象，不要再把意义有可能混淆的字合并成一个字”③。另外，还有一个不可忽视的问题就是研究笔顺与人手和电脑录入的关系，努力使汉字书写符合人手的生理特点，利于录入电脑，利于人们交际。

4. 汉字的未来

周有光先生在和他的学生苏培成先生谈话时曾说到汉字的最终走向是拼音化道路。其实汉字的走向是与中国人的思维方式密切相关的，“中国语言决定了中国思维，而中国思维又反过来决定中国语言；掌握了中国语言就意味着掌握了中国思维，反之亦然。因此要改变中国思维必须改变中国语言，要改变中国语言则必须改变中国思维”④。随着世界的多元化，中国人的思维方式必然走上与西方思维方式相融合的道路，汉字应具备的特征是：一看就明白，象征性越来越强，既不单纯表音也不单纯表意。由于汉字的数量不可能是无限的，因此汉字表意必须是多义项的，更重要的是汉字要直接表达思维。因此汉字的未来不是单纯的拼音化，而更可能是与拼音文字有机融合。从微观的角度看，汉字的产生发展过程与个体的思维发展过程相似。

从前面的分析我们已经知道，汉字的产生发展过程经过了对事物的“象

① 苏培成、尹斌庸选编：《现代汉字规范化问题》，语文出版社1995年版，第91页。

② 苏培成、尹斌庸选编：《现代汉字规范化问题》，第56页。

③ 苏培成、尹斌庸选编：《现代汉字规范化问题》，第101页。

④ 张岱年、成中英等：《中国思维偏向》，第197—198页。

形”到对事物的“象征”两个阶段，即其发展经过了从形象走向抽象的历程，这与人的思维发展过程很相似，也就是说汉字的产生与发展过程从大的走向上看与人的思维发展的走向是相似的。

思维“是人脑对客观事物的本质和事物内在的规律性关系的概括与间接的反映”①，因此思维与认识过程密切相关，由感性到理性的认识过程同时也即思维走向深化的过程。思维的发展经历了直观行动思维、具体形象思维和抽象逻辑思维三个发展阶段。

个体思维的发展与实践活动、表象和语言密切相关。朱智贤等人认为初生的婴儿是没有思维的，思维是在日后的实践活动中产生和不断发展的。初生的婴儿在一两个星期内靠本能维持生活，慢慢地随着与外界的接触，产生信号性的条件反射，如看到母亲拿的奶瓶知道要喂奶了，这样的信号性条件反射向前发展就有了感知觉，慢慢感知觉内化为表象，一般1岁左右的婴儿的表象就精确而稳定了。表象是思维产生的基础。1岁到1岁半儿童的思维处于萌芽状态，2到3岁时出现直观行动性思维，主要靠知觉和行动来思考问题，到六七岁时或上学以前一直是形象性思维，之后抽象性思维逐渐发展起来。一般来说一年级（7—8岁）时基本上偏重具体形象概括；二三年级（8—10岁）时逐渐从具体形象概括向抽象概括过渡；四五年级（10—12岁）时大多数学生初步达到本质抽象的概括水平。

汉字的发展过程与人的思维发展过程具有同向性和伴随性，通过研究人脑对汉字的加工过程也就能掌握人的思维发展规律，这也是认知科学近年将重点转移到研究汉字的一个重要原因。这启发我们在汉字教学中要重视和尊重人的思维发展规律，根据人的思维发展规律来进行教学。

三、用相似论观点看汉字识字教学

相似论主张用联系的观点、运动的观点看待问题，它认为事物的发展是类同与变异的辩证统一，求“同”的目的是为了求“异”。用相似论的观点看待我国的识字教学不难发现，我国识字教学不是从汉字系统的生成发展过程寻找汉字教学的规律，而是仅从汉字本身出发研究汉字教学，从而忽视了人与汉字发展的关系，忽视了人脑对汉字的承受能力。由于方法论不妥当，致使汉字教学始终“目中无人”，导致千百年来语文教学中一直没有从根本上解决汉字难学的问题。

---

① 朱智贤、林崇德主编：《思维发展心理学》，北京师范大学出版社1986年版，第6页。

（一）古代汉字识字教学的概况

汉字教育的历史非常悠久。在中国历史上，自从有了汉字，也便有了识字教育，中国传统的语文教育十分重视识字教育，早在殷商时期，习字学书就已经成为当时教育的重要内容，有关识字的材料，许慎的《说文解字·叙》中也有所记载。在中国古代识字教材已很丰富，其主要有两种，一种是传统的识字教材，有史记载的最早的识字课本，是西周宣王时的《史籀篇》，之后又有秦李斯等人编的《仓颉篇》《爰历篇》《博学篇》（后人称之为"秦三仓"），西汉史游编撰的《急就篇》，南北朝时梁朝的周兴嗣编的《千字文》，宋代的《三字经》《百家姓》等，这类教材的特点是：第一，韵语识字，容易诵读，容易记忆。"一本《三字经》，包括了最基本的语素组合方式和最基本的语法结构。"①第二，与口语脱离。另一种是流传于农村的被称为"村书"的杂字，杂字是传统识字教材的补充。杂字的起源大约与《千字文》同时期，如邹里的《要用杂字》，《敦煌掇琐》中的《俗务要名林》，《敦煌杂录》中的《诸杂字》《益幼杂字》《鳌头备用杂字元龟》及《群珠杂字》等，这类杂字的特点是："第一，通俗；第二，结合特定对象的生活实际，注重日常应用；第三，带有显著的地方色彩，乡土风味。"②我国古代有关识字教学方法方面的书籍也很多：如明朝李登的《正字千文》，清末王筠的《文字蒙求》等。古代识字教材的特点是：它一般以集中识字为主要教学方法，以韵语为识字材料，以记诵为主要学习方法。古代的主要教学法有：1.字源教学法；2.字义教学法；3.字素教学法；4.押韵教学法；5.图文对照教学法，即看图识字法；6.注音教学法等。

我国古代的杂字教材代表了汉字教学的方向，可以说是从人发展的实际需要出发的，但是由于封建社会占主要地位的思维方式是"唯圣"思维方式，这种思维方式体现在学术中就是重权威，如汉儒讲"章句之学"，特别重"师法"，学生要遵守老师的传授，因此杂字教材没有登上大雅之堂。不过古代的识字方法多种多样，为后来的识字教学方法奠定了基础。

（二）现代汉字识字教学的概况

由于受到近代科学实证思维方式的影响，自 1904 年语文单独设科以来到新中国成立前，刘廷芳、艾伟等有识之士从人对汉字的反映或汉字对人的

① 张志公：《传统语文教育初探》，上海教育出版社 1962 年版，第 71 页。

② 张志公：《传统语文教育初探》，第 31 页。

影响这一角度开始研究汉字与人的关系，这可以说真正找到了汉字教学之根本。可惜由于科学实证主义的思维模式没有在中国人的思维中落脚，他们的科学研究成果也被束之高阁，这期间识字教学以沿用古代的识字教学方法为主。直到20世纪末认知心理学的研究有了一定成果，研究汉字教学的人才将目光转到人与汉字的关系上，但直到现在这方面的成果仍然不多。因为艾伟等人的有关汉字认知的研究成果非常重要，在这里不妨略作陈述。

1921年，刘廷芳以联想学习的观点对汉字学习与辨认进行实验，探讨了汉字音、形、义的联系，发现字形对字义的作用大于字音对字义的作用，这是从心理学角度研究人与汉字的关系的最早的实验。从心理学角度研究人与汉字的关系的集大成者则是艾伟，艾伟对汉字的研究始于1923年，积25年研究成果于《阅读心理——汉字问题》一书。他对字形研究、字量问题、识字测量、词汇研究、音义分析、简化问题、排列问题、书法研究等八个方面进行了实验，对于推动汉字简化，汉籍由竖排改为横排做出了重要贡献，同时也为编写小学语文课本和提高教学质量提供了科学依据。

他主张影响汉字教学的因素应从汉字本身的特点、学习者的心理发展特点及语言学习环境三个纬度来考查，这几个方面都不能偏废。他认为汉字形、音、义对学生有着深刻的影响，首先字形对汉字的识别影响很大，笔画在十画以下的字容易观察，笔画在十一到十七画之间，有易观察的，有难观察的，难与易由字的结构决定。若结构复杂，则较难观察，但结构整齐或笔画多由横、竖等组成，也较易辨认。笔画在十三画以上，且其偏旁超过十画，或该字由三部分以上组成，则难学习。形似字容易产生笔误。而字音对人的影响是双重的，当声旁表声时对汉字学习有促进作用，当声旁不表声或者两字形似或受方言的影响时，字音对学习者有反作用。字义则是最难学的，尤其是：①靠偏旁猜意义不准的；②字平常但其意义不平常的，如“左”解释为“面向南方位以东为左”等。他不但对汉字的形、音、义做了单项研究，还对形义与形声的缩结进行了研究，经研究发现：①初学者对形义与形声的缩结同时形成，但随着时间的推移，“形义缩结较形声缩结耐久多亦”[①]；②学生掌握了字义一定掌握了字音，但掌握了字音未必掌握字义。艾伟还指出教材生字对学生的学习也有很大影响，教材中生字笔画数须在一画到十画之间，生字以二千字为宜，要选结构对称的字，每个生字在课本中的重复出现以20次为宜。汉

① 艾伟：《阅读心理——汉字问题》，中华书局1949年版，第21—22页。“亦”字似当作“矣”——作者注。

字教学要与阅读教学、作文教学协调发展。他还揭示了学生对汉字的兴趣受年龄段的影响，小学五年级到初中二年级是学习汉字的高峰期，而"初三到高三"这一段是学习汉字的低峰期。学生对字形的感知往往是先整体后部分(极个别学生除外)。他发现学生容易写错字的原因有见到次数少、字形组织复杂、笔画过多、字形相似、同音字误写等几种情况。他还明确提出了一些汉字教学原则，如：①对字形作简单、明了的解释，而且在可能范围内设法顾到六书条例或造字的原意。[①] ②对形似字、同音字要格外注意。[②] ③要多练生字。[③]

总之，艾伟的研究立足人本身，从人与汉字的相似关系出发找寻汉字教学的路子，因此无论是其研究方法还是研究材料、成果都值得后来者借鉴。他的研究成果不被推广是我国汉字教育史上一个惨重的损失。

(三)当代汉字识字教学的概况

新中国成立后到20世纪90年代初，中国大陆先后涌现了20多种识字教学法，但由于受"文化大革命"的影响，识字教学的改革在时间上分成两段：20世纪50、60年代为一个阶段，此时主要为了扫盲，以适应教育的发展和提升民族素质的需要。这时识字教学的特点是实验范围小，影响不大。20世纪70年代后期起为第二次高潮，这一阶段的识字方法主要是对已有识字方法的改进与整合，是为了提高语文教学的质量。这一阶段的汉字识字教学呈现出了百花齐放的可喜局面。

对当代识字教学较系统的研究当数戴汝潜主编的《汉字教与学》(山东教育出版社1999年版)，该书主要以汉字的特征和人的心理特征为依据对汉字识字方法进行了分类，对各类识字方法定位较科学。但是若以相似论的观点进行审视，这些识字方法仍有很多不足。用相似论的观点看汉字的产生过程，可以发现汉字是人与自然相互作用的产物，因此将汉字放到汉字的环境当中学习无疑是一个良好的方法，同时在汉字的体系中必然会体现出客观世界的分类特征。汉字又是人脑的产物，因此在汉字体系中也一定体现着人脑工作的原理和人的认知发展的规律。同时汉字又是自成体系的，因此根据汉字形、音、义的特点进行分类无疑也是可行的方法。汉字是连接人与客观事

① 艾伟：《阅读心理——汉字问题》，第27页。

② 艾伟：《阅读心理——汉字问题》，第27页。

③ 艾伟：《阅读心理——汉字问题》，第218页。

物的桥梁，所以这几种分类又被识字研究者无意识地融合在一起。本文用相似论的观点对当代识字方法从这四个维度归类并作一下简单介绍。

其一，体现出客观世界的构成特征的汉字教学方法主要有：生活教育科学分类识字法、分散识字法两种。

其二，根据人脑工作的原理创立的识字教学方法主要有：快速循环识字法、双拼计算机辅助识字法、韵语识字法、听读识字法、四结合识字法五种。

其三，依据汉字自身的特点创立的识字教学方法主要有：集中识字法、汉标识字法、注音识字法、猜认识字法、字根识字法、字族文识字法、部件识字法、立体结构识字法、成群分级识字法、字理识字法十种。

其四，将学生的认知特点与汉字的特点结合起来统筹兼顾的识字方法主要有：字谜识字法、奇特联想识字法、炳人识字法、双脑识字法四种。

20 世纪 90 年代以后，识字教学的研究体现出了一种理性的自觉和科学求真的态度，研究者的研究自觉、主动，目标明确，措施比较得力。上述提到的这些识字方法在不断完善，大都形成较完整的体系，如"集中识字 · 大量阅读 · 分步写作"的教学体系，"字族文识字教学法实验"，"韵语识字 · 尽早阅读 · 循序作文"新体系等。新出现的识字方法也是对已有教学方法的整合利用，结合本学校的具体情况有所创新，如奇特联想识字、字谜识字、猜认识字、立体结构识字、趣味识字等都作为识字技巧糅合到别的识字体系中，这些自成体系的识字方法使用者也根据其优点与不足与其余的识字方法整合在一起使用，如："网络—再造"识字教学法、探索计算机参与识字教学的新模式、"诱思探究教学"、"汉字全息高效教学法"、"童话引读，立体识字，综合发展"的识字方法等等。可喜的是关注识字教学的人多了起来，有实验者本人，有一线教师，有语文教学研究者，还有语言学家、心理学家。笔者在中国知网上输入"识字方法"四字，采用模糊搜索的方式，共搜到 142953 条结果，可见研究成果之多。这些识字方法力求体现以人为本的理念，都有着独特的价值，但也存在一些不足。

（四）用相似论的观点评析当今的汉字识字教学

由以上的梳理可知，汉字教学的历史源远流长，犹如一条不断绵延、盘根错节的链条，这些链条各环节之间不是平行并列的关系，而是连锁承接的关系，后一段链条是对前一段链条的继承与发展。但是由于我国受传统思维方式的限制，更重要的是在语文教学中没有较科学的方法论做指导，以致使识字教学仅从汉字本身出发研究汉字，没有跳出汉字体系本身从汉字与人的关系、汉字教学与别的学科的联系出发来思考汉字教学，使我国识字教学出现了高原现象。本部分通过用相似论的观点考察当今识字教学，旨在找到影响识字教学的症结所在，从而提出提高识字教学效率的有效途径。

当今国内出现的数十种识字方法中，汉字的形、音、义是贯穿汉字识字方法的红线，这些教学方法的微殊是或以字形为导线将汉字的形、音、义统摄起来，或以字义及字音为导线将汉字的形、音、义统摄起来。当然有些教学方法中也关照了学生的生理、心理发展的特点，但是对学生生理、心理特点的关照主要在引起学生识字兴趣这个层面，有些识字方法也考虑到刚入学学生的思维发展特点，但是这些思考常常是粗浅的，而更多的是视而不见，人云亦云。总起来看，当代识字教学的主要症结有以下几点。

第一，没有适合的方法论作指导。

我国现有的识字方法大都缺乏可以建基其上的坚实的理论基础，缺乏可以作为后盾的明确有效的方法论，绝大多数方法都是实验型的。进行识字教学实验的大多是一线的教师，一线教师的优点是有实践经验，但也存在缺乏理论基础的不足，这致使他们创设的识字方法只见树木，不见森林，很多识字方法仅仅从汉字历史发展的一些横切面来考察汉字形、音、义的特征，并将之作为识字理论的亘古不变的依托，而不是动态地从汉字发展的长河中掌握汉字形、音、义的发展规律。一线教师“眼低手高”，文字学家又眼高手低，两者没有很好地结合，因此造成我国的识字教学发展的尴尬局面。

由于没有科学的方法论作指导，识字教学只能在汉字的形、音、义上下工夫，没有利用或借鉴别的相邻学科的研究成果，不注意用联系的观点看问题。对心理学、教育学、脑科学、生理学等等相邻学科的了解甚少，教师对学生的生理、心理状况了解甚少，当今使用的大多数识字方法一般仅以心理学上的某些研究成果、某一种习见常闻的心理学观念、人们在日常生活中形成的某种感性心理经验为依据，机械地运用一些粗略、陈旧的心理学理论，不免存在着理论上的欠缺，有以偏概全之嫌，其理论和观点的有效性与普适性本身就值得怀疑。到目前为止，中小学识字教学中没有利用认知心理学的最新研究成果，这不能不说是学术研究资源和信息的严重浪费。现在一些学校出现了交叉课堂，注意学科间的相互联系，如语文课和音乐课的整合，这是一个好的思路，对识字教学的改革不无积极的启示。

第二，汉字识字教学一元化。

我国古代教育长期对学生心理重视不够，研究不足。近现代特别是近些年的教学改革虽多次提到要“以学生为中心，从学生实际出发进行教学”，但由于受传统教学观的影响，再加上教师知识储备贫乏，使得“以学生为中心”往往成为一句空话。“以学生为中心”，实际上就是从学生的实际出发，按照学生生理、心理特点进行教学，也就是按照学生的“相似信息块”进行教学。但到现在为止，识字教学中还存在着一个学校或一个实验教师一旦选中了一种识字方法往往“数十年如一日”而不变的现象，不尊重学生的“相似信息块”，不按照科学方式进行教学。

况且每个人由于遗传因素的不同、教育环境的不同、性格不同等，每一个人对汉字的感悟能力又是有差异的，同一种识字方法对于不同的学生学习效果是不同的。这又告诉我们在识字教学中对于同一学龄的学生也应采取不同的识字方法，应该根据不同年龄、不同条件的学生的具体情况多选用一些识字方法，真正做到因材施教，一种识字方法贯穿识字教学始终的思路是很不合适的。确如王宁先生所说：“汉字教学的方法不应当是一元化的，不但在每个阶段是不相同的，对属性不同的字，也要选择不同的策略来教。例如，初期积累阶段，在教学传承独体字时，可以采用古文字作背景，沟通物象、古代象形字和楷书，而对黏合独体字就不宜用这种办法；又如，对理据明晰度高的会意合成字，可以以个体为单位，多用字理讲解法，而对形声字，则宜用系统归纳法。再如，对表音度比较高的形声系统，可以利用声符系统编成韵语成批讲解，而对表音很差的声符系统，就不宜采用这种方法。”①

第三，对汉字本身的研究不够。

因为没有从汉字发展的历史长河中去给汉字定位，而是从汉字发展的一个横断面给汉字定位，也就是不用联系的方法看待问题，因此靠汉字之间音、形、义的结构相似关系来解释汉字时，不免存在以字形害字义的现象。许多识字方法的教学环节中都用到联想识字这种方法，这种方法主要靠学生依据字的结构来记字形，如学生记“滚”字时联想为：发大水了（三点水旁），一只大公鸡（公）被大水冲到衣服里（衣），到处乱“滚”。解“修”字的方法则为“立人旁一杆枪，‘冬’字头下三撇扬”。解“储”的方法为：人和记者在说话。解“非”的方法——两个非常强壮的人，打倒了六个坏人。解“失”的方法——一位夫人，左边嘴角上长出了一根胡须。解“播”的方法——用手来播种，田上长禾苗，禾苗长大，就结米粒了……用这样的方法学生确实是暂时记住了字形，但对字义的理解又起了阻碍作用，而掌握一个汉字记住字形仅仅是教学的一小部分，掌握字义才是教学的重点和难点。对此，王宁先生曾大为感慨：“这种

① 王宁：《汉字构形学讲座》，上海教育出版社2002年版，第93—94页。

主张在理论上有以下三方面的错误：第一，它违背了汉字本身的事实，忽略了现代汉字有15%左右的字形，即使在直接构件组合（即一级组合）层次上也已经无法分析字理，硬加分析，必然走向荒谬；第二，它否认或根本不知道汉字形义的统一，也就是构字的理据早已是客观存在的历史事实，只能解释，以求其相对准确，而不能编造杜撰的；第三，它对汉字是一个具有不同程度严密性的体系视而不见，否认或不知道汉字的构形系统是建立在形声系统的基础上的，每一个字在这个系统中都有自己适当的位置，具有纵横两方面的字际关系，对任何字的讲解都会涉及其他的字，是不允许有随意性的。”①

第四，忽略了识字环境的创设问题。

汉字是人与客观事物共同作用的产物，因此汉字教学中将汉字“放回”自然是最合适的办法，但是上述的识字方法没有创设好课堂、课下识字环境，没有考虑到课堂识字与课后识字环节的联结、配套，忽视了创设无处不在的识字环境。在这方面，江苏省“科学认读，发展语言及思维研究”课题组的做法值得一提。江苏省课题运用相似论的原理，从人脑神经细胞活动机理出发，结合汉字的特点，切实提高汉字识字教学的效率，并从多层次、多方位、多渠道开发汉字的育人功能。他们以利用、营造识字环境为基点，注意建构家庭—学校—社会三位一体的学习化的生态环境，主张教师应尽最大可能布置课文中要求的实境，让学生在环境中领悟汉字。

总之，当今汉字教学有很多优点，是我们进一步改革识字教学的资源和依托，同时它也有许多不足，有待于我们去克服和改进。又由于汉字本身的复杂性，汉字改革也刻不容缓。如现在依然有许多异体字、多音字，这给汉字学习者带来了许多困难，因此继续推进汉字改革仍是我们的迫切任务。基于以上对识字教学的思考，我认为以相似论为指导，改进汉字识字教学，创设新型识字方法比较合理。

四、识字教学策略的一种构想
——以相似论为指导，建构新型的科学认读机制

如前所述，相似论属于思维科学的一个分支，注重研究人的思维的发展过程，而言语是思维的载体，汉字又是言语的书面表达形式，因此用相似论指导研究汉字也是可行的。第二，通过对汉字的产生、发展过程的考查不难理解汉字的创制过程也是人与自然相似关系展现、完成的过程。汉字各要素之

① 王宁：《汉字构形学讲座》，第92页。

间，汉字与人的思维之间，汉字与相邻学科之间都有着内在的联系，因此，在汉字识字教学中要善于将汉字置于一种具有广延性的视野中，找到其位置及其与周围因素的关系，从而找到解决问题的捷径。第三，通过对汉字识字教学的回顾，我们已经知道当今识字教学的症结就是没有明确的方法论作指导，对汉字识字教学缺乏宏观的系统的考虑，仅仅将之局限在具体字词的教学上。第四，相似论是一种动态的、开放的理论，相似论主张用系统的观点看待问题，这有助于将汉字教学当成一个错综复杂的构成因素，需要日积月累逐步完成的系统工程来对待，强调汉字教学不但要建立汉字档案，还要拉长识字战线。基于上述原因，本文认为相似论提供了科学的方法论武器，为创构新的识字教学方法奠定了深厚坚实的理论基础，有助于培植识字教学新的生长点。具体说有以下几点：

（一）掌握学生的“相似信息块”是汉字识字教学的基石

相似论找到了人得以与外界联系的内在机制——“相似信息块”，人的“相似信息块”相当于电脑的CPU，是人与外界联系的枢纽。因此首先掌握学生的“相似信息块”是有效进行识字教学的起点。积极有效地建构学生“相似信息块”与汉字的桥梁是有效进行识字教学的重点。帮助学生巩固他们的“相似信息块”是有效进行识字教学不可忽略的因素。

那如何掌握学生的“相似信息块”呢？第一，要科学地认识人脑对汉字的加工记忆原理。脑科学研究表明，大脑神经对汉字记忆的最佳效果是声音的、图像的（语境）、语义的、符号的（字形）四个“基因”有机的结合。也就是说，一个人掌握了且只有掌握了一个字的形、音、义及它使用的语境才能算认识了这个字，相似论将字的这四个要素的组合称为“相似模块”。但这个“相似模块”并不完全是与生俱来的，因为“人脑的神经网络并不是自动成长，而是在受到刺激后才形成。婴儿刚出生时，他的头脑是一团混乱的神经细胞”①。狼孩如果生活在狼的环境中就不会说话（虽然他有遗传的说话潜能），狼生活在人群中也不会说话（因为先天不具备说话的潜能），这说明人的语言能力的形成与发展是由先天、后天两个因素决定的。生活在汉语环境中的人开始对汉字的感知仅仅是限于声音的、图像的、符号的或语义的四者中某一个因素或两个因素，以后随着生活阅历的加深，不断与他人及社会进行

---

① ［美］柯林·罗斯、麦尔孔·尼柯：《学习地图》，戴保罗译，中国城市出版社1999年版，第239页。

信息交换，对汉字感知的脑神经细胞才渐渐通达，形成网状结构，对汉字的四“基因”融会贯通，因此汉字教学的任务就是要完成人对汉字的四“基因”的整合，不断地在学生的头脑中形成汉字的“相似模块”，学生识的字越多，这种相似的模块储存得就越多，学生认读的能力也就越强，因为“人脑的活动方式是你的大脑细胞发生接触和拥抱。每个个别的脑细胞都可以在同一时刻与相邻的一万多个脑细胞发生接触和拥抱。正是这种闪烁不定、连绵不断的拥抱，你思维当中无尽的图谱才被创造出来，从而自身也才得到营养，不断增多”①。

第二，还要了解学生的家庭生活背景。通过前面的介绍我们知道，人的“相似信息块”是以遗传因素做基础的，俗话说：父母是孩子的一面镜子，孩子是家长的影子。因此了解父母的基本情况有助于获得孩子“相似信息块”的基本信息。另外，家长的文化素养、教育观点、教育能力决定着家庭教育的基本内容和方式，不同类型的家庭教育对孩子的影响是不同的，这些也影响学生“相似信息块”的发展。所以学生一入学，教师需做的第一件事就是：通过与学生接触或与家长接触尽快建立学生的家庭档案，给每一个学生定位，确保在教学中对症下药。

第三，要知晓学生认知发展的规律。人的“相似信息块”的巩固、发展与人的认知发展状况有关，如三岁小孩接受语言的“相似信息块”的功能不如七岁小孩的强。研究已经发现，人的生理、心理的发展是渐进的、有规律可循的，同时也存在着个体差异。对此前文已有论述，这里不再赘述。

我们又该如何建构“相似信息块”与汉字的桥梁呢？

对于刚刚上小学的儿童来说，形象思维占主要地位，而且是整体性思维占主导地位，在认知活动中无意识占有重要地位，日本汉字教育专家石井勋博士经过30年的研究发现：儿童的思考过程与成年人相反，是先记忆，后理解；先整体，后部分。这时儿童脑中对汉字的“相似信息块”仅限于音或少量的音形结合。人对汉字的加工特点是“字形的激活早于字音和字义”②。因此此时应以集中识字法为主，以“听读识字法”“炳人识字法”“趣味识字法”“看图识字法”等为辅。识字教学中能找到实物的应主要靠字与物的相似来识字，如山、火、水、鱼等能用实物的就用实物。找不到实物的则要建立“物”与字的“联系”，如通过介绍名字识字，通过唱歌识字，通过各种文字介绍识

---

① ［英］特尼·巴赞著：《思维导图》，李斯译，作家出版社1999年版，第25页。

② 陈传锋、黄希庭：《结构对称性汉字认知研究与应用》，新华出版社2004年版，第24页。

字，等等。

对于上了一年小学，有了一定汉字基础的学生来说，随着他们认知的新变化，他们识字的任务是要巩固和扩大识字量，完成汉字形、音、义与语境四者的结合，以便能够顺利阅读和写作，这时主要应把握汉字之间音、形、义的结构相似关系，即利用宏观和微观联系，找出汉字之间的“微殊”，悟出汉字的意义，真正做到举一反三。因此以选择“部件识字法”“字根识字法”“成群分级识字法”“双拼计算机辅助识字法”“四结合识字法”“双脑识字”“韵语识字法”“猜认识字法”“字谜识字法”“奇特联想识字法”“立体结构识字法”等方法为宜。汉字的字义是最难掌握的，在具体的语境中识字无疑是一个好方法，因此上了二年级后，可以以分散识字为主，以“字族文识字法”“字理识字法”等为辅。而“生活教育科学分类识字法”“快速循环识字法”“分散识字法”“趣味识字法”“韵语识字法”等也应该根据学生的具体情况灵活应用，不可一刀切。

三年级以上的学生对汉字的“相似信息块”已较为牢固，形成了一定的系统。学生对汉字已有一定的类推能力，这时的汉字教学要与阅读和写作结合起来进行，重点放在汉字词义的理解上，在这方面江苏省“科学认读——发展语言及思维研究”课题组使用的方法——“识字开花”，效果较好。“识字开花”的教学方法是依据相似论的原理，遵循汉字之间相互联系的规律和人脑的思维特点，嫁接以往识字方法的优点提出的，该识字方法搭建起了人脑和汉字的桥梁，既遵循了学生认知发展的特点，发展了学生的思维，也遵循了汉字的特点。“识字开花”的方式是多方位的，从大的方面着眼有侧重字形、字音、使用环境及字义等多种方式。从字形上具体分，“开花”的方式又有：加一加、减一减、比一比、换一换、叠一叠等，如由“日”想到“由、目、旧、口、白、甲、申、晶”等字。从字音上分，“开花”的方式主要是同音字的联想。从使用环境和字义上看，开放的方式有诗句、对联、词语、成语等。对同一个字，它从不同角度、不同途径对学生进行不断刺激，加以巩固，以促进学生对汉字的记忆。这样，通过识字教学过程可以有效地激活脑内“相似信息块”。比如，看到汉字“马”，学生甲想到的是与它形体有关系的“驻”，学生乙也许想到的是与它读音有关的“妈”，学生丙也许想到的是与它的意义有关的“闯”，学生丁也许想到自己骑马的情景，有的学生也许想到有关马的诗句……这样每个学生都不被排除在联想的范围之外，每个学生都有想象和联想的权利和机会，而且通过搭建与“马”有联系的平台，让学生进行多方位联想，同时每个学生都能从别人的联想中再次受到启发再产生新的联想，有效地促成个体与个体、个体与集体之间的互动,有助于形成相互激励、相互启发、取长补短的良性循环系统。当然,由于"识字开花"的方法是一种新的识字方法,有待于进一步的发展与完善,但它的创新之处是显而易见的,值得重视。

巩固学生的"相似信息块"也极为关键。要巩固学生已有的汉字"相似信息块",一方面要抓好短时巩固,另一方面要注意长时巩固。短时巩固主要靠多写多读,但一定要考虑学生的认知规律,不要让学生苦学、死学。长时巩固在后边还要提到,这里不再重复。

总之,要成功地进行汉字教学,就需考虑人脑运动的规律、儿童认知发展的规律。这意味着在汉字教学中教师教学的基本思路应当是:找寻"相似信息块"—搭建"相似信息块"—巩固"相似信息块"。

(二)重视和把握汉字教学与周边事物的联系是关键

相似论认为事物是普遍联系的,认识事物需要将该事物放到系统中考虑。因此要有效地进行识字教学,就应该重视和把握识字教学与汉字文化环境、汉字教学与语文教学、汉字教学与相邻学科的内在关联,从这些关联入手探索汉字教学的捷径。

1. 重视和把握识字教学与汉字文化环境的关系

由前述可知,汉字的产生和发展与汉民族思维发展过程相似,也与一个人的思维发展过程相似。可以说汉字本身是一个系统,是一个网络,是在人与自然及社会三者合力的作用下本着"用进废退"的原则形成和发展的,因此字与字之间辐射出字与人、字与自然、字与社会之间的相互联系。这就要求人们进行汉字教学时一定要遵循汉字形成发展的规律,研究汉民族的思维发展过程和个体人的思维发展过程,要将汉字放在人、自然、社会的整体文化环境中学习,否则就会走弯路。

如前所述,汉字是人与自然相似的产物,即汉字是"从生活中来"的,学习汉字时应"到生活中去"。因此要注意建构学生、客观物体、汉字三位一体的学习生态环境,让学生在识字环境中受到熏陶,让学生在识字环境中自然而然地主动识字、巩固识字效果。因为这一点在当前识字教学中最为欠缺(虽然有个别学校已经在利用此种方式,但还处于"星星之火"阶段),因此在此有必要详加阐析。

首先,让学生在环境中识字,要创设识字背景。

识字背景包括教室、校园、家庭三个部分,让家庭、校园等学生可能接触到的环境的每一样东西都要尽量“挂牌上岗”，将儿童自然而然地浸润在汉字的环境当中。如将孩子的卧室布置成文化气息很浓的字词园地，让学生通过与环境的“对话”自然而然地将汉字与实物联系起来。对教室的布置更要别有情趣，本人有幸了解到江苏“科学认读——发展语言及思维研究”课题组的一些实例，觉得做得很好，值得借鉴。无锡市华晶小学实验班力争让教室的每一面墙壁都会“说话”：有“古诗园”“知识宫”“快乐大本营”等栏目。“古诗园”是教师和学生平时收集的成语、俗语、名人名言。“知识宫”里存放着教师命题由学生自己收集的材料，如关于无锡的名胜古迹的传说等。“快乐大本营”全部由学生编排，类似于黑板报，这些材料定时更换，让教室充满了浓郁的书香氛围，为孩子们创造了一个怡人自乐的识字环境。无锡市南长街小学的实验班还办了“识字小报”“识字乐园”，教师引导学生将报头、刊头、包装袋等剪贴做成小报，让学生自己配画等等。这使学生时刻浸润在汉字环境当中，有意无意地不断受到汉字的刺激。烟台市的小学的识字教学也很重视创设识字环境，使学生浸润在浓郁的汉字文化环境中，在潜移默化中识字。烟台市教育科学研究所沈培坤先生形象地将这种在环境中识字的方法比喻成“腌咸菜”。

其次，要积极主动创设识字环境，让学生有意识识字。

这包括课堂环境的创设、教材环境的设置和课外辅助环境的创设三方面。

课堂是教学的主阵地，课堂上教师和学生接触的时间最长，因此教师上课时应尽力而为，努力联系实际，为学生创设识字环境。力争模拟现实，让学生有身临其境之感。如讲述《菜园里》一课，教师不妨用简笔画和塑料纸把黑板布置得像菜园，黑板前摆放着各种蔬菜，引导学生走下座位去看、去摸、去认、去读，然后给蔬菜贴上标签进行教学，有条件的学校可以带领学生进入菜园进行教学，调动学生的识字兴趣。因此台北市士林区平等国民小学从20世纪80年代起实行的“田园教学”方法，让学生置身于大自然，从自然中学习科学知识，其中有一些内容如“认识中药”“大家来磨石磨、搓汤圆、做鼠曲粿”“制豆豉及其产品”“保健须知——为什么要少吃冰”等由家长们来为大家上课，收到了较好的教学效果。

我国语文教材建设的历史非常悠久，从《三字经》《昭明文选》到20世纪三四十年代国统区、解放区的教材及新中国成立后的教材，可以说教材内容与学生的生活越来越接近，有利于发展学生的智力，培养能力。但是从古到今编写教材的都是大学教授或有经验的教师，他们“越俎代庖”，按照自己的想法来编写教材，以至于形成“教材这双鞋不适合学生的脚”的局面。作为学习主体的学生却始终被排斥在教材之外，因此教材的指向始终是“你应该这样”，站在长者的角度教育学生，而始终不了解学生的真实生活，不是心平气和地说“你原来是这样的”，因此学生始终被“牵着鼻子走”，在这样的状况下，学生的主体性不可能真正得到发挥。2001年出台的新课程标准鼓励形成“三级教材”互补的局面，这显然有助于克服上述教材建设的弊端。我觉得其中的“校本教材”应该让学生参与编写，使学生真正成为主体。让学生收集材料，让学生参与编辑，可使教材真正反映学生的生活，真正实现教材的实用化，这样的教材既是教师掌握学生“相似信息块”的媒介，也是前两级教材的有力辅助。在今天，以学生为主体编辑教材已有先例，江苏省“科学认读——发展语言及思维研究”课题组做得很好，该课题组进行汉字教学以“实用”为依据，实验学校的教师善于从学生的生活中发掘识字的内容，注意把单个的字放到学生熟悉的语言环境中来认读，以学生为主体，让学生献计献策，围绕一个内容，一个主题，由点到面，编写了以儿童的认知发展水平为中心，以儿童的生活经验为半径的地域性校本教材，作为统编教材的左膀右臂，使语文教育和区域性文化有机地结合起来。这些教材中的内容都是学生们熟悉的，一提到就能浮现眼前的，因此容易将汉字和它代表的物体联系起来，既便于学生记忆汉字，又便于学生了解地域文化。这方面比较典型的例子有苏州敬文实验小学编写的体现吴文化的系列教材：《我们的校园》《苏州园林美》《苏州古桥多》和徐州市青年路小学的教师用学生收集到的材料汇编成的书等。

在语文教育的广阔天地里，蕴涵着丰富的自然性课程资源、社会性课程资源和人文性课程资源。因此利用已有的汉字环境进行教学也是不可或缺的一个方面。学校要注重阅览室的建设，多订阅与儿童生活密切相关的报纸杂志，让学生按需取舍、自由取阅。让学生学会利用图书、报刊、电视、广播、网络、图书馆、各种标牌广告等现成的汉字环境主动识字。如苏州敬文实验小学每个小学生都有一个小本，用于粘贴从广告牌、旧报纸、食品包装袋、小卡通画片、旅游景点的门票等废品上的汉字，字体多样、内容丰富。心理学研究表明：人要重复8次以上才会记住一件事情。而儿童不同读物中的汉字有很多是重复的，也有很多是体现一个字的不同用法的，充分利用课外的汉字资源可以使学生对课堂所学的汉字进行巩固和强化，起到“无心插柳柳成荫”的效果。而且这种让学生自己寻找识字环境或同学间共享识字成果的形式养成了学生善于积累和团结协作的好习惯，这对学生的影响将是深远的。

总之，努力营造、创设汉字环境或利用一切可以利用的汉字环境来识字，将学生真正浸润在汉字文化里，使学生按照自己的兴趣爱好识字，不但架起了学生个人的“相似信息块”与汉字之间的桥梁，通过课堂的交流也架起了学生之间“相似信息块”的桥梁。如张三在科幻小说中学到了“蜗牛”两字，李四在《小学生十万个为什么》中学到了“蝙蝠”两字，课堂上可以交流，达到资源共享的目的。且通过在不同环境中的识字，对汉字起到巩固作用，不但实现了以学生为主体的教学理念，而且巩固了识字的效果。下面的《四个太阳》① 的识字教学就是利用相似论原理进行识字教学的案例。

教师尝试运用的是“六环节识字法”：

第一环节：初读课文识字

学习生字我们要遵循在具体语言环境中识字的教学原则，即字不离词、词不离句、句不离篇，在初读课文环节，充分发挥学生的主体性，让学生尝试拼读，自主识字，在头脑中初步建立生字的表象。

……

第二环节：游戏活动识字

遵循由易到难的认知规律，初识生字后，再把生字从具体的文本语境中提出来辨识。充分调动学生学习的主动性、积极性和创造性，鼓励他们运用自己喜欢的识字方法充分识记。其间，要充分发挥教师的主导作用，利用一年级学生爱玩好动、争强好胜的特点，创设有趣的情境，采取多种形式，引导学生在原有基础上掌握一些新的识字方法，促进学生知识的自主建构，不断提高学生的识字能力，体现在情境中学、游戏中学、玩乐中学的课改精神。具体步骤如下：

(1)出示带拼音的生字，开火车拼读。

guà	jiē	shú	tuán	huǒ	bàn	cháng	tián	wēn
挂	街	熟	团	伙	伴	尝	甜	温
yuán	dòng	liǎn	gāi	yīn	jì			
园	冻	脸	该	因	季			

(2)去掉音节，同桌合作一边开双链火车读，一边做摘果子的游戏，做完游戏，再齐读一遍，给每个学生一个体验成功的机会。

① 课例来源：胡秀英：《烟台市小学语文“寻找支点，快乐读写”的教学策略研究》，鲁东大学2013年硕士学位论文。

（3）做“我说你猜”的游戏，让学生交流各自的识字好方法，让其他同学猜字。此环节学生非常感兴趣，思维特别活跃，学生交流的识字方法有：

猜谜识字：园——外面四角，里面十角；甜——伸出舌头舔甘蔗；因——一个人住在家里；团——大口框里装个才；冻——东边有两滴水；伙——一个人发火了；挂——抓了两把土。

熟字带生字识字：火—伙、半—伴、东—冻（加偏旁识字）；热—熟、胖—伴、常—尝（比较识字）；香—季、团—因（换部件识字）。

动作识字：挂，学生做出挂衣服的动作；脸，学生用小手拍拍脸蛋。

当然，简单的生字靠学生自学，复杂的字还要靠老师点拨、引导。如：本课中有一词“冻僵”，学生很难理解，于是，我就用了“多媒体识字”和“学以致用识字”，帮助学生更好地理解记忆生字。

另外，不同的课文要灵活运用不同的识字方法，不能死搬教条，比如：形声字识字、编儿歌和顺口溜识字、联想识字、图解识字、字理识字等都可以适当运用。

第三环节：词语组块识字

“词语组块”即从文本中提取需要识记的词语重新组合成有内在联系的板块，分组排列。组块式的词语归类识记简化了学生识记的头绪，增强了记忆的容量，提高了识字效率。生字由具体的语境中来，还要回到具体的语境中去。分组辨识生词后，再送生字回原文中，采取多种方法引导学生读课文，可以加深对生字的熟悉程度。如：《四个太阳》一文，我们可以把出现在同一自然段中的生词放在一组，共分四组，这四组词既可以让人想到四个自然段，又可以使人想到四种颜色的太阳（当然，必须是在已初读课文后）：

挂在　街道　校园（第一自然段，绿绿的太阳）

熟了　伙伴　尝尝　香甜（第二自然段，金黄的太阳）

温暖　冻僵　脸（第三自然段，红红的太阳）

因为　季节（第四自然段，彩色的太阳）

（1）男女生 PK 读词，然后引导学生探索这四组词语为什么这样排列？（学生很快就发现每组词语代表一个自然段和一种颜色的太阳。）

（2）分别找四个学生逐段读课文，让学生在课文中识字。

（3）在品读感悟课文的过程中，出示带有生字的重点句子，如：“高山、田野、街道、校园，到处一片清凉。”引导学生反复诵读，识记生字。

第四环节：背诵积累识字

根据心理学家的研究，13 岁之前是人的记忆的黄金时期。引导学生在记忆的最佳年龄背诵文本中精湛的词句，优美的段落，既有利于加强学生的人文修养，也有利于学生与汉字亲密接触，轻松识字。在教学《四个太阳》一文时，每学完一个自然段，我就引导学生通过按原文内容填空的形式背诵课文。如：学完了第二自然段，让学生填充“我画了个（金黄）的太阳，送给（秋天）。果园里（果子熟了），金黄的落叶忙着（邀请小伙伴），请他们（尝尝水果的香甜）”。括号里所填内容大多是优美词语，但更主要的是将本段中的生词全囊括其中了：“熟了、伙伴、尝尝、香甜。”学生通过背诵填充，既是定位识字，又积累了规范语言，提升了学生的语文素养。

第五环节：拓宽空间识字

充分利用自读课本，我校结合烟台市小学语文“大量读写，双轨运行”的课题研究，尝试一种新的教学模式，语文课堂基本坚持20分钟讲读课文，10分钟课外阅读，10分钟小练笔。学完课文，预留10分钟的时间，引导学生自学自读课本上的文章，并精心设计闯关的游戏：认认生字——记记新词——品品句子——想想填填，来让学生自读课文、自主识字。然后布置家庭作业，让学生回去大声读5遍自读课本上的课文给家长听，有能力者复述、背诵、表演都可以。最后还鼓励学生把生字积累到识字积累本上，第二天上课前，同桌互查生字。这样让学生在阅读中与汉字充分接触，既增加了识字量，也体验到阅读的快乐。

第六环节：凭借练字识字

巩固生字可以以各种形式来完成，其中书写是一种非常有效的方式。识字教学离开了书写，宛如花儿离开了花枝，不久就会干枯。因而在语文教学中，要将识字和写字紧密结合起来，使学生不仅能读准字音、理解字义、掌握字形，而且还能正确、端正、整洁地书写。练字可以分两步进行，一是学完课文对生字整体感知后，拿出一定的时间，指导书写。在学习汉字的起步阶段，教师的范写很重要。一横、一竖、一撇、一捺……都要指导到位。可以在黑板上画好的田字格中示范，向学生展示写字全过程，边演示边讲述：这个字是什么结构，每一笔在田字格的哪一个部位落笔，每一笔的名称、运笔方法及笔顺等，使学生有一个初步的感性认识。再让学生每个字仿写2～3个；二是利用中午到校时间引导学生利用与教材同步的字帖进行10分钟静心练字活动。字帖为我们练字提供了规范的样本，因此，临写字帖是学写字的一种很好的途径，通过这一途径能帮助学生掌握笔法和章法，在临帖中还能培养学生的观察能力和识记生字的能力，使生字熟记于心。写字无疑是一件单调且反复的活动，小学生的兴趣不持久，耐力也易消磨。在写字教学中，教师要注意改进写字教学评价，引导学生对写字、书法的兴趣，如：写完后同桌互评、展示优秀作品、定期开展书法比赛等，让学生在写字中得到性情的挥洒和成功的愉悦，在反复练字的过程中，生字也在学生的脑海中深深地扎了根。

这里的“六环节识字法”就是按照相似原理进行教学的比较典型的做法。教师通过初读课文，让学生对生字有所接触，通过脑中已有的关于汉字的“相似信息块”过滤出生字，这些生字就是学生将要同化的对象。接着教师通过“游戏活动识字”“词语组块识字”“背诵积累识字”这三个创设识字环境的环节，同化了学生先前的“相似信息块”，使得学生的生字量扩大了，最后又通过“拓宽空间识字”“凭借练字识字”两个环节巩固了学生的“相似信息块”，通过这六个环节，这些生字的“相似信息块”又扩大了。如此反复，学生的识字能力就会变得越来越强。

2. 重视和把握识字教学与语文教学其他内容的关系

识字教学、阅读教学、写作教学、口语交际教学和综合性学习等共同构成语文教学的主要内容。识字教学是阅读教学、口语交际教学和写作教学的基础，反过来后三者又能促进、丰富和巩固识字教学。当今出现的识字方法中有许多都是和阅读教学、写作教学密切联系的，如集中识字已经发展成为“集中识字・大量阅读・分步写作”的教学体系，韵语识字发展成为“韵语识字・尽早阅读・循序作文”新体系等，这是一条好的思路，但这三者的结合上还有需要改进的地方，这是今后努力的方向。

3. 重视和把握识字教学与相邻学科的关系

相似论是一种开放的、动态的理论，它主张从与被研究事物现象相似、功能相似和结构相似的已知事物中找到解决该问题的方法。认知科学以汉字研究为载体，这给识字教学提供了许多理论依据和可行的实验材料，加快了识字教学研究的科学化进程。认知科学对汉字的研究多采用计算机等新技术对人脑所受刺激进行微观研究，结果也更加精确。为做到对汉字教学有所启示，下面将认知科学对汉字研究的结果略做陈述。

关于字形的研究：

字形对汉字识别的影响很大，关于汉字加工先整体还是先部分的问题有两种截然相反的观点。彭聃龄、王春茂的《汉字加工的基本单元：来自笔画数效应和部件数效应的证据》①，该文认为汉字的加工先部分，后整体，人们对

① 见《心理学报》1997 年第 1 期，第 9—17 页。

汉字的识别要经过笔划、部件和整字三个层次，其中单位部件的笔划数和部件数影响着汉字加工时间。而喻柏林、冯玲、曹河圻、李文玲的《汉字的视知觉——知觉任务效应和汉字属性效应》①和朱晓平等的《汉语字词识别研究的现状》②认为汉字的加工是先“整体”后“部件”，而且上下结构的字的反应时远远长于左右结构的字，非形声字的反应时长于形声字的反应时。喻柏林《劣化部位对汉字识别的影响》③也承认非形声字加工以整体性为特点。

认为汉字加工先部分后整体的学者的观点也不尽相同，有人认为笔划是汉字加工的基本单元④，而更多的人认为独体字存在着笔画数效应，合体字存在着部件数效应⑤。证明独体汉字的识别从识别笔画开始，经提取框架结构后，才完成识别过程。承认汉字部件数效应的人们研究得更为详细：1. 有人认为部件在整字中的位置不同，所起的作用也不同。⑥ 2. 有人认为部件数及部件的笔画数不同，人们对汉字的加工速度也不同⑦，并且部件的效应还决定于它在整个字中的地位，部件在整字中所起的作用越大，部件效应越明显⑧。陈传锋、黄希庭在进一步研究中发现了结构对称性效应，可以说是对以往汉字认知研究的一个总结和提升，他们认为“结构对称汉字认知的加工

---

① 见《心理学报》1990 年第 2 期，第 141—148 页。

② 见《心理科学》1992 年第 1 期，第 42—47 页。

③ 见《心理学报》2000 年第 2 期，第 139—143 页。

④ 如张积家、王惠萍、张萌、张厚粲的《笔划复杂性和重复性对笔划和汉字认知的影响》（《心理学报》2002 年第 5 期，第 449—453 页）及王惠萍、张积家、张厚粲的《汉字整体和笔划频率对笔划认知的影响》（《心理学报》2003 年第 1 期，第 17—22 页。）

⑤ 如喻柏林、曹河圻的《汉字识别中的笔划数效应新探——兼论字频效应》（《心理学报》1992 年第 2 期，第 120—126 页），沈模卫、朱祖祥的《整体汉字字形识别过程探索》（《应用心理学》1995 年第 2 期，第 43—48 页），《独体汉字的字形相似性研究》（《心理科学》1997 年第 5 期，第 401—405 页），《对汉字字形识别层次模型的实验验证》（《心理学报》1997 年第 4 期，第 350—356 页），肖崇好、黄希庭的《汉字独体字识别中的框架结构效应》（《心理科学》1998 年第 3 期，第 221—225 页）。

⑥ 如喻柏林、冯玲等的《汉字的视知觉——知觉任务效应和汉字的属性效应》（《心理学报》，1992 年第 2 期，第 141—147 页），韩布新的《汉字识别中部件组合的频率效应》（《心理学报》1996 年第 3 期，第 232—237 页）。

⑦ 喻柏林、曹河圻、冯玲、李文玲等：《汉字形码和音码的整体性对部件识别的影响》，《心理学报》1990 年第 3 期，第 232—239 页。

⑧ 张积家、盛红岩：《整体与部分的关系对汉字的知觉分离影响的研究》（《心理学报》1999 年第 4 期，第 369—376 页），周新林、曾捷英：《汉字早期字形加工中的部件数效应》（《心理学报》2003 年第 4 期，第 514—519 页）。

机制既具有一般汉字识别的共同规律，也有其特殊性”。具体体现为：“1. 从加工单元来看，结构对称汉字的识别过程也有与汉字结构相对应的三个层次，即整字单元、部件单元和笔画单元。其特殊性表现在：每一单元层均有对称与不对称之分。对称性单元具有格式塔性质，其加工优先于非对称性单元的加工。2. 从加工方向来看，结构对称汉字的识别过程也有受整字信息驱动的自上而下的加工进程和受特征信息驱动的自下而上的加工进程，即加工进程具有双向性。其特殊性表现在：无论是整字信息的驱动还是特征信息的驱动，均受结构对称性效应的影响，并存在显著的交互作用。3. 从汉字结构对称性的性质来看，它具有两重性。它小于整字信息，而大于部件信息。”①

有人认为汉字的识别不仅仅受到汉字本身的影响，还受到学习者个人品质的影响，如张武田、冯玲的《关于汉字识别加工单位的研究》②就指出汉字识别是由多种成分综合作用的结果，不仅仅受到部件的影响；刘鸣的《汉字分解组合的表象操作与汉字字形学习的关系》③也证明了这种说法，该文认为汉字的识别还受到学习者自身的影响，“低学习水平者以结构顺序的错误为主，中、上学习水平者则以部首替换错误较多”。

关于字音的研究：

在字音研究方面，研究表明在汉字识别中存在着整字和声旁的语音激活遵循“整字优先”和“高频优先”的自动激活原则④，而且语音的激活受到学生年龄或形声字自身的影响⑤，说明儿童对规范字（即汉字的语音与声旁的发音一致的字）的读音好于对不规范字的读音，而且随着年龄的增长，学生借声旁的语音对形声字的类推能力也增强，类推错误的比例当然也就在不断增大。

---

① 陈传锋、黄希庭：《结构对称性汉字认知研究与应用》（《心理学报》1999 年第 2 期，第 154—161 页）。

② 见《心理学报》1992 年第 4 期，第 379—385 页。

③ 见《心理学报》1993 年第 3 期，第 241—249 页。

④ 参看杨珲、彭聃龄、Charles A. Perfetti、谭力海：《汉字阅读中语音的通达与表征（Ⅰ）——字水平与亚字水平的语音及其交互作用》（《心理学报》2000 年第 2 期），张武田、冯玲、何海东：《汉字识别中的语音效应》（《心理学报》1993 年第 4 期）。

⑤ 参看舒华、曾红梅：《儿童对汉字结构中语音线索的意识及其发展》（《心理学报》1996 年第 2 期），舒华、周晓林、武宁宁：《儿童汉字读音声旁一致性意识的发展》（《心理学报》2000 年第 2 期），舒华、毕雪梅、武宁宁：《声旁部分信息在儿童学习和记忆汉字中的作用》（《心理学报》2003 年第 1 期）。

关于字义的研究方面：

单纯研究汉字字义作用的文章不多，主要有张积家、张厚粲、彭聃龄的《分类过程中汉字的语义提取(Ⅰ)》[①]，张积家、彭聃龄、张厚粲的《分类过程中汉字的语义提取(Ⅱ)》[②]，张积家、彭聃龄的《汉字词特征语义提取的实验研究》[③]等，这些文章认为汉字形声字的义符在汉字单字词的语义提取中具有重要的作用，当义符与词义一致时起促进作用，当义符与词义不一致时起干扰作用。

关于语境对汉字识别的作用。

语境主要对汉字的意义产生影响，对这一问题的研究很多，而且往往结合对阅读的考察进行，比较有代表性的文章有：朱晓平的《汉语句子语境对单词识别的效应》[④]，朱晓平的《阅读中课文语境对汉语单词识别的影响》[⑤]，张亚旭、舒华、张厚粲、周晓林的《话语参照语境条件下汉语歧义短语的加工》[⑥]，武宁宁、舒华的《句子语境中汉语词类歧义词的意义激活》[⑦]，周治金、陈永明、杨丽霞、陈烜之的《汉语同音歧义词歧义消解的过程及其抑制机制》[⑧]。

近年来，脑成像技术开始应用于汉语字词识别有关的领域，使研究者可以对汉语字词识别的脑内加工过程直接进行研究[⑨]，但是因为目前的研究成果多数是以成人作为研究对象，因此将这些研究结果直接用于小学识字教学尚有不妥，但是这种研究方法毕竟可以给我们以些许启示。

另外，将识字教学课延伸到体育课、音乐课、常识等课堂，实行识字课和别的学科的融合、整合，让学生时时感受汉字的魅力。

总之，不要将汉字识字教学当成是孤立的一件事来对待，要善于用联系的观点将识字教学与其有联系的学科整合起来考虑，要善于从别的事物中得

---

① 见《心理学报》1990年第4期，第63—71页。

② 见《心理学报》1991年第2期，第139—144页。

③ 见《心理学报》1993年第2期，第140—147页。

④ 见《心理学报》1991年第2期，第145—152页。

⑤ 见《心理学报》1992年第1期，第50—57页。

⑥ 见《心理学报》2002年第2期，第126—134页。

⑦ 见《心理学报》2002年第5期，第454—461页。

⑧ 见《心理学报》2003年第1期，第1—8页。

⑨ 尤其目前我国运用ERP方法对汉字识别进行研究的较多，如魏景汉、匡培梓等的《全视野汉字词义联想的ERP特征与汉字认识的ERP甄别》(《心理学报》1995年第4期)，罗跃嘉、魏景汉《汉字识别的跨感觉通路ERP注意成分研究》(《中国科学》1998年第6期)。

到启示，这对于改进汉字识字教学方法意义重大。

3. 将识字教学当成系统工程对待是保证

相似论是研究思维的科学，它认为人的思维的发展是连续的。作为思维载体的语言的发展也是连续的，因此应当将汉字识字教学作为系统工程对待。刘金花将儿童语言的发展分为两个时期，即语言准备期和语言发展期①，儿童对语音、词义的理解是随年龄的增长和环境的变化而变化的，“小学儿童字词概念发展，经历了从直观特征，到具体形象特征，再到初步能揭示字词概念的一般特征，并接近本质的特征，最后到揭示本质特征，对字词概念下较完善定义的方向发展”②。朱智贤也发现“音近、形近、义近材料的倒摄抑制作用，随年龄增长而明显降低；音近、形近材料的前摄抑制作用，随年龄增长而降低，义近材料的前摄抑制作用，则随年龄增长而迅速增大”③。再者，脑的不同功能的发展有不同的关键期，某些能力在大脑发展的某一敏感时期最容易获得，如人的视觉功能发展的关键期大约在幼年期；对语言学习来说，音韵学习的关键期在幼年，而语法学习的关键期则大约在 16 岁以前。

由上面的分析可以知道，人对汉字的掌握尤其是对词义的掌握不是一蹴而就的。小学一二年级的学生不具备将汉字的形音义及语境有机集合的条件，因此对汉字的学习也要做到“活到老，学到老”。

再者，汉字体系本身也是动态的系统，不同语境、不同地域、不同时代汉字的词义是不同的，尤其是多音、多义词。要将形音义、语境完全统一起来也不是一蹴而就的。在学习过程中，随着学生思维能力的不断发展，对词义的理解也逐步趋于深化，这也是将识字教学当成系统工程的一个重要原因。

当前识字教学实验一般只限于幼儿园或小学一二年级，走上了片面追求速度、追求数量的误区。小学三年级以上就基本是顺其自然、放任自流，缺乏一个有效的巩固环节。尤其是在 20 世纪 80 年代以后，人们认识到汉字的启智效用，认为识字越早越好，于是出现识字“下移”的趋势，人们都在抓幼儿识字，搞幼儿识字实验，反倒荒了“小学识字”这块地。在这种“汉字启智”理论的支配下，人们更追求的是识字的短期效果，必然导致识字教学的“昙花一现”效应，没有将识字教学作为一个系统的工程来对待。因此体现在学生识字量、写字规范度上可以说是一代不如一代，错别字、字迹歪斜潦草呈普遍之

---

① 刘金花主编：《儿童发展心理学》，华东师范大学出版社 1997 年版，第 145 页。

② 刘金花主编：《儿童发展心理学》，第 435 页。

③ 朱智贤：《儿童心理学》，人民教育出版社 1993 年版，第 400—401 页。

势。对此，一位中学教师痛心地指出“现在中学生的汉字书写使用正确率大不如前了，可以不无夸张地说：现在中学生中的错别字已经泛滥成灾。要我们拿出一本没有错误字的学生作文簿简直是难中之难……截取了某次作文，把全班54位学生的错别字全部累加。当我把‘437’这个数字亮给学生时，学生们也吃惊了……”①王元华也发现学生错的都是“基础常见错别字”②，这不足以引起我们的反思吗？

当然以上提到的识字教学方法确切地说是识字教学的教学原则，尤其是三年级以上学生的识字巩固方法还只是一种构想，并不排除其他更有启发性的构想。识字教学的方法不可能只有一种，没有哪种方法是“万应灵丹”，具体的方法还应根据学生的具体情况而定。实际上每个字都有自身的产生发展的历史，每一个字的教学也都有其自身的发展历史。因此我们应该给汉字建立档案，这是我们下一步要着手解决的问题。

---

① 俞红兵：《浅说提高中学生汉字水平的途径》，《中学语文教学》2003年第5期。

② 王元华：《由学生错字别字反思高考字形字音试题的定位》，《中学语文教与学》2003年第11期。

第二章　相似论与中小学阅读教学

在中小学语文课堂教学中，阅读教学所占的课时最多，教学内容最丰富，师生投入的精力也最多。阅读教学是以具有精湛的语言与丰富意涵的阅读文本为媒介的教学。它是语文教学的主体，正如韦志成在《现代阅读教学论》中所指出的那样，阅读教学在语文教学中举足轻重，它制约和影响着写作教学、说话教学和听知教学等方方面面。多年来，关于阅读教学的研究成果也颇多。但是阅读教学效率低下的问题长期以来却又一直困扰着语文教育界。传统阅读教学模式依然根深蒂固：教师问学生答，教师讲学生听，学生纯粹为阅读而阅读……在长期以来的阅读教学中，学生不是学习的主体，而是被动地按照老师的要求去读书。阅读教学中注重的也不是学生感受、欣赏、评价美的能力和语文素养的培育，而是理解文意、划分层次、归纳主题、分析修辞等，阅读教学往往被降格为听说读写应试能力的机械训练，精选入语文教材的古今名篇也就被降格为应试训练的材料库。如此培养出来的学生只知道读死书，做训练题，而缺乏感受、理解、欣赏文学名作的能力。虽然许多优秀教师在阅读教学改革过程中，进行了大量的积极探索，创造了多种教学模式，积累了丰富的教学经验，如宁鸿彬的“教读式”、钱梦龙的“导读式”、魏书生的“六步教学法”、卢仲衡的“自学辅导法”等，但是由于这些经验是个性化的，因此难以有效地推广和传播。中小学阅读教学的现状依然堪忧。2005 年华东师范大学的张铃玲硕士对江苏南通中学 200 名高中生的阅读状况进行了调查，结果发现绝大多数学生没有形成良好的阅读习惯，大多数学生不会运用阅读方法、阅读评价和阅读策略。新的课程理念则要求革除传统阅读教学模式带来的弊端，让学生真正体会到阅读本身带给他们的乐趣。现在，越来越多的教育界人士主张阅读要“以学生为主体”，注重学生整体素质的提高，但是由于教师没有新的方法论的指导，对学生阅读能力发展的生理、心理特点也缺乏应有的专业知识，对阅读的本质问题缺乏深入研究，在中考、高考指挥棒的作用下，“以学生为主体”的理念也就只能流于形式：要么彻底放手由学生自由阅读，教师不参与;要么看似学生自由阅读,实际上由教师牵着鼻子走。这就要求我们教育工作者从教育教学实际出发,对与阅读学习相关的各种因素进行深入研究,深化对学习与学生的大脑神经系统、学生的生理心理特征千丝万缕联系的认识、理解。要求教师要抓住学科自身发展的规律,充分认识知识学习过程与知识块间的相似联系、相似运动和相似创造规律的内在逻辑关联。

那么如何改变当前阅读教学的现状?如何提高中小学语文课堂教学的效率?下面笔者从阅读与阅读能力、相似论与阅读教学的关系、建立以相似论为指导的阅读体系等几方面略陈拙见。

一、阅读与阅读能力

阅读活动是人们进行交际或满足精神需要的重要途径。《中国大百科全书·教育卷》给阅读下定义为:“阅读是一种从书面语中获得意义的心理过程,阅读也是一种基本的智力技能,这种技能是取得学业成功的先决条件,它是由一系列的过程和行为构成的总和。”《教育大辞典》给阅读下的定义为:“一般指默读和朗读,主要指默读。是从书面语言获取文化科学知识的方法,信息交流的桥梁和手段。”这两个定义分别从阅读主体的心理过程和阅读活动的社会功能着眼,部分地揭示了阅读的本质:阅读就是读者与作者心灵的对话,阅读也是一种基本的心智技能。普通心理学认为:阅读心理主要包括感知、思维、想象、评断和解决问题等一系列认知心理活动,从中我们可知阅读是心智和行为的双向交流活动,也是读者与作者进行的跨时空的思想交流。由于中小学生的生理、心理发展的限制,阅读不可能是单纯的学生与作者文本之间的对话,阅读教学实际上是学生、教师、文本间的对话过程。但是由于学生是学习的主体,因此阅读教学要以学生对文本的自主探究和个性化解读为基础,以师生交流、生生交流为媒介,架好从文本到生活,从文本到心灵的桥梁,从而提高阅读教学的效率。

对阅读能力的说法众说纷纭,叶圣陶认为阅读能力是一种良好的阅读习惯;张志公认为阅读能力包括三方面的因素:理解、记忆和速度;章熊认为阅读能力包括四种,即认知和筛选能力、阐释能力、组合和调整能力、扩展能力。董甘味将阅读能力分为:阅读选择力、阅读感知力、阅读理解力、阅读想象力、阅读思考力、阅读评判力和阅读表述力。综合各家看法,不难总结出阅读能力涵盖的大致内容:认读能力、理解能力、鉴赏能力、评价能力。另外,阅读习惯的养成,阅读方法的选择和健康的阅读心理,也会影响阅读的效果。

二、影响阅读能力的因素研究

人们平时是怎样阅读的？大脑是怎样从书面文字符号中理解意义和提取信息的？在阅读中人们为什么要手耳口并用……人们对此早已习以为常，但却往往因此忽略其中蕴含的丰富科学规律，如果能够充分认识和应用这些规律，阅读效率势必会得到大幅度提高。一般说来，影响阅读能力的因素主要有以下几个方面：

1. 人脑对阅读的影响

人脑具有自动加工信息的功能。有人认为神经系统结构深刻影响着阅读效果，持这样观点的人有 Pennington（1999）、Caroline Rae（2002）等。Harter（1988）、Preston（1997）、Rippon G 等人还进一步指出神经系统功能异常对阅读的效果也有很大影响。还有人经研究发现脑代谢性功能也影响着阅读效果，持这样观点的人有 Herbert Lubs（1998）、Shaywitz（1998）、Paulesu（1996）、Pugh（2000）等。Nicolson[①] 等人则认为，小脑负责人的阅读功能，若小脑功能失调了，则影响阅读障碍者的书写及发音，导致语音及阅读能力不足，而且小脑与时间控制息息相关，阅读障碍者的时间估计能力有缺陷与他们的小脑功能失调有关。Eden 等人[②]利用脑成像技术，发现阅读障碍者觉察运动的视皮层脑活动较少。但是彭聃龄[③]等人认为小脑的认知功能还有待进一步的研究。虽然人脑自身机能对阅读的影响就目前来说还没有明确的定论，而且相关研究对于语文教育研究者来说有难度，但是人脑自身对阅读的影响是最重要的，我们一定要注重借鉴心理学专家相关的最新研究成果运用到我们的语文教学过程中。

2. 眼动对阅读的影响

眼动对阅读的影响也是非常大的，眼动的速度直接影响阅读的效果。这方面的研究也主要集中在心理学研究领域：(1)关于注视点停留位置的研究：

---

① Nicolson, R I. *Fawcett A J. Automaticity: a new framework for dyslexia research Cognition*. 1990. 35(2), pp. 159—182.

② Eden G F、VanMeter J W、Rumsey J M, etc. Abnormal processing of visual motion in dyslexia revealed by functional brain imaging. *Nature*, 1996, 382, pp. 66—69.

③ 彭聃龄、杨静：《小脑与发展性阅读障碍》，《心理与行为研究》2004 年第 2 期，第 368—369 页。

Morris、O. Regan、Beauvillain 等人认为阅读有最佳注视点，一般先注视中心词。陈庆荣等人也指出“在阅读过程中，只有持续注视 300ms 时，单词才能被识别。当眼睛离开加工对象(字母或单词)时，通过 M-cell 系统，信号会迅速传递到视觉运动控制中心，尤其是上丘，从而调节眼睛返回到当前目标”[①]。(2)关于回视的研究：较早的研究一般强调是文章的难度影响了阅读者回视的次数。但后来也有学者主张回视是由于对文章的理解错误造成的，Vitu、McConikie 等人则认为回视可能是由于眼球转动的错误引起的[②]。(3)关于跳读的研究较少，影响最大的研究者是 Rayner[③]。Rayner 的研究表明，高频词比低频词更容易跳读。由此语文教师在选择阅读材料时要遵循循序渐进的原则，如低年级学生的阅读材料字数要少，而且学生熟悉的高频词运用要多。慢慢地将一些低频词变成高频词后，阅读能力就越来越强了。

3. 记忆对阅读的影响

关于记忆对阅读的影响，国人研究较多。洪慧芳等人认为阅读困难儿童在语音分析能力和语音记忆能力方面不如正常儿童[④]；周韦华等人发现阅读困难儿童在短时记忆上不如正常儿童，对图案、图片、句子、视觉、声音符号等方面的记忆也低于正常儿童，他们通过研究发现“阅读困难儿童对故事的回忆时的信息量少、杂乱，没有条理性，不能将有意义的故事用自己的语言复述，甚至有些儿童只能记住其中个别的信息，这些提示了阅读困难儿童对记忆材料的组织性差，信息的保存少，不能运用有效的策略对前后文进行组织”[⑤]，从而影响到他们的阅读能力。

4. 语言要素对人阅读能力的影响

语言要素对阅读能力的影响是最主要的，也是语文教师在教学中最能驾驭的。关于语言要素对阅读效果的影响国内外研究的人都比较多，对阅读教

---

① 陈庆荣、邓铸：《发展性阅读障碍眼动研究的进展》，《中国特殊教育》2005 年第 5 期。

② 参看王蓉、阎国利：《阅读中关于眼动控制的研究进展》，《心理学探新》2003 年第 3 期。

③ Rayner K, Rayner G E. Eye movement control in reading and visual search: Effents of word frequency. *Psychonomic Bulletin, Review*, 1996(3), pp. 238—244.

④ 洪慧芳、曾志郎：《文字组合规则与汉语阅读障碍——对汉语阅读障碍学童的一项追踪研究》，《心理发展与教育》1999 年第 4 期。

⑤ 周韦华、罗学荣、胡少华：《阅读困难儿童记忆与学习的关系研究》，《浙江医学》2006 年第 4 期。

学的借鉴也是最多最有效的。(1)语音加工对阅读能力的影响。现代心理学和教育学研究发现阅读困难儿童对语音分析能力弱,对字形的加工也容易犯视觉错误,这些会影响到阅读能力。[①] 吴思娜等人经过研究发现76%的阅读障碍儿童存在语素缺陷;有43%和41%的阅读障碍儿童存在语音缺陷和命名速度缺陷。[②] Shankweiler等人也认为语音加工的缺陷是影响阅读能力的主要因素。[③] (2)文章内容对阅读能力的影响。何先友等人通过研究发现:"小学生阅读迁移究竟是依靠内容表征还是词汇表征,主要取决于阅读材料的难易程度和读者的阅读水平。当阅读容易文章时,内容表征是小学生篇章阅读迁移的主要机制,词汇表征起辅助作用,文章内容重复能促进小学生的阅读效果。当阅读困难文章时,小学生阅读迁移主要依赖词汇表征,词汇重复能促进其阅读效果。"[④](3)文章体裁对阅读能力的影响。宋广文等人认为文章体裁也影响着阅读效果,学生对说明文的学习优于对散文的学习;在特定体裁作品如散文的内部构成中,学生对细节的记忆好于对结构的把握。而对于说明文,结构的把握则好于对细节的记忆。[⑤] (4)句法意识对阅读能力的影响。句法意识就是指理解句法规则和操纵控制句法规则的能力。这方面的研究成果相对较少,但也能给我们的研究不少启迪。20世纪70年代后期人们开始关注句法意识与阅读的关系,但是研究结果是没有发现两者之间的关系;20世纪80年代后期,Willows、Bowey等人发现句法意识会影响阅读能力;这一研究在20世纪90年代后全面展开,研究者不但考察了句法意识与词的编码和解码的关系,而且对词的认知、句子与课文理解之间的关系做了较为深入的研究。Gottardo等人经过研究发现,句法意识是通过语音的中介对阅读发生作用的。Muter等人通过研究发现:"对应低水平的阅读理解,例如词的认知,语音意识可能起着非常重要的作用,但

---

① 栾辉、舒华等:《汉语发展性深层阅读障碍的个案研究》,《心理学报》2002年第4期,第338—343页。

② 吴思娜、舒华、刘艳茹:《语素意识在儿童汉语阅读中的作用》,《心理与行为研究》2005年第1期。

③ Shankweiler D, Crain S, Brady S et. al Identifying the causes of reading disability. In Gough P B, Ehri L C. Treiman Red. *Reading Acquisition*. Hillsdale, NJ: Erlbaun, 1992. pp. 275—305.

④ 何先友、梁佩仪:《小学生阅读迁移机制的进一步研究——字词表征还是内容表征》,《心理学探新》2004年第3期。

⑤ 宋广文、王晓明:《高中文理分科及学生认知方式对阅读理解影响的实验研究》,《心理学探新》2003年第1期。

是对于高水平的阅读理解，例如课文或者段落的理解，句法意识起着更为重要的作用。”[①]Demont 等人通过研究还发现，句法意识对儿童理解的影响随着年龄的增大而增强的。[②]

5. 内隐学习对阅读能力的影响

内隐学习是指个体在与环境接触的过程中不知不觉地获得了一些经验并因之改变其事后某些行为的学习，是一种平行于外显学习方式的无意识加工。西北师范大学的硕士研究生高瑛的论文《汉语阅读困难儿童的内隐学习研究》对内隐学习对阅读能力的影响做了较细致深入的研究。他的研究表明阅读困难儿童存在内隐学习，而且内隐学习成绩高于外显学习成绩。因此提高阅读困难儿童阅读能力的途径应为：“在外显教学前，先通过‘纯粹接触效应’不断加深阅读困难儿童对刺激的印象，使其有一定量的内隐知识作基础，这种潜移默化的效果会逐渐提高儿童的阅读和理解能力。”[③]该文还指出根据内隐学习的特点，对阅读能力较差的学生不能只用提问一种考查记忆的方式，而要尝试多种评价方式。

6. 综合因素对阅读能力的影响

对阅读障碍做全面研究的当数华南师范大学的邹艳春博士，她的博士论文《汉语学生发展性阅读障碍的信息加工特点研究》在材料的收集、实验的操作等方面用力颇勤。她以小学三年级和初中二年级学生为对象，经过研究发现“小学三年级学生阅读障碍主要由语音缺陷和正字法缺陷引起，表现为对字音和字形的编码存在缺陷，更多地属于语音阅读障碍和表层阅读障碍。初中二年级学生阅读障碍主要由语义加工缺陷引起，表现为对词句内容的理解和推理存在缺陷，更多地属于深层阅读障碍”[④]。

上述研究成果主要探讨了人脑机能和文本本身对阅读能力的影响。此外，阅读习惯、阅读方法、学习环境对阅读能力的影响实际上也不容低估。教

---

① 陈雅丽、陈宝国：《儿童句法意识与阅读能力发展的关系》，《心理科学进展》2006 年第 1 期，第 53—59 页。

② Demont E, Gombert J E. Phonological awareness as a predictor of recoding skills and syntactic awareness as a predictor of comprehension skills. *British Journal of Educational Psychology*, 1996, 66: pp. 315—332.

③ http://202.194.50.206/kns50/scdbsearch/scdetail.aspx?QueryID=170&CurRec=1, 2007 年 8 月 13 日。

④ http://202.194.50.206/kns50/scdbsearch/scdetail.aspx?QueryID=206&CurRec=1, 2007 年 8 月 13 日。

师的教法对中小学学生阅读能力的培养影响也很大，这方面的成果语文教学研究者或一线教师关注较多，研究成果也很多，但由于这些研究成果大多得之于经验，多数教师尚不能自觉应用心理学研究者的研究成果进行理论总结和提升，影响也很小，因此对语文教学中学生阅读能力不高的现状难以产生积极影响。

因此要想有效提高阅读教学效率，教师首先应领会人脑对语言的加工规律，即掌握人脑"相似信息块"的工作原理，改变传统的观念，以先进的方法论为指导，用联系的眼光看待阅读教学内部各因素之间的关系、阅读教学与识字教学及写作教学之间的关系、阅读材料和人的智力因素、非智力因素之间的关系乃至家庭资源、学校资源和社会资源对阅读能力影响的关系，自觉把握和遵循科学的阅读教学规律，有的放矢地提高学生的阅读能力。

三、用相似论观点指导中小学阅读教学

通过对阅读能力和影响阅读能力要素的分析可知，"任何阅读，阅读主体（读者）都要将自己头脑中所储存的思想材料与读物内容二者之间建立起联系，通过自己创造性的思考来获得意义。因此，阅读是一个复杂的心智活动过程，这种心智活动不是消极的、被动的，而是积极的、活跃的。由于阅读主体的知识、经验不同，同样的阅读材料对不同的人所代表的心理意义是不同的，从而形成阅读能力的差异。这种观点强调阅读的交互作用特征和理解的建构特征。所有的读者，不管是初学的还是熟练的，都运用其头脑具有的原有知识结合所读文章提供的线索以及阅读情景来建构文章的意义"①。可见，阅读能力形成的过程就是不断扩大人脑中阅读"相似信息块"的过程。阅读过程中涉及的认读能力、理解能力、鉴赏能力和评价能力是一个从简单到复杂的线性过程，认读能力是基础，理解能力是桥梁，鉴赏能力和评价能力才是阅读教学能力培养的终极目标。后一种能力的养成是以前一种能力为基础的。而影响阅读能力的要素看似庞杂，实际上却是有着内在的联系的：人脑阅读神经系统的运行规律实际受到父母阅读神经系统遗传因素的影响，这是人阅读能力的"相似信息块"，之后要受到语言（如阅读材料、语言的感知能力）、眼动（涉及学生年龄状况）、记忆等智

① 陈纯纯：《阅读理解策略教学对小学生阅读理解能力及后设认知之影响》，华东师范大学2012年博士学位论文。

力因素的影响，还要受到内隐（如兴趣）、阅读环境等非智力因素的影响逐渐形成阅读能力，这些因素之间是互相联系，互相促进的，借助相似论观点将影响阅读能力各因素之间的关系梳理清楚，形成一个网络，有助于在整体上促进学生阅读能力的提升。因此，指导中小学阅读教学可以从以下几方面着手：

（一）把握学生的“相似信息块”，合理安排教学目标

这是阅读能力形成的起点。人的思维是依照“相似信息块”来活动的。“相似信息块”是主体同化或顺应客体的内在依据，它是一个动态的机制。主体最初的“相似信息块”体现为本能或遗传因素，随着与客体的不断联系，主体原有的“相似信息块”经过不断的相似激活、相似联系，最终达到相互匹配，与新的外来信息组合成新的“相似信息块”，新的“相似信息块”又去顺应或同化新的信息，于是人解决问题的能力也越来越强。这里必须明确的第一点是“相似信息块”并不是对外界的所有刺激都作出反应，而是只对一些与它本身有联系的刺激发生关系，其他刺激则被视为无效刺激。必须明确的第二点是并不是主体的“相似信息块”一产生就能巩固，而是要经过不断重复练习，逐渐在大脑的神经网络中生成造就这种反应过程的高速度和高水平的快速信息反应通道，巩固脑中的“相似信息块”。

人的阅读能力除了受到父母遗传因素的影响，还要受到后天生活环境、教育环境及意志、性格等因素的影响，不同的青少年学生，阅读能力的发展状况会有很大不同。这就要求我们教师在阅读教学过程中充分利用相似原理及一定的脑科学知识和一定的认知科学知识，领会学生智力发展的规律，深刻了解家庭环境对学生的影响，进而了解学生的性格特征，促进教育环境与学生“相似信息块”的良性互动。从而真正做到根据学生学习生活的实际情况，既掌握学生有关阅读能力发展的一般规律，也要掌握学生由于受到后天影响而形成的个性化的阅读能力，从而合理安排阅读教学。关于阅读能力一般发展规律的相关研究已有很多。如下述的朱智贤等人的研究成果就值得重视：

语文分项能力发展特殊时期①

分项	敏感期	低潮期
识字	小一、小三	——
词汇	——	初二、高二
分析句子成分	高一	高二
分析复句	高一	初二、高二
逻辑改错	高中	——
朗读	——	初中
默读	小四、初一、初三	——
读写、标点	——	初二、高二
调整段落	——	初二
抄写、写读后感	——	初二、高一

另外，还有一些研究成果表明：低年级学生对字词概念的理解以具体形象成分占主导地位。从中年级开始，学生的字词概念中具体形象的成分逐步减少，逻辑抽象成分不断增加。高年级学生对字词概念的理解基本上属于接近本质属性的水平。因此四年级是学生对字词理解的转折点。② 学习困难学生的阅读元认知则与有效阅读者的阅读行为有很大差异，这主要表现在：(1)缺乏阅读目的和任务意识。学习困难学生往往不注意明显的或暗含的阅读任务要求，不会根据各种阅读材料的不同要求适时调整阅读风格，而是呆板地用同样的方法阅读任何材料，他们没有从阅读材料中获取意义的意识，纯粹为阅读而阅读。(2)缺乏对阅读材料重要内容的敏感性。学习困难学生缺乏注意材料中重要内容的意识，他们往往只被材料中具体、形象的内容吸引。(3)缺乏理解调节能力。优秀阅读者在阅读中遇到困难会及时查找资料或向老师、同学寻求帮助；而学习困难学生缺乏这种学习的主动性，不能及时寻找解决问题的方法和手段，不认真分析反馈信息，不能做到及时调

① 参见朱智贤主编：《中国儿童少年心理发展与教育》，中国卓越出版公司 1990 年。转引自韩雪屏《语文教育的心理学原理》，上海教育出版社 2001 年版，第 47 页。

② 朱智贤、钱曼君、吴凤岗、林崇德：《小学生字词概念发展的研究》，《心理科学》1982 年第 3 期，第 25—31 页、第 66 页。

节自己的阅读行为，因而久而久之小困难积累成大困难，造成自己的学习困难。阅读过程是意义理解的关键环节，任何意义理解过程都必须以阅读过程为开端，学生只有在有声或无声的阅读过程中才能慢慢理解词语含义进而理解语句、文章的整体含义，并且这种理解程度与学生的年龄特征是成正比的。这些知识教师要随时上网查询了解，力争用最新的科研成果指导自身的教学。

同时，教师还要了解学生个人的语文阅读能力。如在接一个新班前，要对这个班之前的语文成绩做一个分析（见表一）。还要通过设置调查问卷对学生家庭环境进行分析（见表二），分析其家庭环境对其语文学习的影响，同时还要根据新学期的教学任务对学生进行检测。

表一　学生语文考试成绩分析表

姓名________　性别______　年龄______

备注		项目	学生答题情况
注音	全对		
	基本正确		
	部分错误		
	全错		
概括中心	正确		
	基本正确		
	部分错误		
	根本错误		
分段归纳段意	正确		
	基本正确		
	能划分段落但概括不出段意		
	既不会分段，也概括不出段意		
识别修辞手法	比喻		
	拟人		
	排比		
	夸张		

续　表

备注		项目	学生答题情况
分析写作特点	正确又具体		
	基本正确，尚具体		
	能指出，但笼统		
	不会分析		
速度	20 分钟		
	25 分钟		
	30 分钟		
	35 分钟		
	40 分钟		
	40 分钟以上		
作文得分	51—60 分		
	42—50 分		
	36—41 分		
	40 分以下		
列举 10 本已经阅读过的课外书目			
对新语文老师的期望			

表二

学生一般情况	姓名		性别		出生年月		民族	
	家庭住址						
	原读书学校						
家庭成员情况	父亲姓名		年龄		职业		文化程度
	母亲姓名		年龄		职业		文化程度
	其他成员						

通过对这些调查结果的分析制定出的教学目标和教学方法才是行之有效的。下面是一位教师根据上述几个调查结果研究出的阅读教学模式：

经过融合的教科书阅读教学模式①

开发区金城小学中高年级阅读教学模式的探讨——三课时阅读达标教学

第一课时:通读达标

1.字词过关

教师布置学生自主学习本单元的生字词语,充分发挥学生的主动性,写会为止。……这一环节大约需要20分钟左右。

2.课文过关

进行完字词检测,下面进行“课文过关”,教师指定课文的某一段落,或者难读的句子来检测,形式可以是“同桌互读”,可以是接龙读。还可以是开火车读,小组齐读,同桌齐读,多种形式并用,调动学生朗读的积极性。没过关的同学,要有一定的惩罚方式,督促其过关。课后由同桌或者组长监督朗读以及检测,直到其过关为止。

(二)运用合适的策略教学,扩充学生的“相似信息块”

相似论认为,人的思维也是按照相似原理进行活动的,也就是说学生不是空着脑袋走进课堂的,他们在日常生活中和以往的学习中已经形成了有关的知识经验,即使有些问题他们从来没有接触过,但当问题呈现在他们面前时,他们还是会基于以往的经验,依靠其“相似信息块”,形成对问题的判断解释,增强自己的阅读能力。因此教师要教给学生一定的阅读策略,适时激发学生的阅读兴趣,使学生意识到阅读的无穷乐趣,在轻松欣悦的氛围中变被动读为主动读。同时教师也要积极引导学生,使他们形成“不以物喜,不以己悲”的良好学习心态,养成“旧书不厌百回读”的雅兴,锻炼学生的阅读意志,切忌使学生养成浅尝辄止、被动应付的不良阅读习惯。教师进行教学的目标应该是教给学生有效的阅读策略和怎样恰当地运用策略。“所谓策略教学,是指通过教学提高学生对学习要求的意识,掌握和运用恰当的策略来完成学习任务,形成监控策略运用的能力。显而易见,好的策略教学不是死记硬背,不是要求学生仅仅记住策略操作的步骤和机械地执行这些

① 课例来源:孙明芝《烟台市小学语文“大量读写、双轨运行”深化实验与研究》,鲁东大学2013年硕士学位论文。由于篇幅太长,此处做了删减,只保留了教学思路。

步骤，更不是简单重复的操练。好的策略教学应使学生认识到运用策略的目的，策略怎样起作用和为什么起作用，何时何地可以运用何种策略。因此，我们应该在教学情景中指导学生充分练习直至掌握这些策略，并且引导学生积极参与对策略的评价、调控和整合。这样，学生才能真正成为学习的主动者。”①

“阅读策略有很多，在译码与文意理解阶段，可使用的策略包括查字典、对照上下文、猜测、画重点、重读、自问自答、摘要、文章结构分析等；在推论与理解监控阶段则有旧经验联结、心像法、目标设定、策略选择、检视目标、补救措施等。……此外，不同的书籍需要不同的阅读方法：实用型的书、想象文学、故事、戏剧、诗、历史书、科学与数学、哲学书、社会科学，都需要不同的阅读策略。”②确实，阅读的策略分类依据不同，分类结果也大为不同，如上述前一种分类是按照学生的认知过程划分的，后一种是按照不同文体分类的，当然还可以按照阅读能力系统形成的过程进行分类，如分为“阅读理解基本策略”“阅读理解整合策略”“阅读理解监控策略”等，另外，还可以按照不同学段分类……教师应该熟悉各种阅读策略，并且要善于整合各种阅读策略为自己所用。下面，笔者结合教学设计案例进行简要分析：

《琵琶行(并序)》教学设计③

教学内容分析：

《琵琶行(并序)》是苏教版教材必修四“笔落惊风雨”板块“诗成泣鬼神”专题的一首叙事长诗，作者是白居易，此诗被誉为“千古第一音乐诗”。

对这首诗的赏析，从音乐描写入手，通过引导学生对诗中音乐精彩片断描写的品读、感悟、探究与分析，体味诗人根据琵琶女演奏过程中节奏音调的变化以及听者的反应，来表现琵琶女高超的演奏技艺和“平生不得意”的内心情感；通过对小序的解读，了解弹者与听者的身世遭遇，引出诗人“同是天涯沦落人”的无尽感慨。

---

① 陈纯纯：《阅读理解策略教学对小学生阅读理解能力及后设认知之影响》，华东师范大学2012年博士学位论文。

② 陈纯纯：《阅读理解策略教学对小学生阅读理解能力及后设认知之影响》，华东师范大学2012年博士学位论文。

③ 课例来源：马乐燕《合作学习在高中语文阅读教学中的运用研究》，鲁东大学2012年硕士学位论文。

当然诗歌教学中，诵读是学生理清作品脉络、把握作者情感、领悟主旨内涵的有效手段，所以本设计以点拨法（以自主合作学习为主）、诵读法为主要的教学方法。

学情分析：

在学习此诗之前学生已经对诗歌鉴赏的方法有一定了解，学习鉴赏过很多首现代诗、古体诗，但对于高一学生来说，完全放手让学生们自己去挖掘诗歌的丰富意境还是有一定难度的，学生在学习过程中对诗歌的情感变化很难理解到位，所以还需要教师的恰当的引导和点拨。

教学目标：1.领悟音乐描写艺术。2.体味作者思想情感。

教学重难点：

重点：了解作者描写音乐的高超技法，学习作者丰富而巧妙的语言表达技巧，感受作品的艺术魅力。

难点：理解作者是如何通过对音乐的描写把乐曲节奏音调的变化和弹者、听者的感情融为一体的。

教学方法：以自主合作学习为主的点拨法、诵读法。

教学时间：两课时

第一课时

（合作预习）

提前发放预习学案（见附录二），明确预习目标，学生合作完成。教师指导学生自学，读背全诗。预习目标如下：

（1）知人论世：走近作者，了解背景。

（2）落实基础：注音，释词。

（3）流畅地朗诵并背诵课文。

（4）初步领悟音乐描写艺术，体味作者思想情感。

自主学习——品读美文

1.情境导入

两千多年前，一个文人佳士，一个山野樵夫，用音乐演绎了高山流水的知音佳话；一千多年前，一个文人骚客，一个天涯歌女，同样用音乐演奏了知音的绝唱“琵琶行”。〔板书课题“琵琶行（并序）”。〕

（本文是长篇叙事诗，应以分析人物形象带动主题的思考，试图找到一个音乐与文字的最佳结合点，自然地导入课文情境。）

（投影）预习目标。

2.初读文本

（自主学习，感知文本，把握作者的情感基调。意在疏通字词，读准音节，理清脉络，初步感受诗歌的内在韵律。）

学生自由朗读文本一遍，避免先入为主。初读时可提示学生抛开文前小序，直接接触正文。然后找学生逐段朗读，每读完一段，小组成员学生点评，教师点评小结。重点处理断句，节奏轻重、快慢等问题，适当标注，结合情景加以完善。教师也可以范读某些重点句子。师生共同探讨，总结。

例：浔阳江头（悠长）夜送客，枫叶荻花（稍重）秋瑟瑟（稍长）。

大弦嘈嘈（重而有力）如急雨，小弦切切（轻而柔和）如私语。

东船西舫悄（较轻）无言，唯见江心秋月白。（停顿时间略长）

（诗歌教学应重视诵读，学生初步感受诗歌的内在韵律的过程，其实是在探寻诗歌情节的起伏和作者感情的变化。）

3.再读文本

学生在初读文本的基础上，再读文本，教师提示学生借助作者介绍、课下注释、题目、创作背景、体裁等信息整体感知诗歌主旋律。通过小组成员之间的合作初步领悟音乐描写的艺术，体味作者的思想情感，为第二课时的合作探究做准备。

第二课时

（合作探究）

1.检查预习成果

（1）小组内部自查预习学案上的字音、释词。老师用课件投影抽查。

（2）各小组内部互查朗诵情况。组长推荐小组中的朗诵优秀者代表小组在班内进行朗诵比赛，展示预习结果。

（通过检查，老师掌握预习情况。小组交流结束后教师做适当的补充并发表自己见解，与学生进行初步互动，主要是为了寻找合作预习中出现的错误，有意识地识记基础知识点，了解学生预习中的薄弱环节和需要充实的知识。）

2.师生合作探究问题（质疑——探讨交流——释疑）

（学生在自主学习过程中遇到的疑点、难点、重点问题或者是不能解决的问题，先独立思考形成初步结论，然后提交给学习小组，在学习小组内部展开交流和探讨，共同找出解决问题的方法与思路。对于小组内不能解决的问题，在教师的组织下，班内探究交流。在此过程中教师通过巡视、个别询问、深入组内讨论等形式，了解学生在合作探究过程中遇到的疑难问题，发现学生的思维困难，并对学生不能解决的疑难问题进行汇总、梳理、归类，并将这些问题组织学生“交流展示”，为“精讲点拨”做好准备。）

学生质疑，若学生无疑，则老师设疑：

(1)小序中“予出官二年，恬然自安”一句中，“恬然自安”是什么意思？

明确：心情平静，安于现状。（词语释义，很简单，无需讨论，但可就此引出探究问题。）

“出官二年”，被贬江州的白居易真的“恬然自安”吗？（板书：恬然自安）明确：不是。

那是什么？明确：贬谪失意。（板书）

(2)此时的作者有怎样的心境？请找出能说明他心境的语句。（小组合作）

（学生在小组内合作，联系诗歌及序文解释。找出相关词语或句子，并诵读。）

明确：贬谪失意。

(3)品读第四段诗句，体会作者情感。

明确：惨、秋夜、醉酒、别离、谪居、卧病等把握作者的情感基调。寂寞、凄苦、失意。（先成果展示，学生带有寂寞、凄苦、失意等感情再读文本。）

【简评】看来同学们对作者的情感把握已经比较准确。小组的合作很有成绩。

(4)是什么触发了作者的“迁谪意”？“予出官二年，恬然自安”为什么“是夕始觉有迁谪意”？

明确：今夜闻君琵琶语，如听仙乐耳暂明。

（该环节的设计意图是合作与探究。提出问题，讨论解决，这个过程本身就是学习。因为合作探究学习具有很强的问题性、实践性、参与性和开放性。学生经过合作探究过程会获得智力发展和深层次的情感体验，从而建构知识体系，掌握解决问题的方法。）

3. 感悟体味——感受精彩段落

(1)“今夜闻君琵琶语，如听仙乐耳暂明”，什么样的音乐才称得上“仙乐”？

学生回答。

(2)文字是无声的，却能够生动地刻画出有声的音乐，白居易是怎样描写这“仙乐”的？

学生找到第二自然段有关语句，齐读，个别生诵读。

(3)读第二段诗句,学生合作讨论并展示成果。

(鉴赏音乐描写的方法,并指出节奏的变化。)

明确:比喻、叠词和联绵词,正面描摹与侧面烘托。比喻。大珠小珠落玉盘——错落有致、清脆圆润;间关莺语花底滑——婉转优美;幽咽泉流冰下难——低沉凝涩;曲终收拨当心画,四弦一声如裂帛——凄厉。叠词和联绵词。叠词:弦弦、声声、续续、嘈嘈、切切。联绵词:间关(叠韵)、幽咽(双声)。

【简评】同学们很有音乐天赋,连“仙乐”都能读懂,读透彻了。

(4)学生再品读。(配乐琵琶曲《春江花月夜》)

4.合作学习——体味情感内蕴

(1)“别有幽愁暗恨生,此时无声胜有声”,琵琶女有哪些“幽愁暗恨”?品读第三段。(学生找到相关语句并诵读)学生分析并概括:失落,寂寞,痛苦等。

(2)为什么诗人能够听得出这种幽愁暗恨?(小组合作学习)

(同是天涯沦落人,相逢何必曾相识)诗人:叹息,重唧唧。琵琶女:听我此言良久立。

【精讲】这是本文的主旨句。只有心有灵犀的人才能听懂琵琶女通过音乐表达的心声,所以说琵琶女跟作者是知音啊。

5.合作探究——探究写作匠心

全诗写了三次音乐描写,为什么重点描写第二次,而把最感动人心的第三次一笔带过?(小组合作探究,展示探究成果。)

明确:“此时无声胜有声。”语言无法表达如此强烈的情感了。因为他们是沦落知音。(板书:沦落知音)已经不需要说啦。

6.巩固检测——检测课堂达标

检查背诵小组长记分:

(1)老师出题,上黑板默写或者齐背。

(2)各组互抽组员出题检查。

7.课后提升

阅读韩愈的《听颖师弹琴》和李贺的《李凭箜篌引》,思考它们在音乐描写方面的手法上有何不同。

这位教师成功运用系统阅读的策略,以学生为主,通过第一课时的“情境导入”唤起学生头脑中有关音乐与文字的畅想,寻求音乐与文字的最佳结合点,通过学生的“初读文本”环节引导学生感知了文本,把握住了作者的情感基调，完成了对文章的整体把握，通过“再读文本”的环节为第二课时的文本细读做了铺垫。第二课时主要采用“质疑——探讨交流——释疑”和“感受精彩段落”的策略完成对文本的细读，再通过“体味情感内蕴”和“探究写作匠心”，又完成了对文本的整体把握，通过“课后提升”环节启发学生体会音乐描写方面的手法差异。整个教学过程以学生为主体，教师做适当点拨，但是教师的点拨都渗透着阅读的策略。

（三）利用阅读教学与其他学科的相似关系，促进学生的相似创造能力

语文教学的内容包括识字教学、阅读教学、写作（写话、习作）教学、口语交际教学和综合性学习五个部分，这五个部分的内容之间有着内在联系，以至于我们很难将他们割裂开来。同时，阅读教学和别的学科之间也是有联系的，如和音乐学科、体育学科、生物学科，等等。在阅读教学中，一定要充分利用阅读教学和语文学科内部其他内容及其他学科的关联，开发一切有助于阅读教学的资源，也要充分开发家庭、社会等外围环境资源，调动一切可以利用的因素促进阅读教学。

1. 阅读教学与识字教学及写作教学之间的联系

教育工作者们在长期的教育实践研究中发现：阅读是“全息式”的言语活动，它包含着视读、口读、听读、思读、写读、行读，是言语活动听、读、说、思、写、行在阅读中“全息式”的反映，是大脑皮层对视觉观察的文字信息进行分析、综合、归纳，形成自己观点的过程，是人的一种心智活动，要求读者调动所有阅读生理器官，动眼、动嘴、动耳、动手、动脚，特别是动脑，将六者有效联系起来。

有关研究表明，学生在阅读上的困难表现为字词识别困难、词义和句子理解困难、课文理解困难和理解监控困难，以及对阅读的畏惧、冷漠，阅读时注意力分散，兴趣低下，情绪波动，意志薄弱，阅读品质不良等。如：字词识别困难往往伴随着视觉辨别困难，对字词形状识记和再认能力弱，听觉困难，声音混合困难，记忆困难，词义与句子理解困难等现象。词义理解比字词识别包含更多内容，它不是字、词的简单叠加。句子又是词与词的组合，如果词义理解有误还将直接影响对句子、段落等的理解；课文理解是比句子或段落理解更高的层次，它也是建立在词义理解基础之上的。因此阅读教学与识字教学有着天然的本质的联系。阅读过程本身包含了识字教学的过程。在这个

过程中识字是阅读的起点，尽管汉字有一定的表音、表意功能，但由于汉字的形、音、义不是一一对应的关系，在识字过程中不结合具体的语境，就容易使汉字的形、音、义对应不起来，从而不能使学生真正学会用汉字。因此有效的识字教学必须与阅读教学相结合，一方面识字教学是阅读教学的前提条件，另一方面阅读教学又通过阅读过程中生僻字的查解实现和促进着识字教学的发展。

阅读教学也与说话教学有着必然的联系。叶圣陶先生曾说：听话也是一种阅读，不过读的是“有声的书”。这句经典的断语告诉我们听话是一种特殊的阅读过程，我们不能简单地认为听话是对耳朵的一种训练，其实它更是一种心智活动，能训练学生的阅读理解能力，是一种技能训练。只是这种过程是通过大脑的神经系统将各种知识的相似信息块组织到一起实现的，我们无法从外面看到。说话训练与阅读教学也应有机结合。阅读教学是语文教学的重要组成部分，通过阅读教学进行说话训练也是一条值得重视的语文教学路径。在教学中，教师不妨结合阅读教学进行朗读、背诵的训练，以读学说。进行口头简要复述、综合复述、详细复述、创造性复述的训练也可以帮助学生更快更深入地理解课文，它可以算是一种外显的知识块的重组过程。

写作能力是学生阅读能力的延续，写作是将相似知识块升华再创造的过程，它显示的是一个人的综合能力，是一个人综合素质的标志。写作过程可以充分体现出写作者的整体知识水平，需要更高层次的语言文字的应用能力。常言道：不动笔墨不读书。要提高读书效率，就要眼、脑、手等多种器官并用。边读边写一方面可以加深对文本的理解，另一方面可以锻炼大脑的逻辑思维能力。在阅读过程中，学生在对文本进行分析、综合、归纳时也就很自然会形成自己的观点和表述自己的观点。同时，阅读还可以培养学生的语感、对材料的甄别吸收能力，而大量精彩语句的积累也可以大大提高读者的写作水平。因此，一般来说阅读能力强的学生写作能力也比较强。

可以说，识字能力和阅读能力是人脑对语言的输入能力，而说话能力和写作能力则体现了人脑对语言的输出能力，这几者恰恰形成了一种相似关系。无论是识字教学，还是听、说、写的教学过程，都与阅读教学紧紧相连，始终紧密围绕在阅读教学的周围。阅读活动可以促进识字能力、说话能力及写作能力的发展，反之亦然，这一切都是相似知识块的一种迁移过程。而前述识字教学中的“集中识字·大量阅读·分步写作”的教学体系，“字族文识字教学法实验”“韵语识字·尽早阅读·循序作文”等方法则是将几者结合起来的例证。

2. 阅读教学与其他学科的联系

相似论认为事物是普遍联系的，事物的联系存在于三种关系中。阅读的本质是对话，是学生与文本、作者、编者、教师的多重对话。通过多重对话，学生不断激活、充实自己的“相似信息块”，最终达到能进行创造性阅读或写作的目的。阅读教学的过程是以语言为中介，通过教师的教帮助学生完成学习的过程。其他学科的学习也是以语言为中介通过教师的教帮助学生完成学习的过程。因此阅读教学的过程在本质上与其他学科的教学过程具有相似性。也就是说，一个人的阅读能力提高了，对理解能力的提高也有促进，对于学好其他学科也有积极作用。反之，其他学科学习得好，也有助于阅读能力的提高。充分汲取其他学科的资源为阅读教学所用不失为明智之举。如物理课本中的《运动和力》、化学课本中的《氢气的性质和用途》、地理课本中的《世界气候》及历史课本中的很多材料，完全可以作为语文阅读材料使用。这也与新课程背景下的综合性学习大势相契合。如下例①：

在上都德的《最后一课》时，由于课文的思想感情比较沉重、肃穆，在进入新课学习时可先播放一段反映民族危难的歌曲《松花江上》，这首歌曲的旋律较为悲愤沉重，容易把学生沉浸在课间十分钟的兴奋情绪，拉回到文本的氛围中来，激发学生的爱国情感，让学生带着同样的情感去感受作者失去国土的悲愤、沉痛、依恋的心情。在这里，音乐为课堂创设了浓厚的课堂氛围，诱发了学生特定的情感体验。

3. 阅读教学与家庭资源、学校资源和社会资源的联系

把阅读教学与家庭资源、学校资源和社会资源联系起来的主张一般被称为“大语文”教育观。“大语文”教育主张将语文教育向学生生活领域弥散、辐射、蔓延，强调语文教育突破课堂的限制向学生生活的所有领域全面延伸，把学校生活与家庭生活、校园生活与社会生活、课堂学习与课外实践有机结合起来，充分利用一切资源最大限度地发展学生的听、说、读、写能力，使语文教育无处不在，使一切皆可被整合到语文教育中来。

其中，家庭资源主要指父母的教育理念、家庭环境氛围两个方面。家庭教育环境超出了教师控制的范围，但是对学生语文学习又有着非常大的影响。语文教师要启发学生父母树立新型的语文教育理念，让父母主动多阅

① 课例来源：郭琦：《谈音乐在语文阅读教学中的作用和运用》，《当代教育论坛》2008 年第 7 期。

读，阅读古今中外的经典读物，同时教给学生父母使用良好的阅读方法，带动子女养成阅读的好习惯。同时也要帮助学生父母设计语文学习氛围，如家庭书籍的选择与陈列，父母良好表达习惯的培养，让学生受到良好家庭环境的影响。

学校资源主要指学校环境的硬件设施和教学资源的软件设施。学校资源的硬件设施主要指校园环境的设计，在校园内要尽可能以图文形式展现本校、本地区的文化资源，使学生所到之处均受到良好的文化熏陶。学校资源的硬件设施也包括图书馆、阅览室阅读资料的质量和数量。学校要尽最大的可能优化图书馆和阅览室，使学生能看到最喜欢的和最前沿的阅读资料。学校资源的软件设施主要指网络资源的建设，要争取做到与学生语文教材有关的电子资料在校园网上均可以看到。

社会资源的内容非常广泛，是指一切可以用于提高学生阅读能力的资源。刘国正在《阅读教学管窥》中强调阅读教学要与社会多联系，"取得社会的支持。要随时注意社会上读书的动向，了解社会上、青少年中在阅读方面一时兴起的新潮和集中争论的特点，引导学生研究讨论，明辨是非，趋益避害，还要视需要与可能，采取措施与社会取得联系，例如组织学生同作家、编辑见面；组织学生参加社会上的种种阅读活动；组织学生参观书店、图书馆、印刷厂、出版社和报刊的编辑部等等"①。同时要积极倡导和促进对大众传媒进行分级管理，呼吁教育部以国家的名义优化面向青少年学生的电视、报纸、网络等资源，使学生接触到的阅读资源均是最优化的阅读资源。

① 转引自张孝纯、张国生：《谈优化语文教育环境》，《学科教育》1993 年第 2 期。

第三章　相似论与中小学写作教学

写作教学是语文教学的重要组成部分，也是整个语文教学的落脚点，写作水平的高低更是检验学生语文素养的综合性尺度。语文课程标准明确指出："写作能力是语文素养的综合体现。"足见写作在语文教学中举足轻重的作用。但是，一直以来，写作却是一个让老师和学生都很头疼的事情，学生作文常常内容空泛、形式呆板、层次不清、结构紊乱、中心旁落、语句不通，教师在作文教学中也常常是疲于奔命，事倍功半。造成这些状况的原因是多方面的，但有几个主要因素却不容忽视：第一，教学理念落后，教师缺乏合理的方法论作指导，不了解学生的成长规律、学习环境和个性特点，在教学过程中实行"一刀切"；第二，教学方法陈旧，只注重让学生反复练习，而忽略了对学生写作能力的培养。只注重课堂教学，而忽略了生活、社会这个"大课堂"；第三，教师自身写作素质不高，课外写作体验少，难以带动学生写作的兴趣，学生写作的主动性不强；第四，没有充分利用家庭、社会的有效资源，依然是关门作"八股文"。在实行素质教育的今天，写作教学改革势在必行。

一、写作与写作教学

写作是人类的一种特殊精神文化现象和社会实践活动，是人们用文字有序地表达思维成果的一种精神活动过程。写作教学也叫作文教学，就是教会学生写文章并形成良好写作素养的教学活动，它是中小学语文教育中的重要组成部分，是一种综合的思维训练过程。人们对世界和自我认识的结果从观察、构思到成文，都要融合主体积极的思维活动。

《义务教育语文课程标准》(2011 年版)主张写作教学要让学生自由表达，重点是让学生写生活作文，写实用的作文。在该课标中，写作被分成写话、习作、写作三个阶段，1 至 4 年级学生从写话、习作入手，这是为了降低起始阶段的难度，重在培养学生的写作兴趣和自信心。5 至 6 年级是习作，在这个阶段主要是让学生简单地记述发生在自己身边的事情，以达到能够清楚地自我表达和顺畅地与人交流的目的。7 至 9 年级(或初中 1 至 3 年级)是写作阶段，在这个阶段学生要“力求表达自己的独特感受和真切体验”，“多角度地观察生活，发现生活的丰富多彩，捕捉事物的特征力求有创意地表达”。而到了高中阶段的作文写作，学生不仅要有自己独特的感受，而且要内容充实，有真情实感，有新意，并且要尝试多种文体的写作。从中我们可以看到，不同的阶段对作文教学的要求是不同的。因此，教师对于不同阶段的学生应该有不同的教学计划和目标，而教学过程应该与每个阶段作文教学的计划、目标适应，这样学生的写作能力才能循序渐进，稳步提高。写作教学的任务主要有：训练学生的写作技能，增强写作能力；培养写作兴趣，养成写作习惯；提高思想认识，涵养道德情操。其中培养学生写作的兴趣和自信心、发展学生的思维是重中之重。

二、写作的过程和能力

写作的过程是非常复杂的，对于不同的写作者，写作的具体状况更是千差万别。但是总的来说，写作一般包括三大阶段，即写作的准备阶段、构思阶段和外化阶段。刘勰在《文心雕龙》中指出，在构思阶段，“神居胸臆，而志气统其关键；物沿耳目，而辞令管其枢机”①。在写作过程中，外在的人、事、物景经过写作者头脑和情感的折射、加工、过滤转化为了内在的心象、情象、意象，再借助语言文字变成可见可观的文学作品。因此，如许多写作学著述所指出的那样，写作过程是一个从“物”到“心”再到“文”的三段式过程，是一个从“物态”到“意象”再到“文本”的多度转换过程。可见，在写作中，把外在的事物转化为心中的感悟，把存在于写作者内心中的形象世界转化为白纸黑字是极为关键的几个环节。

在写作过程中，学生应该具备的主要写作操作能力有：

1. 审题能力

审题，即对作文题目进行准确的分析并判定有关写作要求的思维过程。通过审题，找出题目的难点、写作的重点，使学生确定该写什么，不该写什么。用什么样的体裁来表达，用哪种人称表达。有的题目从字面上看似很简单，但题意含蓄，不认真思考很容易跑题。例如，让学生写《可爱的家乡》，有的学生写家乡建筑的变化，有的写家庭装饰陈设的变化，有的写家乡自然环境的变化，有的写家乡交通变化，有的写家乡风俗变化，这些学生都没有审准“可

---

① 刘勰：《文心雕龙·神思》，贵州人民出版社 1992 年版，第 326 页。

爱”这个题眼。我们知道，虽然“变化”也可能带来“可爱”，但“变化”不等于“可爱”，如果说要通过“变化”来写“可爱”，那就必须抓住“变化”中的“可爱”之处，细加描绘，将“变化”与“可爱”紧紧联系起来，让人读之觉得确实“可爱”，而不能仅仅局限于写“变化”。再如：写《快乐的双休日》一文，审题时要抓住写作对象是双休日这一规定性条件（不是一天而是两天），对象的特点是快乐（如果只写活动不写快乐就容易跑题），要处处扣着“快乐”写，主要写自己快乐的心理感受。

2. 立意能力

立意就是确定和提炼文章的主题思想，使文章的主题思想富有积极的意义。立意是文章的灵魂和生命，立意健康、正确，才能激发人们奋发向上的积极性。立意集中、鲜明，才能使人愿意读。立意深刻、新颖，才能引起读者的强烈共鸣。一篇文章立意的成败优劣直接影响着这篇文章的成败优劣。因此，下笔前一定要在立意上下一番功夫。例如命题作文“考试”的立意。“考试”可以实指某门课的一次考试，也可以泛指生活中遇到的某一件事，对自己具有“考试”的意义。请看一些同学的立意：

①某学科的一次考试，得心应手，考得很出色。这说明只要平时努力学习，方法对头，考试前认真复习，就会取得好成绩。②某次考试，对着试卷发呆，抓头搔耳答不出，因为平时不努力，考试前临阵抱佛脚，所以肯定是考不好的。③平时全部精力放在读课本上，考试前起早摸黑地复习，许多题目的答案都背得滚瓜烂熟，自以为考试不成问题，可是试卷发下来却傻了眼，题目大多数是“活”的，是着重考理解能力、分析能力的，结果考得很糟。从而认识到，学知识不能一味地死记硬背，要注重理解和运用，要会举一反三。④连续几次考试，我的成绩都不理想，而我在班里是有名的勤奋生，由此可见，要想成绩好，必须有一个聪明的大脑，否则，再努力也是无济于事。⑤一次考试中，某个题目答不出，便设法偷看书，但试卷交上去后，心里总是不安，后来终于鼓足勇气向老师承认了错误。这说明，“考试”不仅仅是考文化知识，更重要的是考人的思想品质。⑥自己在学校里学习很好，每次考试成绩都很出色，但有一次在生活中遇到了某件事，表现了自己的无知无能，或者是思想品质低下，等于“考试”不及格。说明人的一生中会遇到许许多多的考试，学好文化知识，在教室里考出好成绩固然重要，但是，提高自己的实践能力，培养良好的心理素质和道德情操，在人生的道路上考出好成绩则更重要。

上述立意中①②比较平淡，写出的文章很自然也会一般化。④的观点则不正确，与“勤能补拙”相悖。其余三种都比较好，写出的文章可以有曲折，有波澜，能吸引人，说明的道理有一定的深刻性。特别是立意⑥，运用反向思维审题，脱开惯例，不落窠臼，写了另外一种意义的考试，不仅新颖、独到，而且寓意深刻。①

3. 选材能力

选材就是指从众多的已经掌握的材料里选取适合表现中心思想的材料。所选的材料一定要注意有真实性和说服力。具体说要做到以下几点：(1)力求精当，要从同类材料中筛选出最精当的、具有广泛代表性和较强说服力的材料。(2)力求新颖，就是要选择别开生面和出人意料的材料。(3)力求有时代气息，要关注社会热点，善于捕捉生活的亮点。例如江苏省高考满分作文《请把别人的优点放大 36 倍》的一些片段：

> 有一次我陪着妈妈去美容院，美容小姐热情地迎上来，告诉我们可以免费测试皮肤。等妈妈测试完了后，我也好奇地试了试。美容小姐把我的头部放进一个小小的暗室里，然后把灯打开，只见荧光屏上赫然出现一个满脸斑斑点点、恐怖狰狞的脸，我不敢相信那就是我，而更像童话故事里妖术无边的老巫婆，吓得我赶紧跑出来。这时咨询人员不失时机地告诉我们，这台检测仪能将脸部的瑕疵放大 36 倍，为的是让顾客更清楚地了解自己皮肤的问题。
>
> 这时我才松了一口气，原来它只是把我的瑕疵放大了 36 倍，却没有把我的好看的地方也放大 36 倍。由此我想到另一个问题：每个人都会有这样那样的缺点和不足，如果只看到别人的缺点，或者像检测仪那样，把缺点放成磨盘那么大，而优点只有芝麻那么小，那就会成天生活得不开心，以为世上的人全都是居心叵测，阴险狡诈，不值得信赖，不值得交往。而旁人也会同样看你，从此生活变得黯淡无光，了无情趣。

这段选材就非常精当，用自身的经历感受现身说法，别开生面，发人深省。

4. 组材能力

组材能力又称谋篇布局能力，就是作文时，在确立了文章主体和选择了材料之后，还要对所选择的材料进行安排组织的能力。它涉及文章的结构形

---

① http://ctzengfb.bokee.com/viewdiary.11512245.html，2007 年 9 月 1 日。

式和论证方法的运用。组材解决的是“怎样写”的问题。组材要围绕中心进行，要根据表达的需要把分散零乱的材料贯穿起来，使之成为一个系统化、条理化的整体。组材包括对文章的线索、层次、段落、开头、结尾、过渡和照应的恰当处理。组材的要求是：条理分明，过渡自然，前后呼应，详略得当，开头要好，结尾有力。例如鲁迅的《风波》，写的仅仅是割掉一条辫子的事情，可产生这一“风波”的原因却是张勋复辟这一重大事件。如果正面去表现这一事件，那不知要费多少笔墨才能写清楚，可鲁迅先生把张勋复辟这一事件完全置于幕后，只用它来作为“临河的土场上”所演出的一幕小闹剧的大背景。这样，就使得小小的一条辫子竟可以关联国家的政局动荡。

5. 表达能力

表达能力，即撰写文章以及运用语言文字来表情达意的能力。文章具有多种表达方式和表达功能，语言则是表达最基本的凭借。语言能叙述、描写、说明、议论、抒情，言语能力是最基本的表达能力，也是作文教学中应予高度重视、重点发展的能力。

6. 书写能力

汉字书写的质量直接影响着作文的表达效果。而且书写是否认真还是一个学习态度和学习习惯问题，所以应当严格要求。在作文教学中应当引导学生力求书写工整、规范，并符合速度要求。

7. 修改能力

修改是一个重新认识、重新发现、重新创造的过程，是作者基于对包括题目、读者等方面的清醒认识，运用批判性思维来对内容、文体、语言等重新认识、重新创造的过程。修改过程应该贯穿于整个写作过程中。修改，要有计划、有步骤地进行。要从字词开始逐渐深入到篇章结构，由易到难，循序进行。

三、相似论指导下的写作教学策略

在我们的周围，相似现象无处不在，而在人们的生活中，人们也在有意或者无意地运用着相似论，相似论也总在指导着人们更好地认识和改造世界。相似原理告诉我们：不论自然界还是人类的思维，由简单到复杂、由低级到高级的运动都是在相似的同与变异中进行的。一切事物也是因为它们之间的相似性而联系起来的，一切创造，无论是自然界的创造还是人类的创造，都是基于相似性而进行的。

文学来源于包括物质生活、情感生活(又包括微观的个体精神生活和宏观的时代精神等)在内的整个社会生活。信息理论家冯·纽曼发现,人一生中存储的信息容量平均达200万兆。这些信息有些来自人们自己的亲身经历和感受,但也有很多来自于阅读、调查。刘勰在《文心雕龙》中说得好,作家才能的形成离不开先天的才、气和后天的学、习。足见,积累信息、不断学习充实对于写作的重要意义。在写作教学中,从题目的设计到写作的过程,无不闪耀着相似性的光芒。写作的过程是一个货真价实地围绕着作文题目在大脑中搜索已积累的字、词、句、语、修辞、逻辑、意象等的相似创造过程。那么如何自觉地把相似论的原理运用到作文教学中呢?

(一)要利用一切可以利用的资源,准确把握学生写作的"相似信息块"

古往今来,写作的观念、惯例、技法、符号在不断变化。从载体看,上古时期的人们即兴歌舞,口耳相传,当时只能产生口头文学。随后人们将文字写在甲骨、竹简、丝帛、纸张上,现在书写在网络上、手机短信上的文学作品也已经司空见惯。但这并不影响古往今来的文学创作仍保留着一以贯之的基本特征。不管哪个时代的人们进行写作,都离不开生活感悟,离不开爱憎情感,离不开一定的语符、一定的载体,都需要把心与物、理性与诗情有机化合。中小学生进行写作训练,同样要注意这些问题。

就中小学生而言,在看到文章题目以后,学生围绕题目激活大脑中的"相似信息块",在大脑已存储的信息当中进行相似选择、相似匹配、相似重组、相似创造,这个过程说起来简单,但学生在写作文时却并没有那么容易。如何提高学生的作文水平,如何让学生看到作文不再头疼,关键就在于让学生写作时能够在大脑的"相似信息块"中迅速搜索到自己所需要的信息资料,经过整合重组,使一篇优秀的作文快捷顺利地出炉。而要达到这种效果,教师对学生必须有深入的了解和切实有效的引导。

在平时我们会发现同一种外来刺激会引发某个人的情感变化,而对另一个人的情感却影响不大或完全没有影响。这是因为不同人大脑中早已存储的"相似信息块"是不同的,外来刺激只有和大脑中已有的"相似信息块"相互和谐共鸣才能增强其兴奋度。因此,老师只有了解学生,才能了解学生大脑中"相似信息块"的积累情况,然后老师根据学生的实际情况进行作文教学设计,让要写的作文和学生大脑中已存有的信息产生共鸣,达成和谐,增强学生的写作兴趣,从而达到"快乐作文"的效果。

老师要了解学生应从以下几个方面入手：

1. 了解学生的家庭情况

包括家庭和谐与否，经济条件如何，孩子和父母的关系如何，父母的文化水平，是否是单亲家庭等。之所以要了解这些方面是因为每个学生都生活在特定的家庭环境中，他们的行为都会受到家庭氛围和家庭文化的强烈影响，并在大脑以及神经系统内在的相似机理的配合下，使他们的言行、举止、思维在不知不觉中，在高度的自动化中和这个家庭环境保持高度的相似性。上海的袁引岚教师曾在他所在的学校写作水平好和差的学生中各取样 68 名作调查，结果表明，一些作文水平较高的同学往往家庭环境比较好，如：父母有文化，对其要求比较严格，有辅导条件，独居一室，四周环境比较幽静等。可见，家庭环境对学生有着非常巨大的影响。因此，教师在接管一个班时，首先应该通过各种渠道对该班学生的家庭有一个大致的了解，这样教师才能对学生的"相似信息块"有一个了解。在这种了解的基础上，再设计作文教学内容就会更符合学生的口味，从而，作文也就会变得不让人那么厌烦了。

2. 了解学生的年龄差异

我国的作文教学很少考虑到学生的年龄特征。这里的"年龄"既包括学生的生理年龄又包括心理年龄。研究已发现，人的生理、心理的发展是渐进的，有规律可循的。根据相似论，人的年龄不同，储存在相似信息块中的信息量就不同，其思维方式、解决问题的能力也就不同。如 3 岁小孩接受语言的"相似信息块"的功能就不如 6 岁小孩的"相似信息块"的功能强。中学教师面对的孩子的年龄一般在 12 到 20 岁之间，这个年龄段的孩子一般心理年龄要大于生理年龄，他们认知世界的欲望逐渐增强，思维渐趋活跃，探索问题的能力正在形成，对社会对未来的见解趋向独立，创新意识增强，他们厌烦老师"说教式"的讲课方法，如果教师在作文教学当中可以注意到学生的这个特点，让自己的教学方式迎合学生的心理和知识构建体系，变"教学"为"助学"，改"有意作文"为"无意作文"，让学生成为知识的主动构建者，这样就能收到较好的效果。

3. 了解学生的个性特点和个别差异

教师在教学过程中必须考虑到学生的个性特点和个别差异。前面已经提到了，同一种事物在不同的人身上会导致不同的效果，这是因为每个人大脑中储存的"相似信息块"不同。由此，每个人都会有自己的个性和特点。相似论原理认为我们在改造客观事物时，要把所要研究的问题区分成一定的相似系统与类别，老师要根据学生的情况对学生进行分组指导，真正做到因材施教。

（二）通过观察生活，使社会生活与学生情感相似，触发创作的欲望

相似论认为，在人的学习、记忆，对世界的认识中都可以发现相似论揭示的规律，就是发明创造也首先需要从相似性入手。比如：从蜘蛛网到渔网、从飞鸟到飞机、从蝙蝠到雷达、从苹果落地到万有引力、从眼珠原理到照相机、从鱼鳔原理到潜水艇、从人手到各种机械抓斗、从人脑到电脑等，所有创造发明无不源于起隐性支配作用的"相似"，因此，寻找事物的相似性，是创新的基石、源泉和手段。

1. 多角度地观察生活

"多角度地观察生活"是让学生通过视觉中枢把外界信息输入到大脑，让学生通过观察存储更多的"相似信息块"，发现生活的丰富多彩。"捕捉事物的特征"实际上也是通过寻求事物的相似性来认识事物最本质的东西，做到了这些，才有可能使作文有创意。因此，在作文教学中，不能把相似看成相同，把寻求事物的相似性与培养学生的创新能力对立起来，而应以相似论为创作手段，指导作文教学，以达到创新的目的。

写作活动其实就是主体从大脑中把相关信息输出的过程，有输出就需有信息的输入和存储。只有大脑中存储了大量的信息，学生写作起来才能信手拈来。这就需要引导学生亲近自然、社会，丰富学生的"相似信息块"，因此，经历是创作的财富和基础。比如唐代诗人李白留下了许多吟诵壮丽山河的脍炙人口的诗句，那冲破天门的楚江、紫烟缭绕的香炉峰、如银河落九天的飞瀑、仙人群集的天姥山，令人神驰。如果李白不是亲身游历这些名山大川，观察它们，思索它们，获得创作的第一手资料，他能写出这些千古流芳的诗句吗？因此，在平时的学习过程中，老师要指导学生树立"大语文"的观念，把语文课堂延伸到课外、社会。引导学生多参加社会实践，多了解社会，读万卷书，行千里路，丰富自己的阅历。

2. 勤于联想和想象

我们从外界接受的信息大约80％来自视觉，视觉中枢可以说是外界信息输入我们大脑的主要通道，这些信息进入大脑之后便存储在"相似信息块"中，因此我们说储存在大脑"相似信息块"中的信息是靠观察得到的。科学地

说,所谓观察,即是主体心灵借助眼睛对客观事物的反映或感受。罗丹说“生活中并不是缺少美,而是缺少发现美的眼睛”。在日常生活中,只要我们用心去观察周围的事物,我们的大脑就会变成一个巨大的信息库。但是在具体的写作过程中,存储在信息库中的资料并不能直接进入文本。写作是一种创造性的活动,这种创造是借助想象和联想完成的。如果没有想象,牛顿就不会发现万有引力定律,瓦特就不会发明蒸汽机。正是由于他们善于想象,才在原有现象的基础上创造了在某些方面与之相似的新事物。相似论认为观察事物要从事物间的相似关系或相似规律入手,要善于发现和把握事物的相似性。而联想中的类似联想、接近联想就是就两种不同事物在某一点上相似而展开的联想。从上面的分析中我们可以看出,想象和联想在写作中就如作者的翅膀,没有想象和联想创造出的作品就如一口枯井,一潭死水,毫无活力而言。因此学生在平时的学习当中,要学会观察周围的一切,在创作过程中调动想象和联想,拓展文章的故事情节,塑造人物形象。请看如下的例子①:

> 《念奴娇·赤壁怀古》中多处巧妙地使用了衬托手法。“大江东去,浪淘尽,千古风流人物”开头三句,从长江着笔,展现巨大的空间,回溯悠远的历史,感叹无数的英雄豪杰已然“浪淘尽”,以此来衬托后文提到的“故垒西边,人道是,三国周郎赤壁”,突出了周瑜在作者心中的重要地位,为下面进一步描写张本。“乱石穿空,惊涛拍岸,卷起千堆雪”集中写出赤壁雄奇壮阔的景色,渲染出古战场的气氛和声势,烘托出周瑜等“多少豪杰”创立的伟业。教师进行了片段训练:请你运用衬托手法,写一段文字以景衬情,通过景物描写,来表达内心的伤感。下面是学生的习作:
>
> 落叶纷飞,枯黄了整个季节,雨的哭泣更重了。雨声潮湿了记忆,那些曾经欢笑过、忧愁过、悲伤过的脸庞浮现出来,令人如此伤感。那窗外的风声雨声似乎是一首悲怆的乐曲,缓缓流淌在心田。秋风秋雨愁煞人,一杯清茶,一盏孤灯,一纸信笺,勾起那曾经的过往,心中一片怅然。

3. 把握思维的灵感

作文创新常常来自于灵感。但是灵感并不是从天而降的,而是头脑中早已有的信息和新信息碰撞的结果。顿悟是思维对信息的快捷加工,由顿悟而得到的东西在之前是未知的东西,然而,这并不排斥在两者之间的某种相似

① 课例来源:郭冬梅:《挖掘课文写作资源进行片段作文训练的教学研究——以乳山地区高中为例》,鲁东大学2012年硕士学位论文。

性。可见，相似性是顿悟的基础，顿悟的结果与顿悟赖以出现的信息基础总是有着某种相似性。因此，不断地存储信息，不断地获取新的信息，不断地思考，对灵感的出现有着重要的作用。

（二）与阅读教学相配合，使学生学会模仿

实际上“客观世界发展过程中的相似现象（同与变异）经常会反映到人们的大脑中来，所以人们总是在自觉或不自觉地按相似的规律不断地去认识世界和改造世界”①。在文艺创作的殿堂之中，我们可以肯定文学、艺术有着这样那样的题材、体裁、风格和表现技巧，但我们也可以肯定的是，它们都根植于人脑信息处理的基本机制，因此，我们从文学艺术众多的题材、体裁和表现技巧中，一定可以找到它们之间存在的相似性，没有一个作家可以完全独立地创作而不受其他作家、作品的影响。大多数的作家都会大量求助于前辈或同一时代的人们，在他们的经验和基础上加以综合与发展，从而使作品在整体结构上更加完善，更加协调。朱熹说过：“模仿者，古人用功之法也。”文学史上就有很多例子。欧阳修《蝶恋花》中的“泪眼问花花不语，乱红飞过秋千去”一句就是模仿化用了严恽的“近日问花花不语，为谁零落为谁开”。

中学生作文的写作处于作文能力由初级到成熟的发展阶段，处于这个阶段的作文学习是离不开模仿的。著名语文教育家钱梦龙曾创立了一种“模仿—创造”的训练体系，他认为：“模仿、改写、习作、评析、借鉴、博采——这似乎构成由易到难的读写结合的索链，反映了学生从简单模仿到逐步摆脱模仿而进入创造的历练过程。”②广州的陈功伟发明了一种“表格模仿教学法”的文体写作入门训练，即教师将一篇范文的主要“框架”（例如开头、中间、结尾）和主要“枝干”（例如开头、中间、结尾的具体展开的段落）的抽象点、关节点保留下来，然后做成表格，学生在写作时只要按照这个表格写就可以了。而中小学语文课文语言规范、优美，文学形象丰富，无论在思想上还是在写作方法上都堪称是经典之作，如《苦恋》在塑造主人公的形象时，用了以次要人物来陪衬主要人物的手法，《安塞腰鼓》用了以静衬动的艺术手法，《山地回忆》用了组材方法，《我的老师》用了以小见大的写作方法，《谁是最可爱的人》用了选材、组材方法，《荷塘月色》用了联想和想象的方法，等等。叶圣陶说“教材无非是个例子”，教材是为了使学生通过阅读，开阔视野，拓展学生的情感空

① 张光鉴：《相似论》，第 1 页。

② 马正平：《中学写作教学新思维》，中国人民大学出版社 2003 年版，第 77 页。

间，从而丰富学生写作的“相似信息块”，为学生的写作奠定基础。

由此看来，模仿对于初学写作的人来说非常重要。但是，由于学生的作文水平高低不同，因此，模仿也要注意阶段性。教师可以根据新课标对各个阶段学生的要求指导学生进行模仿。在这里我们把中学作文模仿分成三个阶段，第一阶段即“起步”阶段，在这个阶段教师可以指导学生模仿范文的格式，包括题目的设计，文章结构的安排，等等。可以借鉴一下陈功伟的“表格模仿教学法”。比如我们学习莫怀戚的《散步》一文时，就可以指导学生写一篇和家人一起散步的文章。这时只要求学生写出范文的“形”就可以了，不能要求学生的作文也具有那么深的思想性。模仿的第二阶段，即“入门”阶段，不但要要求学生在模仿时要模其“形”，而且要仿其“神”，包括模仿文章中作者所体现出的世界观、人生观、价值观，文章的主题、意蕴、构思方法、修辞手法等，比如学习鲁迅的文章时就要指导学生模仿他文章中那种外冷内热、形喜实悲、以讽抒情的风格；学习沈从文的文章时就要指导学生模仿他文章中所传达出的诗意化、抒情性及语言的古朴简约。模仿的第三个阶段即“成熟”阶段，在这个阶段不但要在模仿中成熟而且要有创新，能够写出自己的东西，让人一读就有一种耳目一新的感觉，当然要达到这一阶段需要学生在平时做大量的阅读和练习。

在模仿的过程中，出现在学生面前的作文让学生眼花缭乱，但总有一定的规律可循。“在不同的情境下，处于不同的交际功能产生的不同体裁的语篇通常采用不同的结构，如叙述故事的开头往往对时间、地点、人物等方面做出交代，中间主要描述故事的发展，结尾是描写人物和事态的结局以及整个事件的意义或给人的启示。而议论性的语篇的开头往往是指出问题，说明本文要议论什么问题，中间部分是对开头所提出的问题加以分析，对论点加以论证，结尾则提出解决问题的办法得出一个结论。”①因此，教师在指导学生进行模仿之前应该让学生了解每一种文体的写作规律，这样学生在模仿时，先分析这个题目应该写成什么体裁的文章，然后灵活套用和模仿所学过的某体裁的范文，确定内容和结构，列出写作提纲。这样学生进行模仿时就有章可循，但这种方法也有不好的地方，即“容易把生动活泼、千姿百态的文章内容的构成，固化为一种僵死的文章内容的章法结构模式，让所有人写某一类文章时，其写作思路归于一致”②。因此，教师在指导学生进行模仿的同时，

① 李科：《体裁分析在作文教学中的应用》，《山东外语教学》2003年第6期。

② 马正平：《中学写作教学新思维》，中国人民大学出版社2003年版，第88页。

更要注重对学生修辞能力的培养。

当然，模仿不是目的，学生在写作训练中既要能入乎其内，又要能出乎其外，活学活用，有所创新。我们教学生模仿，是为了充实他们头脑中的“相似信息块”，进而在此基础上更进一步，创作出貌同而质异的新颖作品来。下例就是利用阅读提高学生写作能力的一个成功范例[①]：

《氓》虽然离学生久远，但处于青春期的学生，对爱情仍有懵懂的神秘，尽管以悲剧收场，但“悲剧比喜剧更有震撼人心的效果”。而且尽管时代不同，这样的悲剧学生也见过不少，阅读课上反复咏读，将人物形象用声音渲染到高潮，引发学生的情感共鸣。写作课上，受电视散文的影响，我让学生将其改成现代散文，不能仅仅翻译原文，要有自己的想象和理解。下面是学生的作品：

一个女子的四季

春天的希望

奔流的淇水边，一间农舍，一台织机，一位女子。女子，正值豆蔻年华，青春的气息散发在织机吐出的布匹上，浸润在她额头细密的汗珠中。

门外的几声响动让她抬起了头，愣在那里。她俊俏而美丽的脸上满是惊奇，瞳仁中的那汪春水也不禁荡起了层层涟漪。一个笑嘻嘻的男子，手中抱着一卷粗麻，倚在门边。她的手不自觉地停在了半空中。他手中的粗麻，却分明像是织机上残缺的那段。残缺的半匹粗麻，在那个春天的下午，变为了女子心中永恒的爱的卷轴。

已是傍晚时分，还是在淇水河畔。晚风吹拂着依依难舍的绵绵深情，在女子的好言相劝中，有了秋天的约定。但她不曾发现，原本笑容可掬的那张脸庞在瞬间闪过了一丝暴戾，转瞬，平息了。

氓涉淇水而去，给女子留下了无限的希望和牵挂。

夏天的等待

女子再也不去织布了，她只觉得，世上最完美的布，是氓手中的那匹粗麻，那是属于她的爱情信物。女子只是默默地坐在织机前，回想着春天的那次相见，回想着那个将会让她一生难忘的氓。末了，便抬头望望

① 课例来源：李志平：《浅谈新课标背景下高中语文以读促写存在的问题及应对策略》，鲁东大学2013年硕士学位论文。

淇水的那畔，却不见那熟悉的身影，眼中便有了盈盈泪光。夏的时光，便这样一天天过去，永不会再反复。

秋日的幸福

在女子的记忆里，那天不知为何，已有些模糊不清。只记得，斑鸠在枝头鸣叫着，直到氓的车子和车上的他渐渐远去；只记得，淇水河的波浪溅起了浪花，打湿了那匹氓的，也是她的那匹粗麻；只记得，氓的身影只是在那天还依然熟悉，氓的笑脸在那天还依然敦厚。在渡过淇水河后，女子心中莫名地失落了许多。她已不是少女，而是一位妻子，氓的妻子。

冬日的悲凉

对女子来说，那个秋天，是三年前的事情了。如今，是回家的时候了。而家在何方？

女子只身涉过了淇水。冬日的河水，是那般刺骨，早已没有了春的暖意和夏的奔放——甚至，失去了秋的温存。

女子突然想起，这汤汤淇水，也就像那氓一般，反复无常。三年前，她渡过了淇水，而如今，她的青春却永远留在了河的那一边。

女子默默走着，回到了三年前的家。

织机还摆在那里，还有半匹未织完的布，那将是永远织不完的布。

学生的写作语言之鲜活，思想之睿智，让人汗颜，而这样优美的句子，在学生习作中信手拈来。有的表现力强，有的发人深省，有的刻画细腻生动。总之这次改写，点燃学生兴趣的火把，让他们享受到了写作的快乐。

（三）正确把握语言艺术的相似规律，加大修辞手法在文章中的运用

中小学常用的修辞手法有：比喻、比拟、夸张、排比、对偶、反复、借代、互文、设问、引用、反问等，这些修辞手法的形成主要是利用事物之间的相互关联，利用相似原理。在中小学作文中加大修辞手法的运用，不但可以锻炼学生的联想、想象能力，还会增加文章的表达效果。下面对比喻、比拟和排比、对偶等修辞手法在作文中的作用稍加列举。

1. 要学会运用比喻

比喻是文学的重要表现手法。我国宋代的修辞学者在《文则》中说：

“《易》之有象，以尽其意；《诗》之有比，以达其情。文之作也，可无喻乎？”可见比喻在写作中的重要性，而如何才能运用好比喻呢？首先，要抓住喻体和本体之间的深层相似性。其次，作者要以最少的语言激发读者记忆当中的相似块，促成强烈的共鸣、最广泛的相似联想和最热烈的感情。古人写诗经常喜欢用梅、菊、青松等意象来比喻人格的高洁，就是因为这些事物的性质和高洁的人格很相似，从而可以引起人们强烈的共鸣。

2. 要学会运用比拟

比拟是“根据想象把物当作人或把人当作物写，或把甲物当作乙物来写”[①]，在日本作家夏目漱石的代表作《我是猫》中，作者以“我”（猫）的见闻和议论讽刺和鞭挞了当时日本社会的污浊。作品借用了猫的视角，带有明显的拟物性，但小说中的“猫”有着人的思想意识和洞察能力，从这个角度说，它又有明显的拟人性。拟物与拟人的混用使该作品得以深刻揭示主旨。在我们的写作中如能像夏目漱石这样灵活运用比拟手法，展开想象的翅膀，开掘生活的深意，那么也将会创作出好的作品。

3. 要学会运用排比、对偶等修辞手法

排比和对偶是在句子结构形式上运用的修辞手法。排比多把三个以上结构相似，意义相关，语气一致的词组或句子铺陈并置。例如：“延安的歌声是黑夜的火把，雪天的煤炭，大旱的甘霖。”排比句读起来铿锵有力，朗朗上口，让人觉得节奏鲜明，感情真挚。因此，灵活地运用排比就如在文中镶嵌了珠玉一般，能使作文增光生辉。对偶则把两个结构相同或基本相同，字数相等，意义上密切相连的短语或句子对称排列[②]，如“久旱逢甘雨，他乡遇故知”“襟三江而带五湖，控蛮荆而引瓯越”，两联结构相似，语词对应，相互补充，相互映衬，旗鼓相当，具有鲜明的节奏感和形式美感，增强了语言的表现力。

---

① 李科：《体裁分析在作文教学中的应用》，《山东外语教学》2003 年第 6 期。

② 黄伯荣、廖序东：《现代汉语》，高教教育出版社 1997 年版，第 246 页。

第二编

百年语文教育回望

第一章　百年来汉字识字教学方法的发展变化

识字教学是语文教学的基础，识字能力是学生语文素养的基石。百年来，研究者不断找寻识字教学的有效合理的方法，提升识字教学的课堂效率。本文所涉及的识字教学方法均以对学校语文教学的考查为主，民间的扫盲运动中涉及的识字方法不在笔者的讨论范围之内。从 1904 年《奏定学堂章程》[①]颁布起到现在，人们对识字教学的认识逐步深刻，识字教学的方法逐步多样而实用。按照人们对识字教学本体的认识规律，识字方法的发展大致经历了以下几个过程：初始不清晰的萌芽阶段——关注学习者接受心理阶段——全面开花的识字方法推行阶段——科学化阶段。

一、1902 年到 1918 年

——识字教学方法的萌芽与发展

1902 年的《钦定学堂章程》对识字教学做出了安排，按照年级，按照字的种类由易到难地将识字分为实字、静字、虚字、集字成句法四个部分，将习字作为学生语文能力的一个重要标尺，分阶段由易到难地进行楷书、行书和小篆等字体的练习，并且专门安排课时进行练习。[②] 1904 年的《奏定学堂章程》在对《钦定学堂章程》整合的基础上，提高了识字的进度，要求蒙学第一年就掌握“动字、静字、虚字、实字之区别”[③]，从二年级开始就讲“积字成句之法”，规定初等小学堂五年级习字“即授以所授之字告以写法”。江苏第一师范附

---

① 《奏定学堂章程》内容庞杂，有关中小学“语文”教育的内容体现在光绪三十年（1904）颁发的《1904 年奏定初等小学堂章程》和《1904 年奏定高等小学堂章程》中，转引容易失实，现将原文摘录附于本章末尾，以供参考。

② 参见课程教材研究所编：《20 世纪中国中小学课程标准 · 教学大纲汇编（语文卷）》，人民教育出版社 2001 年版，第 3—4 页。

③ 参见课程教材研究所编：《20 世纪中国中小学课程标准 · 教学大纲汇编（语文卷）》，人民教育出版社 2001 年版，第 6 页。

属小学制订的《书法教授规程》规定了十步写字教学过程①，这个教学过程很机械，不适用，但是开始意识到识字方法的重要性，这是难能可贵的。由于这时识字和读经同时进行，而且自成体系，识的字未必能为读经提供支持，识字成绩不太明显。1909年晚清政府制定了一个以识字教育为核心的社会教育计划——《简易识字学塾章程》，但还没有来得及实行，清政府就灭亡了。

中华民国成立不久，教育部颁布了《普通教育暂行办法》，将传统的识字教材逐渐由国文教科书所代替。"最初的识字方法吸取了集中识字教学的经验，从看图识字开始，课数多，课文短，识字数百，转入边识字边阅读。"②当时有人主张利用字母，统一读音，有的主张利用简字，通晓易学。有人注意到识字教学应该注意一些方法，如1916年侯鸿鉴在《对于小学国文教授研究之针砭》中提到教学书法应该有一些教法，如："(一)写生字(二)写熟字(子)从部类(□)从意义，书一生字，书二熟字，而从部类书三熟字，而从意义之联络。"③(标点符号为作者加)但是当时由于无法推广这些方法，致使当时学生识字现状："其二、字迹之恶劣……其三、别字之满纸"④，作者认为造成这样的原因是当时的教师没有使用合适的教学方法，没有引起学生的识字兴趣，因此他主张改变教学识字的方法。吴研因的《识字教授之商榷》可以说在识字教学方法方面是高屋建瓴的论文，他认为引起学生的兴趣仅仅是临时的识字教学方法，"鼓兴味之说也若不可解之字形，虽能记忆于一时必且模糊于后日"。他认为若能让学生掌握造字的功能，让学生能举一反三才好，因此主张按照字族文教字，"新字例如象形之字，必须将世界固有之物分为若干类，先有一统一之观念，然后依类象形，造为部首之属于何类者，即依部首而属系之。金必从金，木从木，不可苟□。又如形声相益之字，则依类取某部首为从，而其声亦须有统一之法……"他也重视写字方法的指导，"在默写文字时以为订正之指导"，才能"令学者默写所以启其疑也，启其疑所以动其需要之机也"。⑤ 在这之后，人们逐渐意识到识字应该讲求教学方法，这方面的论著也逐渐多起来。

---

① 《书法教授规程》，《小学校》第10期，年月不详。

② 耿红卫：《革故与鼎新——科学主义视野下的中国近现代语文教育改革研究》，山东教育出版社2008年版，第226页。

③ 侯鸿鉴：《对于小学国文教授研究之针砭》，《教育杂志》1916年第8卷12期。

④ 范祥善：《国文教授革新之研究》，《教育杂志》1918年第10卷第1期。

⑤ 吴研因：《识字教授之商榷》，《教育杂志》1918年第10卷第3期。

二、1919年到1949年
——关注学习者接受心理的识字方法

五四运动后，受杜威实用主义的影响，强调运用符合儿童心理特点的识字教学方法，不但注重识字的选文的趣味性，人们还开始了对汉字本体的研究及学生对汉字的接受程度研究。人们主张根据汉字的特性和学生掌握汉字的特点来进行汉字识字教学。1921年，刘廷芳以联想学习的观点对汉字学习与辨认进行实验，探讨了汉字音、形、义的联系，发现字形对字义的作用大于字音对字义的作用，这是从心理学角度研究人与汉字的关系的最早的实验。之后，俞子夷、艾伟、龚启昌、邢绮庄、朱慕周等人对汉字的书写速度做过研究，他们对不同字体、不同学生写字的差别进行了对比，以便找到适合各年龄段的合适的字体进行练习。沈灌群、曹仞千等对写字练习的效果也做过一些研究，为小学二年级以上推广和普及使用钢笔找到了科学的依据。还有人研究常用汉字，最早进行汉字常用字汇的研究者是陈鹤琴，之后还有刘德文、杜佐周、王文新、艾伟、俞子夷、瞿菊农、徐则敏等。李廉方对教材中汉字的排列顺序进行了研究。他们的研究为识字教材的编写提供了客观依据。这些关于识字教学方方面面的研究在1949年前一直没有停止过。

当时还出现了具体的识字方法，如注音字母识字和随课文识字教学法。“人们对注音字母的认识成果在1920年1月24日北洋政府教育部颁布的修正《国民学校令》和《国民学校令实行细则》第七、八号令中得以承认。”[①]持这种观点的还有赵裕仁，他在《小学默读教学法》[②]中主张写字教学不应该单纯“(一)改红字本；(二)描映格；(三)教师摘出读文里的生字，叫儿童认明笔顺，依样学习”。而应该将字放在具体的语境中进行，这样教，“不但有兴趣，而同时又可练习发表思想的方法”。他还认为写字应该分为三步走，写字的方式有两种，低年级和高年级写字的方式是不一样的。而且他还规定了小学生写字的时间。[③] 沈百英的《小学读文教学的新贡献》[④]主张将全书的字合起来先检测学生对生字的熟悉程度，之后打乱顺序用多种方法教学生识字。周谷城

---

① 转引自耿红卫：《革故与鼎新——科学主义视野下的中国近现代语文教育改革研究》，山东教育出版社2008年版，第228页。

② 《教育杂志》1927年第19卷第4期。

③ 参见赵裕仁：《小学国语科教学法》，商务印书馆1930年版，第12—15页。

④ 《教育杂志》1922年第19卷第8期。

在1933年发表的《文字与教育》主张在具体语境中识字，因此引起学生阅读兴趣、培养学生阅读习惯、增加学生阅读的能力是重点。[①] 但是也有不同观点，如辛安亭认为随课文识字的识字量太小。[②] 吴研因的《文字的自然教学法》主张文字的教学应当"自然"，实际上是主张情境识字法。他认为要做到"自然"的依据是"(一)学生自觉的需要……(二)学生已具的动作和经验……(三)学生学习的兴趣"。具体做法是："第一步，教室里的东西，学校里的地段，同学们的姓名……一一用文字标记，使儿童自然识得许多单字、名词、语句。……第二步，用文字代替语言，发布命令，指导学生的动作，使他们自然许多日常应用的语句。……一切学生应有的动作，教员在学生既有习惯之后，只须写字不必口说，教他们依着所写的字做事，那就觉得文字和事物动作联络一气，不相分离，文字的效用也就显得是活的了。第三步，故事图上一部分重要处，用文字记载，使儿童听了教员所讲的故事，看了故事图，知道所记载的文字的意义。……第四步，已经能口诵的儿歌，用文字记出，使儿童复看文字。……第五步，故事的上半段口讲给儿童听，到紧要处忽然停着不讲了却用文字记述下半段，使儿童自己去看。……第六步，到此方才能把书本给儿童读，先读文学书，次读经过文学化的各种书如自然研究、社会研究、卫生修身等许多故事读本。"[③]1929年国民政府颁布《识字运动宣传计划大纲》，次年颁布《实施成年补习教育计划》，在全国推进识字运动，有代表性的推行人物是晏阳初。但这个运动主要是为提升民众的国民素质而进行的运动，对学校识字写字教学的影响不大。

在众多的研究者中，从心理学角度研究人与汉字的关系的集大成者当数艾伟，艾伟对汉字的研究始于1923年，他积25年研究成果于《阅读心理——汉字问题》一书。他对字形研究、字量问题、识字测量、词汇研究、音义分析、简化问题、排列问题、书法研究等八个方面进行了实验，对于推动汉字简化，汉字由直排改为横排做出了重要贡献，同时也为编写小学语文课本和提高教学质量提供了科学依据。下面简单梳理一下。

艾伟主张汉字教学的研究应从汉字本身的特点、学习者的心理发展特点

---

① 顾黄初、李杏保：《20世纪前期语文教育论集》，四川教育出版社1991年版，第557—564页。

② 参见辛安亭：《中小学语文教学改革的两个大问题》，《论语文教学及其他》(增订)，甘肃人民出版社1982年版，第3页。

③ 顾黄初、李杏保：《20世纪前期语文教育论集》，四川教育出版社1991年版，第222—231页。

及语言学习环境三个纬度来考查，这几个方面都不能偏废。他认为汉字形、音、义对学生有着深刻的影响，关于该部分内容在第一部分里有详细的陈述，这里不再赘言。

三、1949 年到 1990 年
——全面开花的识字方法

新中国成立后到 20 世纪 90 年代前，中国大陆先后涌现了 20 多种识字教学法，由于受“文化大革命”的影响，识字教学的改革在时间上分成两段：20 世纪 50、60 年代为一个阶段，此时主要任务是“扫盲”，许多识字方法迅速出现，以适应教育的发展和提升民族素质的需要。这时识字教学的特点是实验范围小，影响不大；20 世纪 70 年代后期之后为第二次高潮，这一阶段的识字方法主要是对已有识字方法的改进与整合、完善，并且逐步走上科学化的道路。这一阶段的汉字识字教学呈现出了百花齐放的可喜局面，出现了许多识字流派，有的识字流派的形成原理是按照汉字的特点，有的是从儿童接受汉字的心理着眼，有的是将两者结合起来进行。下面按照这三个维度列举一些主要识字流派。

（一）按照汉字形成发展的特点形成的识字流派

1. 生活教育科学分类识字法

该法的探索始于 1952 年，20 世纪 80 年代正式实验，主持人是安徽省歙县师范学校的黄剑杰老师。该方法主张按照汉字的本义、部首、物属，遵循它的进化顺序，分为 62 类 214 部，如动物分为“虫、鱼、鸟、兽”四类，兽类有“犬、豸、鼠、马、牛、羊、豕”九部，等等。该法注意在现实生活的物质分类系统的基础上，建立“字”的科学分类。

这种识字法有着显著的优点，它便于学生了解汉字与生活的关系，字组与事物紧密结合，便于引起学生的兴趣，便于培养学生的观察力，也便于快速大量集中识字。但是由于作者当时不可能用相似论的方法对识字的部首进行归类，使得部首分部太多，对于小学生来说难以接受，这也是该法后来不被推广的一个重要原因。

2. 集中识字法

该教学法依据汉字总体的构成规律，即汉字中 80％以上是形声字，因此该法强调以字形为中心组织识字。由贾桂芝、李铎等在 1958 年始创，1978

年北京景山学校加入，1980 年中央教育科学研究所投入研究，形成“两山一所”的集中识字教学流派，20 世纪 80 年代末已发展成为“集中识字 · 大量阅读 · 分步写作”的教学体系。所采取的识字方法有：看图识字法、偏旁部首归类法、同音归类法、同义归类法、反义归类法、形似字归类法、基本字带字法、歌诀带字法。其中基本字带字法是该教学法最常用的方法。

该法的优点是重视汉字构字规律，有助于培养学生依据字形的类比推理能力。但因汉字存在着多音、多义现象，所以汉字的回生率较高。

3. 字族文识字法

由鄢文俊于 1960 年首创、1980 年成型并开始实验的一种识字方法。曾用名“规律识字，加快读写”，后改为“母体字组字课文识字教学实验”，最后定为“字族文识字教学法实验”。它以学生的心理特征——学生对汉字是整体输入为其基本理论依据。认为根据汉字的特点，在汉字中有一定数量具有派生能力的“母体字”，这些“母体字”可以衍生出几乎所有的常用字，称为“子体字”。因此在识字方法与步骤上它强调把用母体字带出的一批批音形相近的合体字，组成一个个“字类”“家族”，称作“字族”。而后，以一个字族中的字为主，编写出课文，有韵文，有散文，并有三字文、长短句、对子歌等形式为辅助，组成形式多样、朗朗上口的识字载体，称作“字族文”。利用编就的一篇篇字族文来识字，是字族文识字的主要方式。

这种识字法有其明显的优点：它吸收了集中识字、分散识字、注音识字、韵语识字的经验，融会贯通，自成一家，体现了“字形类联”“字音类聚”“字义类推”的特点。较好地解决了字序、字量、字用等问题。但也有所不足，运用该法教学，为了字族文的完整，课文有时会脱离学生的生活实际。

4. 部件识字法

部件识字法是由河北的白海滨在 1965 年《文字改革》杂志提出设想，在此基础上后来不断改善而成的，1978 年在湖南长沙开始实验，1980 年河北沧州以苏白静为首的教师展开大规模的实验，现在，这种方法已经发展成了“部件识字和语言训练系列化体系”。其理据为：(1)按系统论的观点，汉字是“组装型”文字，是音、形、义的统一体。汉字的结构层次分为三级：整字、部件、笔画。同时汉字的结构还有方向性，即部件的配合有部位，这种部位也有固定的方向，明确的称读。(2)儿童对汉字的输入是从“整体到部件”的过程。其识字方法主要有：正音、析形、释义、书写。一般采用先教拼音，再教独体字和基本字，然后掌握部首查字法的识字步骤。

该法的优点是以汉字的结构为重点研究汉字，与前面的几种方法侧重点不同，该识字法的有关理论成为我国汉字字形编码输入计算机的基础。不足是部件名称繁多，增加了学生的记忆负担。“部件带字、组词、短间之间的配合尚欠纯熟，在一定程度上阻碍了效率的提高。”①

5. 猜认识字法

由天津的王桐生、张俊蘅于 1987 年提出。该识字法的产生是基于创造者对汉字和小学生学习特点的如下理解：汉字是自成系统的，汉字形、音、义的发展是有规律可循的，汉字有“望形生义”的特点。小学生形象思维发展较快，抽象思维有待发展。该教学法最佳识字组织形式是小组教学。识字步骤包括部件教学、拆字训练和猜认识字，每节课都按照“三会”“认读”“初识”三种不同层次进行教学。识字方法主要有部件猜认、“字义场”猜认等。

这种识字法有利于发挥学生的想象力、发展学生的思维能力；可以使每个学生的潜能得到充分发挥。但是也存在一些问题，因为汉字的规范化、标准化的程度不够，不是每一个字都可以类推的，因此，猜认时不免出错，给学生造成负面影响。

6. 字根识字法

张继贤于 1987 年提出，也是根据汉字字形的组构规律创设的一种识字方法，使人们对“部件”的系统性与规律性的把握有了进一步的提高。

该法的优点是学生容易掌握字义。不足是字根总数较多，拆分字件不易掌握。

7. 字理识字法

由湖南的贾国均于 1991 年提出，其强调尊重汉字的构字依据和组成规律，运用汉字形、音、义的关系进行识字教学，做到望形见义。其主要识字方法有：(1)图文并茂，形象法；(2)编制字谜，联想法；(3)动作示范，示意法；(4)形近比较，辨异法；(5)部首表义，求同法；(6)构件分解，形缀法；(7)意义合成，义缀法；(8)反义联系，辩证法等。识字步骤一般为先学拼音，解析字理，识记字形，指导书写。

该识字法按字源理据或运用现代观念对部分简化字、形变字进行析解识记，便于学生掌握字义，能使学生的错字大幅度减少。但也存在不少问题，因为小学语文教师的文字学基础比较薄弱，在教学中难以娴熟而灵活地进行字

---

① 戴汝潜主编：《汉字教与学》，山东教育出版社 1999 年版，第 130 页。

理识字教学，对字理的“度”不好把握。同时也把现代汉字看成了一堆没有理据的符号，可以随便讲，只要让学生记住就行。例如把“照”字讲成“一个小日本，手拿一把刀，杀了一口人，流下四滴血”，这也容易导致一些负面效应。

8. 成群分级识字法

该教学法始于1991年“湖南省小学语文综合改革实验”课题研究，它强调依照汉字“借形标音、以形示义”的特点，寓“字理”于“字形”之中。

（二）根据学生接受汉字的心理特点形成的识字流派

1. 快速循环识字法

这一方法的探索始于1953年，由黑龙江的刘振平主持，其基本原理和某些方法直接受到“突击俄文生词的循环记忆法”的启发。20世纪80年代，为提高快速识字的效率，循环识字法逐渐扩大到小学语文教学实验中，它有两个基本点：一是科学识记，一是合理循环。该法强调尽量借助于意义识记的原理，在汉字的音、形、义之间编织联想之网。本着一环套一环，环环紧相连的原则设计识字教学。

2. 双拼计算机辅助识字法

该教学法是扶良文先生在1968年成功开创的，主张双拼法和“计算机辅助操作”相结合，“综合耳、口、眼、手多种感官，充分利用人的右脑的图形识别功能，建立汉字字形定势”①。其理据为：发挥心理学“词优效应”，重视无意记忆和信息多渠道输入原理。

该法能使儿童的耳、口、眼、手多种感官同时受到刺激，使作文和识字同步进行。但学生在学习开始时多种感官动作往往难以协调。

3. 汉标识字法

该教学法是受传统“直注”“反切”的启示，在吸收汉语拼音研究成果的基础上提出的。源自1978年四川省万县肖长杰的“直音注调扫盲方案”，后于1989年由魏大义受命主持在小学设计、开展“汉字标音，及早读写”实验。该识字法选择汉标字的要求是标音字以普通话标准音为准，而且必须是笔画简单的高频字，不选多音字、冷僻字和一个音节只一个字的字。

这种方法在一定程度上可以使汉语拼音的学习变得不很枯燥无味，有助

① 戴汝潜：《汉字教与学》，山东教育出版社1999年版，第147页。

于引起学生的兴趣，调动学生学习的积极性。但它也存在着难以处理好识字与写字关系的弊端。

4. 注音识字法

这种识字方法旨在从发展语言入手，解决识汉字和学汉语的矛盾，使语言和思维得到及时的训练，与此同时学习汉字。1982 年在中国文字改革委员会和一些专家的指导下，这是由黑龙江省首创的识字教学方法。它主张以学好汉语拼音并发挥其帮助阅读的功能为前提，寓识汉字于学汉语之中，在儿童未识字或识字不多的情况下，借助汉语拼音，使听、说、读、写同时起步，相互促进，达到发展语言、训练思维和同步识字的目的。识字方法及步骤是：儿童入学，首先要学好汉语拼音，借助拼音阅读纯拼音课文继而阅读注音课文。儿童在读注音课文的过程中一目双行，既看上一行汉语拼音，又看下一行汉字，很自然地对汉字边读边识，渐碰渐熟。这所谓是“无师自通”的不定量识字。

该法重视口语训练，有利于培养学生的自学能力。它坚持听、说、读、写的全面训练，变“识字——读书——作文”直线序列的单一结构为复线合成、交叉并进的多维结构，发挥了教学结构整体优化的优势，“边读书，边识字”。但也有其不足，会使学生阅读时难以扔掉拼音“拐杖”，并且拼音识字一目双行，容易使学生的视力下降。

5. 听读识字法

由天津的谷锦屏老师于 1984 年先后在小学和幼儿园实验成功的一种“先读书，后识字”的教学法。它主要利用心理学上整体认知的原理，符合儿童无意识识记的特点。识字步骤是：教师（或录音）反复读课文给儿童听，儿童在边听边看课文的过程中逐渐记熟了课文，于是跟着读。重复到一定遍数，儿童就自然而然地把课文背记下来，再边读边和课文里的汉字相对照，反复读，熟读成诵，反复对照，从而渐渐地认识了课文中常见的汉字。教学方法多采用故事法、情境法、问题法、游戏法及熟字带生字法。

该识字法在有故事和情境作为背景的语言环境中，让孩子们处于轻松愉快的情境中整体地识字，因此学起来不觉枯燥。另外该识字法重视模仿，鼓励联想。但也需注意同音字问题，而且此法只适用于低年级学生。

6. 四结合识字法

由何克抗等人主持，于 1994 年以来发展成为“小学语文四结合教学改革实验研究”课题，四结合主要是“识字、查字、编码、打字”四结合，是一种集

“看—听—说—写—打—想”于一体的新型教学模式。

（三）将学生的认知特点与汉字的特点结合起来统筹兼顾形成的识字流派

1. 分散识字法

1958年由江苏南京的斯霞老师实验成功，又叫“随课文识字”，将汉字音、形、义三因素及其互相关系放到一起综合考虑，后来李吉林老师发展成为“情境教学法”。其理据是：汉字的字义与语境是不分离的，学习汉字应把生字词放在特定的语言环境中来感知、理解和掌握，即“字不离词、词不离句、句不离文”。

由于该方法将汉字放回到“自然”当中，因此这种识字方法便于学生掌握字义，减少错别字。由于该法无意识地遵循了汉字形成发展的规律，学习效果明显，尤其适合于三年级以上的学生学习汉字，因此该法不断被推广。但该法也有明显的不足：识字进度慢，识字效率低，识字时间拉长。

2. 韵语识字法

该法依据刚入学儿童具有整体认知、非一次性领会的规律，因此他们的学习是囫囵吞枣、不求甚解的；再者，低年级儿童形象思维占优势，他们喜欢听故事，有喜欢模仿、喜欢重复等特点，该法于1983年由姜兆臣首创。因此该法适合于低年级的识字教学。现在已经发展成为“韵语识字·尽早阅读·循序作文”新体系。

该法的优点是吸收集中识字中大密度的生字教学原则，吸收分散识字“字不离词，词不离句，句不离文”的思路，仿照“三百千”，把2500个常用汉字编写成一篇篇韵文，有利于汉字记忆的保持和累积，非常贴近儿童生活。但有时也会出现一节课生字量太大，学生难以巩固学习成果的现象。

3. 字谜识字法

吉林省双辽市的老师们从1987年开始进行专门研究，河南省的俞景娥也对这种教学方法有着丰富的经验。它以心理学上兴趣是学习的关键这一公理为其基本依据。

该法便于激发学生的兴趣，有利于提高学生的智力水平。但对字的解释不合字理，容易造成学生对字义的错误理解。

4. 奇特联想识字法

1989年由浙江的李卫民提出，1995年将它列为全国的20个识字教学流派之一，以后继续推广。该法主要根据汉字可以灵活地拼形和表意的特点（汉字造字方法）而创构，同时充分注意到了学生形象思维较发达的特点，并有意培养学生的抽象思维。

它的优点是以学生为中心，注重培养学生的创新思维，但有些字的联想不符合字理。

5. 立体结构识字法

该教学法是汉字识字教具、学具改革的产物，是以汉字识字游戏作为形式，以提高学生识字的兴趣和能力的一种方法，该教学法于 1990 年获得专利。该方法容易引起儿童的兴趣。但是识字模块受到汉字自身体系的制约，并不是常用字都可以成为模块。

6. 双脑识字

1991 年上海市实验学校引进“智能双拼”编码后创造的一种新型的识字教学方法。它改变了以往先学汉语拼音再识汉字的传统做法，将学习双拼码、识汉字与打电脑结合起来，学生在认读字、词、句的过程中巩固双拼字母的拼读，在进行文字输入的过程中复习认读的生字词，实现了电脑、双拼、识字的同步学习。这一识字法把学习语文和普及计算机技术结合起来，利用电脑学习语文，利用电脑开发人脑，具有广阔的发展前景。其识字方法循着学习双拼码，边学习文字输入边识常用汉字，在识了一定量的汉字之后开始阅读文质兼美的短文，按儿歌的顺序进行编排，把识汉字、学汉语、发展语言结合起来，达到“大量识字，提前阅读”的目的。该方法从根本上改变了学生的学习方式，提高了学生的自学能力，开发了学生的智力。

7. 炳人识字法

由唐炳人于 1998 年开始试验，该方法主要面向 3—6 岁的儿童。它的提出一是依据汉字能“望形见义”及汉字具有神奇的组词能力的特点。二是依据儿童的生理、心理特点（3 岁左右儿童的大脑重达 900～1000 克，约相当于成年人脑重的 2/3，幼龄儿童是爱动爱玩最活跃的时期）。其识字步骤与方法按照“音、形、意、写、用”和“字、词、句、话、文”的程序，由浅入深，由简到繁，循序渐进的原则进行设计与教学。

该法运用七言韵语，高度浓缩，采用整体输入的方法，改变了以往的识字方法如集中识字、分散识字等以偏旁归类，简单视听，“识一搭一”，甚至“识一搭十”的感觉，有其独特的优点。但教材内容离儿童生活太远，有些令儿童不知所云，如“首先猫找小白兔，哥俩哗啦浇树木”“终南捷径稍偷闲，苏秦刺骨好儿男”等。而且生字在课文中重复率太少，不符合儿童识字规律。

总之，上述提到的这些识字方法或遵循汉字发展的规律，或遵循儿童身心发展的规律，或者是二者的结合，在自觉不自觉地向着科学化的方向迈进。

四、20世纪90年代以来
——追求科学化的识字方法

20世纪90年代后，识字教学的研究体现出了一种理性的自觉和科学求真的态度，研究者的研究自觉、主动，目标明确，措施比较得力。研究者开始重视从理论的高度审视小学识字教学，遵循识字教学的内在规律，从而来思考识字教学的方法。1993年，“小学汉字识字教育科学化”课题组正式成立，中央教育科学研究所课程研究中心戴汝潜研究员主持设计了“我国小学识字教育现状调查问卷”。对中国内地正在进行的各种识字教学实验开展系统调查，获得了基本完整的资料，撰写了《我国小学识字教育的现状、分类与科学化问题》一文，汇集了18种识字方法的研究报告，对20种不同的识字方法进行了比较分析。1996年，由戴汝潜主持的“识字教育科学化与小学语文教育新体系研究”课题成为原国家教委“九五”重点课题“新世纪素质教育目标课程化理论的实验研究”的核心子课题。这项研究于2000年秋季开始放开实验。除此之外，研究者们也对之前的识字方法不断完善，大都形成较完整的体系，如“集中识字·大量阅读·分步写作”的教学体系，“字族文识字教学法实验”“韵语识字·尽早阅读·循序作文”新体系等。或者对原来的识字方法进行改良，形成新的识字方法，如：“网络—再造”识字教学法、探索计算机参与识字教学的新模式、“诱思探究教学”、“汉字全息高效教学法”，等等。

2000年11月教育部基础教育课程教材发展中心召开“全国小学语文识字教学交流研讨会”，在会上总结出了几十种识字教学方法。2003年将“中国教育学会语文教学法专业委员会写字教学研究中心”（简称：全国写字教学研究中心）更名为“中国教育学会语文教学法专业委员会识字与写字教学研究中心”（简称：全国识字与写字教学研究中心）。2006年，中央教育科学研究所又召开了第二届小学汉字教育国际研讨会，这次会议肯定了在近20年的识字教学改革中取得的科研成果后，也明确了识字教学的最新理念——识字教学应该走科学化的道路。即要遵循儿童的认知规律、遵循教育学规律、汉字造字原理等等，找寻识字方法，识字教学科学化的实践也在理论交流的基础上逐渐展开。这里介绍“词串识字”法：“词串识字”法是苏教版小学语文教科书“识字”课文中的一种重要类型。所谓“词串识字”就是将联系紧密、语义相关、押韵合辙的词语串联在一起的识字方法。“词串识字”具有“一专多能”的特点，具体体现为：一是整体性。一篇课文围绕一个中心，将相关的词语串联起来，用以展示某类事物或描绘某个场景，可以发展儿童的想象力和整合力，加快学生识字的“自动化”整体认知过程。二是形象性。词串是用并置的意象营造的一个生动可感的情境，增加学生认识事物的功能、审美的功能。三是可读性。词串排列整齐，押韵合辙，每一个识字材料都是可以作为一首小诗来诵读的。“词串识字”法的优点是能充分发挥学生的想象力，语言优美，学生容易记忆。不足是对于初学识字的学生很难产生合理想象，识字的初始阶段还是死记硬背的识字过程。

为研究方便，笔者从中国知网的“中国学术辑刊全文数据库”输入“识字”二字，时间选取为 2000 年到 2015 年，采用“模糊匹配”模式，共收到 207 条结果，经过整理筛选，内容涉及广泛，有对以往识字教学历史发展的回顾类文章，有对识字心理的研究，也有对识字量的研究以及对识字教材的研究，等等。其中与中小学语文识字教学方法有切实关系的共 86 篇，如金玉的《浅谈“随文识字”教学策略》(《教育理论与实践》2014 年第 20 期)，徐嘉笛的《浅谈小学低年级语文识字教学》(《科教文汇》2014 年第 3 期)，童革的《童话引读，立体识字，综合发展——小学低年级童话识字教学研究》(《语文建设》2014 年第 5 期)，邱彩萍的《小学低年级的识字写字教学的问题与思考》(《上海教育科研》2013 年第 3 期)，董阳的《小学低年级识字教学的误区与出路》(《基础教育研究》2012 年第 11 期)等，大多是一线教师结合自己的教学经验谈论的识字方法，这些方法依然是对以往单个识字方法的借鉴或者将几种识字方法的整合，在此基础上形成适合学生特点的识字方法。用同样的方法在“中国博硕士学位论文全文数据库”中检索到相关结果上千条，其中与我国中小学识字教学有关的论文 38 篇。例如：原玉明的《以汉字构造规律为指导谈小学识字教学》(天津师范大学 2015 年硕士学位论文)，高红娟的《小学中段识字教学的现状及改进策略研究》(天津师范大学 2014 年硕士学位论文)，张彪的《小学语文识字教学的主体参与教学策略研究》(广西师范大学 2014 年硕士学位论文)，程晓红的《以字理为基础的小学低年级识字教学研究——以北京市骨干教师低年级识字教学为例》(首都师范大学 2014 年硕士学位论文)，刘湘泽的《合成汉字信息用于小学识字教学的研究》(湖南师范大学 2011 年硕士学位论文)，于丹丹的《小学低年级字理识字教学的研究》(东北师范大学 2011 年硕士学位论文)，赵蓉蓉的《小学低年级字理识字教学现状及策略的研究》(东北师范大学 2011 年硕士学位论文)，陈丽蓉的《“现代化象意图解识字教学”之可行性研究——以马来西亚学前幼儿为例》(浙江大学 2010 年硕士学位论文),刘倩的《运用信息技术提高小学低年级识字教学的效率》(苏州大学 2010 年硕士学位论文),张琳琳的《字理识字与趣味识字相结合的教学模式研究》(山东师范大学 2011 年硕士学位论文),黎莉的《部件识字教学法和字族识字教学法对学习障碍学生识字学习成效之个案研究》(重庆师范大学 2008 年硕士学位论文),李萍的《小学低年级趣味识字教学研究》(南京师范大学 2008 年硕士学位论文),徐文婷的《“注音识字·提前读写”的利弊考察和研究》(东北师范大学 2008 年硕士学位论文),蔡明英的《儿歌识字教学法初探》(湖南师范大学 2007 年硕士学位论文),高月晴的《小学字族文识字教学探究与实践》(内蒙古师范大学 2007 年硕士学位论文),王燕的《借助韵文识字对低幼过渡时期的一年级识字教学的探索》(辽宁师范大学 2007 年硕士学位论文),徐婷的《多元智能统整小学识字教学研究》(华东师范大学 2006 年硕士学位论文)等。研究生们更注重的是对已有识字教学方法的反思。

汉字是世界上最古老的文字之一,汉字的表意性使汉字成为世界上唯一能跨越时空的文字。作为中国人的母语,人们一直在探索有效的汉字识字教学方法。从上面的梳理可以看出,我国 20 世纪以来的识字教学经历了探索阶段、注重学生心理研究阶段、全面开花阶段和科学发展阶段,符合对一般事物认识的规律,最后一个阶段是科学发展阶段,似乎让我们看到了解开汉字教学奥秘的秘钥,但是我们清楚地知道,目前所谓的“科学发展阶段”其实还是建立在对汉字本身和教师教学经验的研究总结基础上,并没有真正深入细致地研究学生接受汉字的心理。20 世纪后半期起,心理学界的专家们很注重研究汉字和思维的关系,他们有关汉字识字教学的方法的研究探索对当下中小学语文识字教学有很大启示,如李冲锋的《儿童识字的心理机制探析》(《天津市教科院学报》2010 年第 6 期),钟姝等人的《视觉和语音加工难度对汉语识字困难儿童形音特征捆绑的影响》(《中国特殊教育》2011 年第 7 期),曲田的《面向轻度智障学生的多媒体字源识字教学研究》(西南大学 2012 年硕士学位论文)。但是遗憾的是,到现在为止,我国的语文教育研究者还是未能自觉主动地打破学科界线去借鉴多学科营养,语文教育研究者很少将目光投向心理学家关于人对汉字接受的相关研究上,一些人虽然也意识到了研究学生汉字接受心理的重要性,但是由于这个工作是一个耗时、耗力的差事,在当下“快餐文化”的背景下,鲜有人会去问津。这使得汉字教学探索陷入困境,不能不说是一种遗憾。另一个遗憾是在信息社会、新媒体时代,关注新媒体对识字教学影响的学者还很少,笔者在知网检索 2000 年以来识字教学的相关论文中有关利用媒体促进识字教学的相关论文只有5篇，如段连鑫、李国富的《信息技术与小学识字教学整合的思考》(《中国教育信息化：基础教育》2012年第7期》)，董国刚的《多媒体在小学语文识字教学中的运用》(《中国教育技术装备》2011年第32期)等。相关的硕士论文只有3篇，如朱尔满的《现代信息技术在小学识字教学中的应用研究》(苏州大学2014年硕士学位论文)，蒋帅的《信息技术促进农村小学低年级识字教学变革的研究》(南京师范大学2012年硕士学位论文)等。事实上，在数字化时代，常用汉字已经发生了巨大变化，但是2011年版课标的附录中所录的汉字还是传统的纸质文化时代使用的那些常用汉字，这不能不说是一种遗憾。

附　录

奏定初等小学堂章程(摘录)[①]

光绪三十年(1904)

第四节　初等小学各科目教育要义如下。

二、读经讲经其要义在授读经文，字数宜少，使儿童易记。讲解经文宜从浅显，使儿童易解，令圣贤正理深入其心，以端儿童知识初开之本。每日所授之经，必使成诵乃已。

凡讲经者先明章指，次释文义，务须平正明显切于实用，勿令学童苦其繁难；其详略深浅视学生之年岁程度而定。尤不可务新好奇，创为异说，致启驳杂支离之弊。至于经义奥博无涯，学堂晷刻有限，止能讲其大义；若欲博综精研，可俟入大学堂后为之，此乃中小学堂讲经通例。

现在定以《孝经》《四书》《礼记》节本为初等小学必读之经，总共五年，每年除假期外以二百四十日计算。

第一年	每日约读四十字	共读九千六百字
第二年	每日约读六十字	共读一万四千四百字
第三、四年	每日约读一百字	共读四万八千字
第五年	每日约读一百二十字	共读二万八千八百字

① 转载自 http://www.pep.com.cn/czyw/jszx/tbjxzy/kb/dg/201203/t20120313_110745/.htm.

总共五年，应读十万零一千八百字；除《孝经》（二千零十三字）、《四书》（五万九千六百十七字）全读外（共六万一千六百字），《礼记》最切于伦常日用，亟宜先读。惟全经过于繁重，天资聪颖学生可读江永《礼记约编》（约七万八千余字），其或资性平常，或以谋生为急，将来仅志于农工商各项实业，无仕宦科名之望者，宜就《礼记约编》择初学易解而人道所必应知者，节存四万字以内，俾得粗通礼意而仍易于毕业。其讲解用近人《礼记训纂》最好，如不能得，或用相台本郑注，或暂用通行之陈集说均可。缘所读所讲，止系切于人生日用之事，无甚精深典礼，则古注与元人注无大异同。

上表所列读经讲经时刻，计每星期读经六点钟，挑背及讲解六点钟，合共十二点钟。另有温经钟点每日半点钟，在自习时督课，不在表内。若学堂无自习室，则即在讲堂督课。

三、中国文字其要义在使识日用常见之字，解日用浅近之文理，以为听讲能领悟、读书能自解之助，并当使之以俗语叙事，及日用简短书信，以开他日自己作文之先路，供谋生应世之要需。

第五节　初等小学堂科目程度，及每星期教授时刻表如下：

第一年

学　科	程　度	每星期钟点
读经讲经	读《孝经》《论语》每日约四十字，兼讲其浅近之义	12
中国文字	讲动字、静字、虚字、实字之区别，兼授以虚字与实字连缀之法，习字即以所授之字告以写法	4

授浅近之义者，于读某经时，略为解说其字义章指；按诸实事，譬以物理，晓以俗情，期于童子能解；万不必涉于高深，是为浅近之义。后各年同。

授经者每日读经一点钟，挑背及讲解一点钟，共二点钟。后各年同。

第二年

学　科	程　度	每星期钟点
读经讲经	《论语》《学》《庸》每日约六十字，兼讲其浅近之义	12
中国文字	讲积字成句之法，并随举寻常实事一件，令以俗话二三句连贯一气写于纸上，习字同前	4

第三年

学　科	程　度	每星期钟点
读经讲经	《孟子》每日约读一百字，兼讲授其浅近之义	12
中国文字	讲积句成章之法，或随指日用一事，或假设一事令以俗话七八句联成一气写于纸上，习字同前	4

第四年

学　科	程　度	每星期钟点
读经讲经	《孟子》及《礼记》节本每日约读一百字，兼讲其浅近之义	12
中国文字	同前学年	4

第五年

学　科	程　度	每星期钟点
读经讲经	《礼记》节本每日约读一百二十字，兼讲其浅近之义	12
中国文字	教以俗话作日用书信，习字同前	4

中小学堂读古诗歌法（与中学堂互见）：

初等小学堂读古诗歌，须择古歌谣及古人五言绝句之理正词婉、能感发人者；惟只可读三四五言，句法万不可长，每首字数尤不可多；遇闲暇放学时即令其吟诵，以养其性情，且舒其肺气。但万不可读律诗。

高等小学堂、中学堂读古诗歌五七言均可，高等小学堂仍宜短篇，中学堂篇幅长短不拘；亦须择其词旨雅正而音节谐和者，其有益于学生与小学同，但万不可读律诗。学堂内万不宜作诗，以免多占时刻；诵读既多，必然能作，遏之不可，不待教也。

小学、中学所读之诗歌，可相学生之年齿，选取通行之《古诗源》《古谣谚》二书，并郭茂倩《乐府诗集》中之雅正铿锵者（其轻佻不庄者勿读），及李白、孟郊、白居易、张籍、杨维桢、李东阳、尤侗诸人之乐府，暨其他名家集中之乐府有益风化者读之。又如唐宋人之七言绝句词义兼美者，皆协律可歌，亦可授读，皆有合于古人诗言志、律和声之旨，即可通于外国学堂唱歌作乐、和性忘劳之用。

……

第十一节　凡教授儿童，须尽其循循善诱之法，不宜操切以伤其身体，尤须晓以知耻之义；夏楚只可示威，不可轻施，尤以不用为最善。

第十二节　凡教授之法，以讲解为最要，讲解明则领悟易。所诵经书本应成诵，万一有记性过钝实不能背诵者，宜于试验时择紧要处令其讲解。常有记性甚劣而悟性尚可者，长大后或渐能领会，亦自有益。若强责背诵，必伤脑力，不可不慎。

第十三节　凡修毕初等小学堂五年课程者，其合格与否，可无须别用试验，但由堂长教员会同考察儿童平素之成绩定之，给以毕业凭单。

奏定高等小学堂章程（摘录）①

光绪三十年（1904）

第三节　高等小学各科目教育要义如下。

二、读经讲经其要义亦宜少读浅解。《诗》《书》《易》三经文义虽多有古奥之处，亦甚有明显易解之处，可讲其明显切用者，缓其深奥者以待将来入高等学堂再习。若少年不读此数经，以后更不愿读，则此最古数经必将废绝矣。十二岁以后，为知识渐开、外诱纷至之时，尤宜令圣贤之道时常浸灌于心，以免流于恶习，开离经叛道之渐；每日所授之经，亦必使之成诵。

凡讲经者先明章指，次择文义，务须平正明显，切于实用，勿令学生苦其繁难；其详略深浅，视学生之年岁程度而定。尤不可好新务奇，创为异说，致启驳杂支离之弊。至于经义奥博无涯，学堂晷刻有限，止能讲其大义；若欲博综精研，可俟入大学堂后为之。此乃中小学堂讲经通例。

现在定以《诗经》《书经》《易经》及《仪礼》之一篇为高等小学必读之经。总共四年，每年除假期外以二百四十日计算，每日约读一百二十字，每年应读二万八千八百字，四年应共读十一万五千二百字。除《诗》（四万零八百四十八字）《书》（二万七千一百三十四字）《易》（二万四千四百三十七字）全读外（共九万二千四百十七字），《仪礼》可止读《丧服经传》并记一篇，计四千四百三十七字，合《诗》《书》《易》共九万六千八百五十四字，余暇甚多，易于毕业（读毕后可令多温数次，更可纯熟）。

讲《诗经》即用朱子集传，讲《书经》即用蔡沈集传，讲《易经》即用程传。因此三经宋元之注，自明及今功令皆已通行，儒士多习此本。且《易》之程传、《书》之蔡传，实远胜于注疏中之王弼《易注》、孔安国《书传》，先儒久有定评。《诗经》为教授幼童计，亦只可暂用朱注为便（湖北局刻朱子《诗传》，附刻小序

① 转载自 http://www.pep.com.cn/xiaoyu/yuwenbook/xy_dsyz/xy20sjzg/201008/t20100820_683655.htm.

于简端，并可兼通古义，此本尤善）。《仪礼》即用《仪礼郑注句读》，俟升入高等大学后再行研究钦定诸经及注疏等书可也。

现在所定读经讲经时刻，计每星期读经六点钟，挑背及讲解六点钟，合共十二点钟；另有温经钟点每日半点钟，在自习时督课，不在表内。若学堂无自习室，则即在讲堂督课。

三、中国文学其要义在使通四民常用之文理，解四民常用之词句，以备应世达意之用。读古文每日字数不宜多，止可百余字，篇幅长者分数日读之，即教以作文之法（详见初级师范学堂章程），兼使学作日用浅近文字。篇幅宜短，总令学生胸中见解言语郁勃欲发，但以短篇不能尽意为憾，不以搜索枯窘为苦。蕴蓄日久，其颖敏者若遇不限以字数时，每一下笔必至数百言矣。并使习通行之官话，期于全国语言统一，民志因之团结。

第四节　高等小学堂科目程度及每星期教授时刻表如下：

第一年

学　科	程　度	每星期钟点
读经讲经	《诗经》每日约读一百二十字，并讲解	12
中国文学	读浅显古文即授以命意遣词之法，兼使以俗话翻文话写于纸上，约十句内外，习楷书、习官话	8

授经学者每日读经一点钟，挑背及讲解一点钟，后各年同。习官话者即以读《圣谕广训》直解习之，其文皆系京师语，每星期一次即可。

第二年

学　科	程　度	每星期钟点
读经讲经	《诗经》《书经》每日约读一百二十字，兼讲解	12
中国文学	读古文使以俗话翻文话写于纸上，约二十句内外，习楷书、习官话	8

第三年

学　科	程　度	每星期钟点
读经讲经	《书经》《易经》每日约读一百二十字，兼讲解	12
中国文学	读古文作极短篇记事文，约在百字以内，习行书、习官话	8

第四年

学　科	程　度	每星期钟点
读经讲经	《易经》及《仪礼》节本每日约读一百二十字，兼讲解	12
中国文学	读古文，作短篇记事文、说理文，约在二百字以内，习行书、习官话	8

中小学堂读古诗歌法(与中学堂互见)：

初等小学堂读古诗歌，须择古歌谣及古人五言绝句之理正词婉能感发人者；惟只可读三四五言，句法万不可长，每首字数尤不可多。遇闲暇放学时，即令其吟诵以养其性情，且舒其肺气，但万不可读律诗。

高等小学堂、中学堂读古诗歌，五七言均可。高等小学仍宜短篇，中学篇幅长短不拘，亦须择其词旨雅正而音节谐和者，其有益于学生与小学同，但万不可读律诗。学堂内万不宜作诗，以免多占时刻，诵读既多，必然能作，遏之不可，不待教也。

小学、中学所读之诗歌，可相学生之年齿，选取通行之《古诗源》《古谣谚》两书，并郭茂倩《乐府诗集》中之雅正铿锵者(其轻佻不庄者勿读)，及李白、孟郊、白居易、张籍、杨维桢、李东阳、尤侗诸人之乐府，暨其他名家集中之乐府有益风化者读之。又如唐宋人之七言绝句词义兼美者，皆协律可歌，亦可授读，皆有合于古人诗言志律和声之旨，即可通于外国学堂唱歌作乐、和性忘劳之用。

……

第十节　凡教授学童，须尽其循循善诱之法，不宜操切以伤其身体，尤须晓以知耻之义。学童至十三岁以上，夏楚万不可用；有过只可罚以植立，禁假、禁出游、罚去体面诸事亦足示儆。

第十一节　凡教授之法，以讲解为最要，讲解明则领悟易。所诵经书本应成诵；万一有记性过钝实不能背诵者，宜于试验时择紧要处令其讲解；常有记性甚劣而悟性尚可者，长大后或渐能领会，亦自有益；若强责背诵，必伤脑力，不可不慎。

第二章 百年来写作教学方式的变化

写作教学模式一般包括命题、指导、批改和讲评四个主要环节。作文命题是写作教学的起点，作文命题的科学与否，影响着写作教学的成败。在中考或高考中，作文命题的质量还关系到它的选拔和导向功能能否有效发挥。写作指导是写作教学的核心，写作指导水平的高低直接影响着学生写作能力的高低。写作的批改和讲评则是写作教学的提升和巩固环节。只有将这几个环节有机结合，才能真正提高写作教学的水平，切实提高学生的写作能力。影响写作教学的因素很多，人才培养目标的不同，语文教师的写作教学理念的不同，均会影响到写作教学。关于写作教学的方式问题，历年来专家、学者大多服从、践行课程标准（教学大纲），对写作教学方式进行讨论或争论得较少。从语文独立设科以来，人们对写作教学方式的研究基本是沿着从研究作文本体到研究作文主体的路子一路走来。本章以1904年《奏定学堂章程》的颁布为坐标原点，以重大历史发展事件为横轴，以1912、1923、1932、1950、1978、1986、1996、2001年等重要的课程标准（课程纲要、教学大纲）颁发为纵轴来描画我国百年来写作教学方式的转变轨迹。

一、1904年到1918年

——探索实用性的写作教学方式

1904年我国现代语文教育史上的第一个课程纲要出现了，近代中国人对语文科的性质认识还不太明确，对写作教学的功用认识也不清晰，甚至写作名称也较为混乱。如在清末《钦定学堂章程》中语文科在小学堂称“作文”学科，中学堂称“词章”学科。在《奏定学堂章程》中语文科就不再独立设科，被归入“中国文字”或“中国文学”中，称为“缀法”或“作文”。1912年颁布的《普通教育暂行课程标准》中则将其归入“国文”学科，称为“作法”。

1905年通过政府的行为废除八股文后，研究者又受到“经世致用”思想的影响，认为写作教学的目的就是要培养具有应用作文能力的人，“实用”思想逐渐成为中小学作文教学的主导思想，研究者均按照学堂章程所提倡的思想探索写作教学的方式。

（一）在作文命题方面，当时还是以文言命题作文为主

由于受八股文的影响太深，其甚至被作为一种思维方式植根于人们的脑中，人们很难短时间内与其“一刀两断”，因此写作教学主要还是写命题文言文章或日记、简短书札等，题材多以模仿古人作品为主。在作文命题的原则上，叶圣陶呼吁：“……于命题则随顺其推理之能力而渐使改进；于作法则不拘程式，务求达意，只须文字与情意相吻合……”①但这样前瞻性的思想在当时并没有得到多少人响应。

（二）在写作指导方面也讲求“实用”

1. 在主题的选择上，当时虽然还脱不开“传述圣贤精理”的套子，但也强调让学生选“时势经济”等当时社会较为关注的问题来写。“设一事，令生徒记之，更令推考之。或由教师陈述，或与儿童问答，或径由儿童以己意说明，然后握笔为文，其先不必命题也。”②

2. 文体的选择上，主要以各类公文、浅显的书信和议论、记事文为主。

3. 在布局谋篇方面，蒋维乔主张写作前要养成打腹稿的习惯：“生徒程度稍进，宜养成腹稿之习惯，于将下笔之前，取相当时间，先令整齐思想、确定次序。腹稿既定，然后下笔成文，可以畅所欲言。”③

4. 在语言文字的表达上，则要求“但取理明词达而止，以能多引经史为贵，不以雕琢藻丽为工，篇幅亦不取繁冗”“以清真雅正为宗，不可过于奇古，尤不可徒尚浮华”（《奏定学堂章程·学务纲要》）。

5. 在行文方面，潘树声主张学生先从阅读文中学习写作方法，先模仿别人的，之后再自己创作。通过“联络读本中的文句，用语言解释出来，再将语言模仿为文字”。而且“读书愈多，可模仿者愈广，前后错综之，而生变化焉，复习之而使纯熟焉。读本化文字为语言，作文由语言为文字”④。

---

① 叶圣陶：《叶圣陶语文教育论集》，教育科学出版社 1980 年版，第 344 页。

② 潘树声：《论教授国文当以语言为标准》，见顾黄初、李杏保《二十世纪前期中国语文教育论集》，四川教育出版社 1991 年版，第 24 页。

③ 蒋维乔：《教授法讲义》，商务印书馆 1913 年版，第 34 页。

④ 潘树声：《论教授国文当以语言为标准》，见顾黄初、李杏保《二十世纪前期中国语文教育论集》，四川教育出版社 1991 年版，第 24 页。

（三）作文批改的方面，大多数人主张多就少改

蒋维乔在《教授法讲义》中将批改分作文批改和黑板批改两种，他主张作文本上的批改多就少改："簿上添削，即教师收集生徒之正本，于时间外证正之。惟儿童之文，必有儿童口吻，教师不可以不满己意，尽行删改。但当去其谬误，余悉仍其原文。或施朱笔丁其误处，发回使自改，亦可。"而黑板上修改更好，因为"板上添削，则在各生作文既毕，择一二人之作，书于黑板，令全级生徒共发现其误字误句，而用著色粉笔，改正于其旁，便与原文对照"。

（四）在写作教学研究方面，成果较多

这时有关写作教学的研究有论文也有著作，大多是关于应用文的教授方法方面的，如刘半农的《应用文的教授》（《新青年》第 4 卷第 1 号），叶圣陶、王钟麒的《对于小学作文教授之意见》（《新潮》第 1 卷第 1 号），蒋维乔的《论小学以上教授国文》（《教育杂志》第 1 卷第 3 号）等。相关的著作如来裕恂的《汉文典》、吴曾棋的《涵芬楼文谈》、姚水朴的《文学研究法》和林纾的《春觉斋论文》等。

总之，在写作教学方面当时的研究者还处于摸索阶段，有见地的写作教学思想限于几个名家，多数人对作文教学的认识是片段型的或片面的。但是其中一些写作教学的思想仍然代表了中小学作文教学发展的方向，为之后写作教学的发展奠定了基础，其历史功绩不容小视。

二、1919 年到 1930 年
——渐趋完善的写作教学方式

五四运动后，我国进入了一个推陈出新的新时代，追求"科学"和"民主"的精神促使教育者们对语文教育进行了大刀阔斧的改革。就写作教学而言，本着誓与八股文一刀两断的精神，研究者们重视写作教学知识系统的构建。1923 年的《小学国语课程纲要》及《高级中学公共必修的国语课程纲要》均注重"系统的文法研究"，主张在高中以前以写语体文为主，高中则语体文和文体文均可，这个时期更注重对作文命题和作文批改的研究。

（一）在作文命题方面，追求多样化的命题方式

这时出现了命题作文、自由作文和口头作文多种方式并存的局面，并开始争论，这是作文教学中不多见的现象。有人认为命题作文好，如周予同认

为命题作文有助于培养学生的思维。有人则认为自由作文更好，如叶圣陶认为自由作文更容易引起学生的写作兴趣，因为："命题作文，人人知道不对。我认为定期作文也不很自然。果真儿童心灵充分发展，则随时有丰妙的情思，便随时可以作文。即如阅读书籍、笔记所得，也是一种作文的练习。总之，简单干枯的生活里，一切不能着手，趣味的生活里，才可找到一切的泉源。"①赵裕仁也持这样的观点，加之当时的语文教师大多是从旧时代过来的人，驾驭白话文写作教学的能力不够，也促使了自由作文的发展。有人认为口头作文更能提高学生的写作能力。由于当时要宣传"民主"和"科学"思想，需要做大量的演讲，使得口头作文也应运而生并得以重视。如赵裕仁在《小学国语科教学法》中，把作文分为"口述"和"笔写"两个部分。吴研因和何仲英也有类似的主张。有许多人主张平日多写札记、笔记等来提高作文能力。如胡适主张："学生平日作的笔记、杂志文章、长篇通信，都可以代替课艺，教员应该极力鼓励学生写长信，作有系统的笔记，自由发表意见。"②而黎锦熙认为"日札优于作文"③，主张多练习日札。作文命题的原则是符合学生的生活经验，让学生有的写。如胡适对作文命题提出的要求："……（二）千万不可出空泛或抽象的题目。（三）题目的要件是：第一要能引起学生的兴味，第二要能引学生去搜集材料，第三要使学生运用已有的经验学识。"④

（二）在写作指导上，追求写作文体的多样化

当时的文体有记叙文、议论文、说明文、应用文，甚至还有小说等，关于文体方面研究的人比较多，研究的成果也比较多，如孙俍工的《记叙文作法讲义》（民智书局，1923 年）、《论说文作法讲义》（商务印书馆，1924 年）、《小说作法讲义》（中华书局，1924 年），这三本教材是现代分体写作教材的开山之作。张鸿来的《初级中学应用文》（北平文化学社，1926 年）系较早出版的系统的应用文教科书，张九如编的《初中记事文教学本》（商务印书馆，1927 年初版）、《初中写景文教学本》（商务印书馆，1928 年初版）、《初中论说文教学本》（商务印书馆，1929 年初版）以分体写作教学为主线，兼顾阅读（选文作为写作教学的

---

① 叶圣陶：《小学国文教授的诸问题》，《叶圣陶集》第十三卷，江苏教育出版社 1992 年版，第 86 页。

② 胡适：《中学国文的教授》，见《胡适文存》卷一，亚东图书馆 1921 年版，第 322 页。

③ 黎锦熙：《各级学校作文教学改革案》，见黎泽渝、马啸风、李乐毅编《黎锦熙语文教育论著选》人民教育出版社 1996 年版，第 572 页。

④ 胡适：《中学国文的教授》，见《胡适文存》卷一，亚东图书馆 1921 年版，第 322 页。

示例)。另外还有高语罕的《国文作法》(上海亚东图书馆,1922年)。

(三)在作文批改方面形成了较为系统性的观点

孟宪承认为作文批改有"四种的手续":一是自动的批评和订正。口语练习,团体设计的结果,由全级学生共同批评,互相订正。……二是教师批改。不应太笼统、太机械,千篇一律,而要有效力、有意义。三是黑板订正。这是针对学生中较为普遍存在的错误,教师可制一表在黑板上一一订正,以引起全级学生的注意。四是优良作品的宣示。即把好的文章让作者自己读给同学听或张贴于教室内,刊印在学校出版物里,以收观摩的功效。"[①]胡适主张作文的批改要重点改文法,"改文章时,应该根据文法。合文法的才是通,不合文法的便是不通。每改一句,须指出根据那一条文法通则……"建议教师要多就少改,"千万不可整篇涂去,由教员重作。如有内容伦理上的错误,可由教员批出,但不可代做"。[②]

(四)在写作教学的研究方面,注重调研,注重实践,成果颇丰

这个时期的写作教学受到美国实用主义思想的影响,为了解学生写作的实际从而有针对性地提出写作教学策略,赵裕仁在1925年、1926年对小学生作文情况进行了调查,根据调查结果有针对性地提出改革的意见。阮真也对学生作文现状进行了近十年的调查提出了许多写作教学建议。[③] 浙江一师和扬州八中开展了轰轰烈烈的写作教改实验。这时也出现了大量的立足于教学经验的写作教材或论文:如陈望道的《作文法讲义》[④],夏丏尊、刘薰宇合编的《文章作法》[⑤],扬州第八中学张展南等人总结他们的教改实践写成《中学国文述教》(商务印书馆,1925年)一书。

当时成系统的写作教材也很多,如黎锦熙的《新著国语教学法》(商务印

---

① 孟宪承:《初中作文教学法之研究》,见顾黄初、李杏保《二十世纪前期中国语文教育论集》,四川教育出版社1991年版,第386页。

② 胡适:《中学国文的教授》,《胡适文存》卷一,上海书店出版社1989年版,第321—323页。

③ 参见阮真:《中学作文题目研究》,民智书局1930年版,第313—316页。

④ 1921年9月26日至1922年2月13日在《民国日报》副刊《觉悟》连载,1922年3月由民智书局出版单行本。

⑤ 该书是夏丏尊1919年在湖南第一师范、1922年在春辉中学教国文时编写的,后在上海立达学园任教,被刘薰宇用作教本,教了一年,改了一年,于1926年8月由开明书店出版。

书馆，1924 年）中第六章“国语文法与‘缀法’——作文”，对 6 个学年的缀法教学安排已较为严谨周密，基本上形成了国语作文的全新的教学法构架。阮真的《中学作文教学研究》（民智书局，1929 年），是在调研学生的作文实际程度和存在问题的基础上提出的作文教学要求，他注重作文教学的标准具体化、严密化，评分标准定量化。陈望道的《作文法讲义》中的作文法体系由三个子系统构成：“文章构造”、“文章体制”和“文章美质”。① 清华大学教育系教授孟宪承的《初中作文教学法之研究》（载《教育杂志》1925 年第 17 卷第 6 号）触及了作文的动机的问题，这是国文界较少谈到的话题。梁启超的《中学以上作文教学法》（中华书局，1925 年）则是我国现代第一本中学写作教学法专书。

这个时期有一大批研究者投入到作文教学理论体系的建设当中，他们中的许多人既是研究者也是一线教师，为当时写作教学系统的建设做出了很大贡献。但是当时对中小学语文教师的需求量是相当大的，而当时的语文教师大多是从旧时代过来的人，他们有的不支持新的作文教学改革，有的无力驾驭白话文写作教学，致使当时作文教学形成的局面是：理论搞得轰轰烈烈，实践还是冷冷清清，学生写作能力的提高达不到预期目标。

三、1931 年到 1948 年
——二元思维并存的写作教学方式

20 世纪 30 年代在中国大地上存在着受西方资产阶级思想影响较深的国统区和受无产阶级思想影响较深的陕甘宁边区。国统区教育的发展与 1904 年以来我国教育发展是一脉相承的，研究者针对 20 年代出现的语文教学的相关问题进行了论争，然后再进行冷静的思考，这使语文教学走上了健康发展的道路。首先进行的是关于“中学生国文程度的讨论”。同时还进行了“复古思潮与语、文论争”，通过这些论争进一步廓清了语文学科的任务，理清了语文能力的构成要素，巩固了白话文教学的地位，通过这些论争使得写作教学任务更加明确。如 1932 年颁行的《小学各科课程标准》和 1936 年教育部颁行的《修正小学国语课程标准》及 1936 年修订的《初级中学国文课程标准》和《高级中学国文课程标准》中有关作文教学的规定注意中小学学生作文能力的衔接与递进，构成一个小学、中学一体的写作教学体系。另外，各省还成立了中学国文教学研究会，使得各省的写作教学从写作内容到写作方法

① 参见潘新和：《中国现代写作教育史》，福建人民出版社 1997 年版，第 162 页。

趋于统一，而且这一时期的国统区的写作教学研究最难能可贵的一点就是在继续对写作本体研究的基础上，对学生写作过程和心理进行了大量的研究。国统区的作文教学研究成果如下：

（一）人们认清楚了写作能力与阅读能力的内在联系，认为阅读能力的提高有助于写作能力的提高，写作能力提高了，又可以促进阅读能力的发展。出现了许多阅读和写作合二为一的综合性教材。如复兴初级中学教科书《国文》（六册）、复兴高级中学教科书《国文》（六册，商务印书馆，1933 年初版），夏丏尊、叶圣陶合编的初中国文科教学、自修用的《国文百八课》（开明书店，1935 年初版），朱公振编的《基本国文》与《模范图文》（世界书局，1939 年初版）。这些教材为写作教学提供了大量的范例，不但使作文命题内容宽泛，命题体裁多元化，也使命题整体序列化，能切实有效地提高学生的写作能力。

（二）写作教学的体系渐趋完善。在 20 年代写作教学建设的基础上，30 年代人们拓展了写作教学研究的范围，坚持多做实验，用事实说话，建立起了更为完善的写作教学体系。

1. 对写作教学的地位和性质的认识更加清晰。如叶圣陶认为："中学的写作教学，以'习作'为主，为学生打下作文的基础。"①吴研因、王志瑞认为写作可以提高学生的智能："作文教学的任务，不在制造纸片上机械的成绩，当然更不在制造'超成绩'或'伪成绩'，而在乎使一个个儿童具有运用国语的发表能力。"②

2. 作文命题方式更为灵活多样。当时主要有命题作文和自由作文。自由作文（包括日记、札记、随笔）可以激发学生创作的热情，高馨圃专门进行了日记代替作文的研究，发现日记更有助于提高学生的写作能力。从文体上看，现在有的文体当时基本都有，如记叙文、说明文、议论文、杂感、散文、游记、小说、诗歌、评论、剧本、杂文，等等，通过多种形式抒写个人思想情感，呼唤个性解放，读来真实自然，令人深思。从语言风格上看，使用大众语，语言通俗易懂，自然朴素。这样的文风影响了新中国成立后的写作教学。

3. 写作指导更注重结合学生的生理、心理特点。高人瑞的《小学作法学习心理的研究》（载《小学教师》第 13 卷第 3 期）一文专门有"笔作教学的心理的依据"一章，阐述如何根据学生心理完成写作指导。叶圣陶说："我以为写作能力发展的最大的障碍就在把写作看成一件了不起的事。小学生往往郑

---

① 叶圣陶：《叶圣陶集》第 13 卷，江苏教育出版社 1992 年版，第 469 页。

② 吴研因、王志瑞：《小学作文教学漫谈》（上），《小学教师》第 3 卷第 1 期。

重其事地回家告诉父母说‘这一学期起，我们要作文了’。”[1]石昭镗认为写作教学过程一定要以学生为主，教学策略的实施一定要符合学生的心理：“1.说话是写作历程的起点，写作是说话历程的终结。2.材料的获得，以儿童做主体，导师为助手。3.材料的搜集，须采团体活动。4.确定题材及范围，博采儿童意见。5.须注重公开与批评。6.须多利用机会，适应心理要求。7.多注意于语文课外的语文活动。”[2]

总之，这个时期国统区的作文教学研究呈现出了全方位深入研究的势头，这使得写作教学向科学化的方向发展。夏丏尊创办、叶圣陶加盟的《中学生》杂志为写作学习和教研提供了一个极好的园地。杂志上开辟了“写作杂话”“文心”“文章偶谈”“文艺鉴赏”“文章修改”“文章病院”等栏目，给予了中学生和中小学国文教师以很大的帮助，深受他们的欢迎。另外，中小学语文教师的素质较前大大提高。虽然这时中小学语文教师来源甚广，有的是从政的教语文，有的是学理的教语文，有的经商的也改教语文……他们对语文课的认识不尽相同，但是由于这时写作教材增多，而且这些教材的指导性很强，写作教学还是走上了健康的发展道路。

20世纪40年代，战乱不断，这严重影响了国统区的写作教学进程。虽然这样，一些研究者在前人研究的基础上，仍继续深入研究写作教学，当时展开了“关于中学生文言写作的论争”。叶圣陶、于在春、蒋伯潜等人继续活跃在教坛上，提出了许多有价值的观点：如叶圣陶认为写作教学目的在养成习惯。于在春开展的“集体习作”的教改实验也取得丰硕成果。蒋伯潜在《习作与批改》(载《国文月刊》第48期)一文对写作训练的方式和写作批改也很有独到见解。

20世纪40年代陕甘宁边区由于政治观点与国统区相去甚远，学术上也采取了另起炉灶的做法。陕甘宁边区的写作教学为新中国成立后我国写作教学的发展奠定了基础。由于陕甘宁边区主要以培养各级干部为目的，因此中小学语文教学很注重实用性。刘泽如在文章中曾讲到边区教育的“写作指导的原则”为：“第一，掌握写作的正确方向：用大众的语言，写实际日常生活中的材料。反对‘文人雅士’的残余思想。第二，教学与写作相结合：甲、从学生的写作中发现存在着什么困难，来规定应当教的东西。乙、从教的东西中，联系学生写作，进行指导。第三，分别对象，分清阶段，顺应学生写作的发展规律，逐步提

① 叶圣陶：《小学生的阅读跟写作》，《小学教师》第3卷第2期。

② 石昭镗：《小学高年级说话与写作如何联络教学》，《小学教师》第3卷第13期。

高。第四,鼓励写作兴趣,提倡多读、多写、多商量。”①当时的中小学语文教育基本是应急型的,当下需要写什么,就学写什么。学生在写作过程中有什么困难,就着手解决什么困难。没有完整的写作教学理念,也不可能建立系统的写作教学体系。有关写作教学研究方面的成果散见于《边区教育通讯》《边区中等教育资料》《新华日报》《解放日报》等刊物上。

总之,20 世纪 30 年代以后我国的写作教学的发展只能用喜忧参半来形容。喜的是国统区的写作教学经过几十年的发展,教学理论相对完善,教学实验做得扎实。沿着这个路子发展,我国的写作教学定会朝着成熟、健康的方向发展。忧的是由于战争发展势头正旺的写作教学实验受到了阻碍。陕甘宁边区的写作教学另辟蹊径,为我国写作教学的发展注入了新的生机,是可喜可贺的。但是由于发展时间不长,又没有理论基础,完全是在应急的情况下发展的,必然使发展受到多方面的局限,若能适当吸取国统区写作教学的经验,把它和陕甘宁边区的写作教学结合起来,不乏是一条好路子,但是由于政治观点的不同致使学术上也产生了隔膜,新中国成立后的写作教学实际上很少借鉴民国时期国统区的作文教学改革经验,走了不少弯路。

四、1949 年到 1977 年
——混乱无序的作文教学方式

1949 年后,源于陕甘宁边区的作文教学追求“实用”的倾向日益突出,国统区的教育理念被废止。由于战争的影响,1949 年后我国中小学生的文化水平极低,尤其是学生写作能力更低。虽然有叶圣陶这样的语文教育家加入新中国文化建设的队伍当中,但在当时的形势下,他们的教育理念无法得以伸张。因此,新中国成立后的作文教学探索是从零开始的。在改革开放以前我国作文教学体现出以下的特点。

(一)教学大纲中的作文教学目标无序、混乱

1949 年 8 月,叶圣陶草拟了《中学语文科课程标准》(草稿,供内部使用),由于当时学习苏联,设想汉语、文学分科教学,致使这个课程标准在新中国成立以后并未执行。直到 1956 年教育部颁布了《初级中学汉语教学大纲(草案)》、《初级中学文学教学大纲(草案)》、《高级中学文学教学大纲(草案)》

① 刘泽如:《陕甘宁边区的普通教育》,见《陕甘宁边区教育资料·中等教育部分(上)》,教育科学出版社 1981 年版,第 204 页。

（高中语文学科只设文学而不设汉语，故只有《文学》大纲），可悲的是这三个大纲均没有明确作文教学的地位。1957年，人民教育出版社中学语文室又草拟了《中学作文教学初步方案（草稿）》，分为四个部分：作文教学的任务；初中和高中作文教学的具体要求；初中和高中各年级作文教学的内容；作文的指导批改和讲评。但这个方案当时并没有公开发表实施。1963年教育部颁布的《全日制中学语文教学大纲（草案）》对作文明确提出了加强训练的要求，主张建立"以培养学生阅读能力和写作能力的顺序为主要线索，组成由浅入深、循序渐进的体系"。该《大纲》对课外作文命题也提出了具体要求，"课外写作指导对培养学生的写作能力也很重要，例如指导学生写日记、笔记，帮助学生编壁报或级刊，练习写作。课外的阅读指导和写作指导，既要有统一的布置和一般的要求，又要适当地考虑到学生能力的差别和爱好的不同，尽可能做到切实具体，因材施教"。但是由于"文化大革命"的缘故，这个大纲的精神根本无法贯彻。

（二）作文教学处于混乱、无序的状态

由于建国初期一直没有成熟的作文教学大纲，致使从解放初期到1978年以前的作文教学处于盲目、自发的状态，作文教学和政治斗争、生产劳动等缠绕在一起，大多数语文教师小心翼翼地随波逐流。解放初期，语文教师教作文基本是源于直感和经验，没有有效的理论指导，也没有合适的教材，教师根据政治形势给学生随便出个题目，学生随便写，教师随便改。1958年开始经济上的"大跃进"，作文教学也跟着"大跃进"，"上海市一所中学语文教研组总结道：'在阅读和写作教学进行了三周（义务劳动时间除外）的时候，我们已教了九篇教材，作文十次以上。南京市有几个学校的学生创作指标达到几万篇，如市立师范，在一个月左右时间里，学生就完成了四千多篇创作。'"① 1963年《全日制中学语文教学大纲（草案）》颁布后，让人们看到了作文教学的曙光，但1965年1月由《文汇报》展开了"如何指导和评价学生的作文"的讨论，将作文教学定位成："为工农兵服务，为阶级斗争、生产斗争和科学实验三大革命运动服务，这已经形成这一时期人们研究中学作文命题的思维定式。"②之后发表的上海市部分教师的座谈记录《作文教学必须不断改革》，在"编者按"中说："……作文教学必须政治挂帅，使政治落实到作文教学的各个

---

① 王松泉、钱威：《中国语文教育史简编》，社会科学文献出版社2002年版，第245页。

② 刘光成：《百年中学作文命题研究》，湖南师范大学2010年博士学位论文，第158页。

环节……”[1]又使作文教学改革再次受阻。“文化大革命”开始后，作文教学主要局限在写调查报告、总结上，主题以批判为主。当然，在这个无序、无奈的作文教学时代，在文体上也出现了笔记、书信、读后感、提纲等形式，但这些作文从教师命题到学生写作，均紧紧围绕阶段斗争、生产劳动等展开。有建树的观点不能说没有，但是太少了。在这里不妨列举一些。如北京市第三十一中学语文教研组探索了如何有计划地命题这一课题。河北省通州陈尔畅老师、广西壮族自治区桂林市梁任葆老师等尝试作文命题的不同方法。尹伟先生尝试初、高中作文命题要衔接问题。洛寒主张文体要多样化，不能仅限于记叙文、议论文，也要重视应用文的写作。1963 年《全日制中学语文教学大纲(草案)》颁布后，云南昆明市第八中学李必两老师开始了分步、分阶段作文命题实验。北京师范大学女附中周学敏尝试灵活命题的方法。这些实验虽然不能影响当时作文教学的大趋势，但是为改革开放后作文教学改革提供了思路。

另外，高考作文均为命题作文。从解放初到 1977 年的高考作文均为体现阶级斗争、革命理想和歌颂新时代的命题作文，文体主要以记叙文为主，其次是议论文和夹叙夹议类文章。

五、1978 年以后

——从本体研究到主体研究的作文教学方式

1978 年后，社会文化剧烈转型，文化生活趋于多元化。1978 年以来的作文教学开始吸纳新中国成立前国统区作文教学的改革套路：先构建作文教学本体(从 1982 年的“文体中心论”到 1986 年的“读写结合论”再到 1995 年、1996 年的“写作能力与文体并行论”)，在此基础上转向构建“以人为本”的作文教学(2000 年的《九年义务教育全日制初级中学语文教学大纲(试用修订版)》和《全日制普通高级中学语文教学大纲(试验修订版)》的颁布及以后的课程标准)，但是在构建“以人为本”的作文教学方式时较前更趋完善。

(一)教学大纲(课程标准)体现出了从写作教学本体研究到写作教学主体研究的变化

1978 年教育部颁布了《全日制十年制中学语文教学大纲》(试行草案，以下简称《大纲》)。但这个《大纲》受“左”的思想的影响还比较明显，于是在 1980 年对这个《大纲》进行了修订，把作文教学单独列出，旨在强调作文教学

[1] 刘光成：《百年中学作文命题研究》，湖南师范大学 2010 年博士学位论文，第 158 页。

的作用。《大纲》在“附录二”阐述了阅读与写作的关系，开始注重写作与生活的关系。1986年国家教委颁布了经全国中小学教材审定委员会审定通过的《全日制中学语文教学大纲》，其对作文教学要求更加明确具体，如“作文的方式是多种多样的，有命题作文、选题作文、看图作文、根据文字材料作文、自拟题目作文，还有缩写、改写、扩写等作文练习，教学时可根据具体情况选用”。写作的文体也要求多样，该《大纲》除了要求初中生“能写记叙、说明、议论文的文章”，高中生“能写比较复杂的记叙、说明、议论的文章”之外，还提出了其他文体要求。比如，要求初中二年级学生“学习写简单的通讯”，高中一年级学生“练习写一般通讯报道、调查报告”，高中二年级学生“练习写一般书评、影视评、剧评和计划、总结等”。“要指导学生课文经常练笔，把所见、所闻、所思、所感随时写下来，以提高写作能力。”“课文写作指导，主要是指导学生观察，写日记、笔记，办黑板报、墙壁。”①1995年国家教委颁布了《九年义务教育全日制初级中学语文教学大纲(试用)》和1996年颁布的《全日制普通高级中学语文教学大纲》，淡化了文体训练，重点关注思维训练。2000年的《九年义务教育全日制初级中学语文教学大纲(试用修订版)》和《全日制普通高级中学语文教学大纲(试验修订版)》已经渗透了“以人为本”的教学理念，但是集中体现这一思想的还是2001年颁布的《全日制义务教育语文课程标准(实验稿)》和2003年颁布的《普通高中语文课程标准》，在这两个课程标准中，真正做到了“目中有人”。首先，根据人的身心发展的特点，将小学、初中、高中整合在一起，注意各个学段的衔接和能力的逐步提高，系统性强。2001年课程标准将写作教学分为“写话”、“习作”和“写作”三个阶段；而2003年高中的写作教学目标是“能独立修改自己的文章，结合所学语文知识，多写多改，养成切磋交流的习惯。乐于相互展示和评价写作成果”。写作内容更加广阔和丰富，小到家庭学校日常生活，大到国家、国际大事均可以谈论，淡化了文体意识，强调思维的训练。这两个课程标准均注重写作习惯和兴趣的培养。2011版的《义务教育语文课程标准》中有关写作教学的改动不多，只有两处，但是这两处的改动使得课程标准降低了写作的难度，不再注重对单纯的写作量和速度的规定，而注重发挥学生想象，注重培养学生兴趣。使得课标更为贴合学生的实际情况，更为人性化。如2011年版课标第一学段删去了“写想象中的事物，写出自己对周围事物的认识和感想”，只留下了“对写话有兴趣，写自

---

① 参见课程教材研究所编:《20世纪中国中小学课程标准·教学大纲汇编(语文卷)》，人民教育出版社2001年版，第477—484页。

己想说的话”。在第三学段由2001年版中“40分钟能完成不少于400字的习作”改为“习作要有一定速度”。

（二）在作文命题方面体现出了从写作教学本体研究到写作教学主体研究的变化，完成了从命题作文到话题作文的转变

1986年以前作文命题比较注重文体训练，以命题作文为主，涉及缩写、改写、读后感、报道、写信等多种命题方式。20世纪90年代的作文命题类型多样，有命题作文、选题作文、材料作文、看图作文和自由作文等。20世纪90年代后期，人们重新审视新中国成立前的写作教学，再加上国外写作理论的引入，民国时代的“学生中心主义”、“实用主义”等写作教学思想重新被重视，加上世纪末的语文教学大讨论，催生了新世纪“以人为本”的话题作文的诞生。话题作文切实关注人的本身，思考人类的生存，符合语文课程标准的要求。但是，话题作文由于话题过于宽泛，致使抄袭现象严重。写作主体确实应该重视，但是当写作主体的能力得不到有效体现时，话题作文也便失去了其存在的意义。所以，从2005年开始，语文教育界开始尝试话题作文与命题作文、材料作文等多种命题方式整合的路子，这一举措既能让学生根据自己的写作水平发挥自己的写作才能，又能遏制学生的抄袭现象，体现选拔的公平。在文体方面，在世纪末之前作文训练重点初一是记叙文，初二是记叙文和说明文，初三是记叙文和议论文。高一是比较复杂的记叙文和说明文，高二是比较复杂的记叙文和议论文，练习相对枯燥，但是能使学生的写作能力逐步提高。新世纪以来作文教学开始淡化文体，其优点是可以使学生的性情尽情发挥，不足是不能使学生对各种文体得到系统地训练，影响了学生语文能力的提升。确实，现在中小学写作教学的难题是如何找到提高学生写作能力和学生主体地位充分发挥的交汇点。

（三）作文教学研究方面成果也颇丰

首先看著作（教材）和论文：这一时期，路德庆主编的以文体技法为中心的《写作教材》（华东师范大学出版社，1982年）很有影响，体现“文体中心论”这一写作理念的著作还有：朱绍禹的《中学语文教育概论》（内蒙古人民出版社，1983年）、叶苍岑的《中学语文教学通论》（北京教育出版社，1984年）、韦志成的《作文教学论》（广西教育出版社，1998年）等。新世纪以来关注写作主体的代表性的著作，如董小玉的《现代写作教程》（高等教育出版社，2000年）、章熊的《中国当代阅读与写作测试》（四川教育出版社，2000年）、刘森的《作文心理学》（高等教育出版社，2001年）、尹相如的《写作教程》（第2版，高

等教育出版社，2009年)、王凯旋的《写作方法与技巧》(北京时代弄潮文化发展有限公司，2010年)等。在中国知网上搜索“作文”二字，进行模糊搜索，可以查到866284条记录，其中与汉语写作有关的，尤其是与中小学写作有关的论文占到80%以上；研究范围也非常广泛，有对作文审题、选材、组材等指导过程的研究，也有对作文批改环节的研究，还有对作文教学历史的梳理，更有对写作教材等的研究。从研究人员上看，有学者、研究生，更多的是一线教师针对自己在教学中的得失总结出的可行性较强的教学策略。

其次看作文比赛奖项方面：20世纪末，一些儿童杂志社、儿童学会等机构和高校联手创办各种比赛，为有写作才能的人提供发展的平台。如1999年1月，由上海《萌芽》杂志社和北京大学、复旦大学等七所全国重点大学联合举办的号称“挑战中国语文应试作文教育”的首届全国“新概念作文大赛”，引起了全社会特别是语文教育界的极大关注，大赛被誉为中国“语文奥林匹克”，“新概念作文大赛”标举“新思维、新表达、新体验”的理念。之后还有由共青团中央学校部、中国语文报刊协会、《语文报》编辑部、《语文教学通讯》编辑部联合举办的“语文报杯”全国中学生作文大赛，该大赛已经成功举办了17届。2003年至2007年由中国少年儿童新闻出版总社《中学生》杂志社和中央教育科学研究所课程教学研究部联合主办(第一至五届)，2008至2009年由共青团中央学校部、中国少年儿童新闻出版总社主办，《中学生》杂志社承办，全国教育科学“十一五”规划课题“新课程改革与校园文学研究”课题组协办(第六至七届)；2010年至2011年由中国少年儿童新闻出版总社、中国当代文学研究会主办，《中学生》杂志社承办，全国教育科学“十一五”规划课题“新课程改革与校园文学研究”课题组协办(第八至九届)。由中国少年儿童新闻出版总社和中国当代文学研究会校园文学委员会主办的“叶圣陶杯”作文大赛，已经成功举办了13届。由中国少年儿童报刊工作者协会中学报刊专委会和中华全国学生联合会主办，由“恒源祥”集团有限公司协办的“中国中学生作文大赛”也已经成功举办10届。随着近年高校自主招生力度的加大，这些作文奖项都成为各大高校中文类学生自主招生的硬性条件。

再次，在作文网站建设方面，星火作文网(http://www.easyzw.com/)覆盖了小学、初中和高中所有学段、各种文体，可谓内容全面的一个网站。类似这样内容全面的还有99作文网(http://www.99zuowen.com/)。另外还有专门针对一种文体进行作文教学的网站，如以“儿歌作文，滋养人生”为理念的月芽儿歌作文网站(http://www.yyeg.cn/)，另外在中小学语文教学的相关网站上都开辟了专门的作文指导栏目。

（四）在写作实践方面，各个时期的一线教师探索着符合作文教学规律的路子

20 世纪 80 年代后各种写作课题或实验层出不穷。如华东师范大学附中陆继椿老师的“分类集中分阶段进行语言训练”实验（1978 年），吉林省特级教师赵文忠的“农村小学序列化作文教改实验”（1980 年），黑龙江常青创立的“写作基本训练分格教学法”实验（1980 年），浙江省金华施民贵的“小学生读写日记系列训练”作文教改实验（1982 年），江苏省丹阳单新元、马汉成、何书照的“系统设计、分项训练、整体优化”作文教改实验（1985 年），浙江宁波江北区教研室的“快速作文”教改实验（1986 年），湖北省钟祥市教研室郑明江同志、钟祥市新堤小学郭亚玲同志为首的“以‘课后想象写话’促进作文教学”实验（1987 年），江苏省李伟平的“开放性作文”教改实验（1988 年），天津市河北区育婴里小学的李家玲、孙光华的“培养写作兴趣”教改实验（1989 年），全国很多学校都参加了中语会的课题“写作教学中的创造性思维能力培养”（2000 年），广西壮族自治区的“网络作文教学研究与试验”（2004 年），刘德福支持的区级课题“高中作文教学中学生‘语言智慧与思维同步生成’的实践研究”课题（2005 年，他据此提出了“仿格作文”的理论），全国教育科学“十一五”规划教育部重点课题“课程资源有效促进教学的研究与实践”的子课题“读经典学作文”，江苏省江阴市的陶研实验学校承担的江苏省陶研会“十二五”重点课题“陶行知教育思想引领下个性化作文教学研究”，湖北省教育科学“十二五”规划重点课题“微点作文”课题，等等。

纵观我国作文教学方式改革发展的百年历史可以看出，作文教学方式的高效改革有两个阶段，第一阶段是在民国时期，当时的作文改革力度较多，成果也较多，而且参与作文教学方式改革的人大都是教育家或名师。中华人民共和国建立后若能借鉴之前民国时期国统区的作文教学改革成果，新中国的作文教学会有很大提高，但是由于历史、社会和政治的原因，新中国成立后我国的作文教学的建设经验是建立在解放区作文教学改革探索的基础上的，对民国时代的教学改革成果重视不够，走了许多弯路。这带给我们一个深刻的启示：教育教学的发展要善于借鉴，不能因为政治原因而影响教育经验的广取博收和批判继承。新中国成立后作文教学的真正发展是从 1978 年以后开始的，作文教学方式改革的第二个重要阶段是 21 世纪以来的十几年，这一时期作文教学方式改革的内容更为广泛，几乎涉及从作文指导到作文批改的各个环节，参与的人也非常多，虽然以一线教师为主，但是一线教师的参与更多的是基于课题研究展开的，所以改革的步子非常坚实，也非常有效。

第三章 百年来语文考试命题方式的变化

据《学记》记载，我国西周时"国学"中的大学已形成定期的学业考查制度。学生入学，每隔一年必须考核一次。公元606年，隋炀帝设置进士科，这是我国科举制度的发端。到公元1905年清光绪下诏停止科考，科举制度在我国延续了1300年。由于我国古代考试主要用于对政治人才的选拔，因此考试内容主要是考经典，着重考核考生的记忆和背诵能力。从考试内容到考试形式都比较单一。从1904年癸卯学制的颁布开始，我国语文教育进入了现代教育阶段。语文教育的评价也进入了新的时期。

一、1904年到1949年

——"新式测验法"的引进与初步实验

清末以来，人们在猛烈批判科举制度的同时，也力图对我国的考试方式进行反思，寻找革新的路子。尤其是五四运动后，由于受到西方教育理念的影响，主张进行考试改革的呼声越来越高，力求从考试的内容到考试的方式进行全方位的改革。再加上语文教学内容中语体文增加，文言文减少，客观上也使得考试内容有很大变化。由此，语文教学逐渐由以前的死记硬背向注重运用和理解转化。在考试方法上也不再是单一的口试、帖试、墨义、策问、论、诗赋，而是在对上述考试方法进一步整合后，改变为填空、简答和论述。如1919年北京大学招考简章国文预科试卷为："解释文义、作文及句读（读用点，句用圈）。"本科国文科目"应试程度，需略同中国学术及文章之流变，可参考《文史通义》、《国故论衡》及本校预科所用之程本"①。在考试组织管理方面，针对当时各学校自行组织考试致使考试成绩不真实的情况，有人主张要进行更大范围内的统一命题、统一考试，使考试管理更加科学。

---

① 刘昕主编：《中国考试史文献集成》第七卷（民国），高等教育出版社2003年版，第36页。

当然，在关于考试内容问题上，当时也有分歧。如在1920年，关于考试要不要"背诵"的争论非常激烈，当时有两派截然不同的意见，一派是以梁漱溟为代表的学者主张考试要考背诵，因为他认为有些知识需背诵才能掌握，另外背诵可以增加自己的文化积淀，他强调由于小时候没有练习过背书，致使他"长大至今，始终不会背书。并且不会诵书（诵不成声），佛经孔经都举不出成句来"①。1930年于在春在《国文成绩考查述例》中主张国文考试应该考查学生的"一、解释，关于词、语或句的。二、问答，关于内容或材料的。三、默写，关于指定应熟读各篇的"。另一派是以朱谦之和謦白为代表的学者认为考试中不必考背诵，因为"背诵只可以收一时之效果，但过后就忘却了"②。謦白还认为考试是为养成学生的习惯，背诵没必要出现在考试过程中。主张考背诵的学者实际上是强调要重视国文对人整体素质的影响，主张不考背诵的学者则主张语文考试要考实用的内容。这两派各自看到了语文教育的特定作用，不无片面性，但他们的争论对以后的语文测试研究多有启迪，起到了抛砖引玉的作用。之后一些有识之士有感于中国传统语文考试法的弊病，对新式"语文测验法"产生了兴趣，很多人主张对语文能力进行科学测试，其中以受到西方教育思想影响的陈鹤琴等人的引进、实验、推广最为有力。

陈鹤琴等人最初在南京高等师范学校编辑出版了《新教育》杂志，对孟禄、桑代克等美国教育家的科学测验法给予了大力宣传。1920年，廖世承、陈鹤琴在南京高师开设测验课，并用心理测验法测试考生。1921年，他俩正式出版了《智力测验法》。陈氏还利用在南高师执教的便利条件，编写出版了《小学默读测验》《小学文法测验》《中学默读测验》等多种资料，为新式语文测验法的进一步推广做出了贡献。与此同时，1920年，北京高等师范学校也建立了心理实验室。1922年，北京大学、燕京大学、北京女高师、东南大学等学校的教授和学生开始编制试卷测验。1925年，陈鹤琴、廖世承编写的《测验概要》较为完善地体现了当时的语文教育测验思想。其主要观点有：

1. 关于测验的作用：他们认为"测验是改进教学的一种良好工具"，具体说来，"测验可以辨别智愚，甄别班次，分别才能，估量成绩，改进教法，鼓励学业，诊断优劣，预测将来"③。

---

① 刘昕主编：《中国考试史文献集成》第七卷（民国），第89页。

② 刘昕主编：《中国考试史文献集成》第七卷（民国），第89页。

③ 北京市教育科学研究所编：《陈鹤琴教育文集》（下卷），北京出版社1985年版，第441页。

2. 主张要用客观的测验法去估量学生成绩。因为主观题人为因素太多，不易对学生和教学做出客观的评价。为了考出学生的真实水平，他们对试卷编制的格式及试题的答案作了严格的规定。如对括弧如何放置、横竖线如何使用、字句如何排列等格式问题都有明确的规定。而且要"将试题与答案纸分开进行，这样不但使被试者容易明了测验做法，在做测验时不会弄错，做法简明、省时；而且计分省时省力"①。答案不能采取简单的"是否"格式，而且"问句不能互相联络"②，答案要避免暗示，答案要力求做到简捷而详尽，问句的口气不要和文章一致，试题一定不能有错误等。当时持这种观点的人还有张崇南、胡叔异等人。

3. 根据学生实际，测验的内容和形式是不同的。他们将国文的测验内容分为默读、默字及国文常识测验、文法测验和书法测验共三大类。陈氏编制的默读试题分为初小、高小和中学两个阶段。初小默读试题的编制原则是：简易、有效、有趣。按照由易到难的次序，编写四种测验：第一种是测验儿童的辨字能力，将字与"非字"糅合在一起，让学生将正确的字找到；第二种是测验儿童的用字能力，将与句子不相干的字夹在句子当中，让学生将多余的字圈出来；第三种是测验儿童对重点字句的理解力，写出一个句子，加点字的意思用图体现出来，让学生将加点字和它相应的意思连起来；第四种是测验儿童的造句能力，就是试题的每一句子中缺一个词，右面列举出来让学生选择。为引起学生兴趣，也为了防止学生受生字影响，编制试题时采用字图相结合的原则。

陈氏编制的这类新式测验，测验方式多样，测验内容广泛，测验材料来自于"故事、时事及各种叙事的文章"③，测验结果尽量避免人为因素的影响，有着重要的价值，因此深受教育界一些新派人物的欢迎。此后，俞子夷、张耀祥、廖世承、徐敬修等人，都相继进行研究，对新式测验法的推广起了积极的作用。徐敬修在《各科测验法·国语科测验法》中总结当时各地试行的新式测验法如下表④：

---

① 《陈鹤琴教育文集》(下卷)，第459页。

② 《陈鹤琴教育文集》(下卷)，第456页。

③ 《陈鹤琴教育文集》(下卷)，第455页。

④ 《顾黄初语文教育文集》，人民教育出版社2002年版，第660—661页。

- 默字测验法
  - 听默测验
  - 填字测验
  - 默读测验
    - 识字测验
    - 读书效率测验
      - 了解测验
      - 了解和速度测验
  - 阅读测验法
    - 朗读测验　分大错、小错、脱字、添字、代字、重读六项计分
    - 添字测验
      - 文法上的填字
      - 修辞上的填字
- 语文测验法
  - 写录测验
  - 类推测验
  - 词句重组测验
  - 批评不合理文字测验
  - 言文互译测验

之后，艾伟、王全桂还合编了《艾王小学国语默读测验》。但由于后来军阀混战和抗日战争的影响，中国大地上政权林列，教育政策缤纷陆离、五花八门，这些研究都再没能深入进行下去。在国统区，李清悚、史美煊、潘菽等人主张教育要从人本身的特点和社会的需要出发，考试改革也要与教育主张相适应。他们的研究成果较为丰硕，也促进了各科考试向公平、合理的方向发展。但他们对语文测试研究不多。

值得一提的是，在当时的苏区，不少教育界人士意识到了旧考试方法的缺点（一是考试与复习分离；二是主要考核学生的记忆，不是考核学生的能力；三是考试让学生学会说谎），一些人认为理想的考试方式应该是“考试与复习一致，教师与学生一致，每个人对于这门功课有更深一层的了解”[①]。但是由于当时复杂的历史条件，这种理想也终未能变成现实。在抗日根据地和解放区，中小学语文考试则被分为日常考查、临时考试、学期考试和毕业考试四种。在这四种教育测评当中似乎更注重日常考查，“将日常考查分为口头问答、演习练习、实验实习、读书报告或笔记、作文、测验、调查采集报告，工作

① 刘昕主编：《中国考试史文献集成》第七卷（民国），高等教育出版社 2003 年版，第 637 页。

报告、讨论会记录和劳动作业”①。学期考试和毕业考试初小和高小的侧重点是不一样的：初小主要考“认字、讲书、造句、写字等”，而高小主要考“讲书、作文”。②

综观这一历史时期的语文测试，国统区实验较多，改革的步子较踏实，代表了语文测试的走向。公允地说，在当时的历史条件下，追求新式语文测试法有切实的现实指导意义。

二、1952 年到 1966 年

——“文革”前形式简单的高考

1949 年新中国成立以后，从语文教学方法到评价方法都全面向苏联学习。就语文考试而言，废止了百分制，主要采用 5 级记分制（5 分：答案完全正确，或错误极小且可谅解；4 分：80～99 之间；3 分：60～79 之间；2 分：59 以下；1 分：白卷）。这种记分方式很受学生的欢迎，大大减少了学生的心理压力。但是这种 5 分制仅限于中小学日常教学使用，没有与高考接轨，致使我国语文考试长期没有形成完善的体系。

1951 年我国第一次实行普通高等学校招生全国统一考试，这改变了我国新中国成立前高等学校招生各自为政的状况。但是由于 1951 年我国刚刚实行普通高等学校招生全国统一考试，一系列相关制度还不完善，影响到了高考语文试题的命题形式与命题内容，因此本文从 1952 年的高考语文试题说起。

新中国成立后的高考基本以教材或教学大纲为考试范围，答案强调统一，而试卷从内容到形式均不统一，有时甚至沿用“文革”前的考试模式。如 1952 年全国高校招生命题意见为：“（一）要照顾到答题的时间。（二）每题都要有准确的与唯一的答案。（三）要确定每题的分数。（四）说明答题时该注意的事项。（五）各科要拟定两种题目，以备以外需要。”③再如 1963 年的高考语文命题范围为：“语文（Ⅰ）考作文及古汉语阅读能力。语文（Ⅱ）考语文常识、古汉语阅读能力。”④下面列举 1952 年到 1965 年的高考试卷题型，以窥探当时的命题主旨（图表为作者自行整理）。

---

① 刘昕主编：《中国考试史文献集成》第七卷（民国），第 568 页。

② 刘昕主编：《中国考试史文献集成》第七卷（民国），第 535 页。

③ 杨学为主编：《中国考试史文献集成》第八卷（中华人民共和国），高等教育出版社 2003 年版，第 202 页。

④ 杨学为主编：《中国考试史文献集成》第八卷（中华人民共和国），第 204 页。

年份	题型及分值				
1952	测验(50分,测验包括三个小题,分别是阅读、填空和标点)	作文(50分)			
1953	作文(60%)	阅读(15%)	解词(5%)	填空(10%)	文学常识(10%)
1954	作文(60%,文理科分开,理科作文占70分,文科作文占60分)	阅读(10%)	标点(8%)	填空(12%,填成语、词语、虚词)	文学常识(10%)理科学生不做
1955	作文(60%)	阅读(10%)	标点(10%)	填空(10%,填成语、词语、虚词)	文学常识(10%)
1956	作文(50%)	翻译(10%)	改错(20%,考察语法)	填空(20%,主要考察文学常识)	
1957	作文(50%)	翻译(16%)	改错(16%,考查语法)	课文基本知识(18%)	
1959	作文(50%)	词语(6%)	修辞(4%,比喻)	解词(8%)	翻译(6%)
1960	作文(100)	翻译(100)			
1961	作文(100)	翻译(100)			
1962	作文(100)	翻译(100)			
1963	作文(100)	翻译(100)			
1964	作文(100)	翻译(100)			
1965	作文(100)	翻译(100)			

从上面的表中可以看出,1952到1959年的主要题型有作文、阅读、填空、翻译、解词、改错等。1960年到1965年只有两种题型:作文和翻译。从考查内容上说,试题可分为两大部分:第一部分是作文,第二部分是基础知识。

第一部分的作文考查除1952年放在基础知识中,其余年份作文均以第一题或第一卷的形式出现。作文主要考查学生的选材、组材能力和运用标点的能力。从体裁上主要考查记叙文和议论文的写作能力(1957年以后的试卷明确规定不能写诗歌)。从文章的内容上看这14年的作文命题与当时的政治形势是紧密结合在一起的。如1952年的作文题目是《我投到祖国的怀抱里来》；1953年的是《写一个你所熟悉的革命干部》；在国民经济发展形势较好的1956年，题目是《我生活在幸福的年代里》；1958年的题目直接联系到"三面红旗"；1960和1961年以毛泽东著作学习和毛泽东思想教育为题；1962年在"三面红旗"受到挫折以后，政治气氛有所改善，政治论题代替文学论题的情况暂时中断；但不久，随着阶级斗争"年年讲，月月讲，天天讲"，1963年和1965年政治色彩很浓的作文题目再次应运而生；唯有1964年的《读报有感》是较好的题目。

第二部分主要考查基础知识和阅读能力。①从内容上看，基础知识考查的内容主要以考查对课本内容的熟悉程度为主。尤其是1960年以前考查内容以课本基础知识为主，或考查对所学内容的理解，或考查对文学常识的掌握程度，或考查词类的运用，而标点符号的考查只在1952年、1954年、1955年、1959年以及1963年出现过几次。这一时期的高考语文试题以考查学生的语文记忆能力为主。阅读能力主要考查学生"概括文章主要思想"和"分析文章结构"两大能力，主要考查现代文的阅读能力，考查内容涉及面较广，但是试题的区分度差。1956年后的阅读题考查方向逐渐由现代文阅读向文言文阅读过渡，而文言文考查的主要是翻译能力，目的是考查考生的语言组织能力。②从形式上看，这些内容的考查主要以填空题的形式出现，如1952年和1953年的填空主要考查关联词的运用能力，而1954年至1956年则主要考查实词和虚词的运用能力，有时还包括成语的使用能力。但是从1957年开始取消了填空这一题型，对语文学科基本文学常识的考查多以问答题的形式出现。在1956年和1957年的高考试卷中出现了改错题。

纵观这14年的高考语文试题，考查内容主要以作文和课本基础知识为主，考查的形式主要以填空、问答和改错的形式为主，考查内容和形式单一。考查学生的能力主要体现在作文能力上，这14年作文分一直占总分的一半或一半以上，对语文基础知识的考查以主观题为主，而且考查内容每年都变，可见出题者对语文基础知识的考查还没有准确的定位。出现这样的现象的原因主要有以下几个方面：(1)从社会环境和历史背景看：新中国成立后，在新的社会环境和历史条件下，与计划经济体制的要求相适应，教育被纳入国家高度集中管理的轨道，当时重点是研究教学，对于考试制度的研究还处于初步发展阶段，当时人们的思维是既想抛弃传统教育考试制度的重负，暂时又无法借鉴外国的考试制度，报纸杂志上很少见到关于考试的研究文章，人们对考试的理论与方法没有专门研究，1958年后，党受"左"倾思想的影响，教师队伍遭受到了严重打击，人们无暇专心研究考试。由于这些原因，参与高考命题的人只能较多地凭主观经验来进行。(2)从语文学科的发展看：由于当时语文教学力主学习苏联，语文学科将汉语和文学分科，在语文教材中重视语言知识的学习，在考试中也就难免偏重语言知识的考试。而在文学教学中系统地教学文学史和文学理论知识，因此在高考语文试题中较为重视文学常识的考查。(3)从学生的角度看：受新中国成立前抗日战争和解放战争的影响，语文教学质量还没有来得及巩固，1958 年“大跃进”又开始了，学生“停课闹革命”，后来虽然说是“复课”了，但仍然以“闹革命”为主，无法正常地上课。学生无暇读书，造成学生的阅读能力低下，读书不求甚解，阅读文言文的能力尤其低；写作水平不高，写字潦草，错别字多，不会准确地使用标点符号等，针对现实，高考语文中自然只能考查基础知识和作文能力。

三、1978 年到 1985 年

——“文革”后处于探索状态的高考

“文革”十年动乱，全国统一高考被迫停止达 11 年之久，1972 年曾设想推行所谓“推荐与选拔”相结合的办法，但由于推荐和选拔流于形式，更主要靠社会关系和后门，引起全国广大人民的强烈反对。1976 年 10 月被迫停止。1977 年，国务院决定恢复高等学校招生考试制度，但该年度的招生考试由各省(自治区、直辖市)自己负责进行，该年的高考试题不便于搜集整理，故这里不予评析。

1978 年，国家正式恢复全国高等学校统一招生考试制度，高考语文试卷的命题出现了新的形式与新的内容，“文革”后的高考语文试题类型较“文革”前有很大增加，在题型上，种类增多，格式渐趋规范。下面是 1978—1985 年的题型(表为作者自行整理)：

年份	题型及分值				
1978	标点(10 分)	填空(理工科 30 分，文科 20 分)	找语病(15 分)	作文(30 分)	古文(翻译，理工科 15 分和文科 10 分)
1979	标点(6 分)	填空(10 分)	找语病(12 分，理科 16 分)	文言文阅读(22 分)	作文(50 分)
1980	填空(17 分)	找语病(15 分)	文言文阅读(28 分)		作文(40 分)
1981	填空(10 分)	现代文阅读(26 分)	文言文阅读(24 分)		作文(40 分)

续　表

<table>
<tr><td>年份</td><td colspan="8">题型及分值</td></tr>
<tr><td>1982</td><td>看拼音写汉字(2分)</td><td>文学常识(8分，以填空的形式出现)</td><td>填空(12分)</td><td>解词(12分)</td><td>阅读并回答问题(6分)</td><td>文言文的解释和翻译(14分)</td><td>文言文翻译(6分)</td><td>作文(40分)</td></tr>
<tr><td>1983</td><td>拼音(3分)</td><td>填空(12分)</td><td colspan="2">现代文阅读(40分)</td><td colspan="2">文言文的默写、标点和译释(40分)</td><td colspan="2">作文(45分)</td></tr>
<tr><td>1984</td><td colspan="3">现代文部分(40分)</td><td colspan="3">文言文部分(30分)</td><td colspan="2">作文(50分)</td></tr>
<tr><td>1985</td><td colspan="3">语文知识及运用(20分，分为四个小题，主要考查学生阅读能力、生字、文学常识和课本内容)</td><td colspan="3">阅读(60分，分为现代文阅读和文言文阅读，现代文阅读主要考查生字和文学常识、拼音、理解；文言文阅读主要考查解词、标点和翻译)</td><td colspan="2">作文(50分)</td></tr>
</table>

从上面的列表可以看出，“文革”后高考语文试卷题型基本上可以分为以下几种：

(1)填空。填空的内容主要涉及课文的基础知识和对课文的基本理解。(2)注音。这是“文革”后出现的新题型。1980年、1982年、1983年、1984年的试题所采用的形式是“把汉字写在拼音下面”，即在汉字拼音字母下面注上汉字；而1981年则采用了第二种注音形式。从1986年开始，注音以选择题的形式出现。(3)解词。解词一般糅合在阅读之中，多为文言文虚词的解释，在1981年、1982年高考语文试题中还增加了对现代文词语的解释的考查。(4)找语病。主要检查考生的语法知识、句法应用水平。但此题型仅在1978年、1979年和1980年这三年的高考语文试题中出现过。(5)问答题。问答题一般被囊括在阅读题中出现，借此来考查学生阅读分析文章的能力。(6)文言文翻译。1979年至1983年高考语文试卷所考查的只是简单意义上的文言文翻译，同时穿插进去有限的标点、释词等考查内容。而1983年后的高考语文试卷中，在文言文翻译中还增加了默写古文这一题目，对文言文的考查越来越趋向于全面，而且1984年开始，文言文翻译题目作为一个独立的部分出现在试卷中，并且占有一定的比例。试图从各种角度用各种题目形式来综合考查学生文言文的阅读理解能力。从1984年开始，文言文阅读题量有明显的增加。(7)作文。作文注重与社会生活的联系，政治色彩淡化，主要特色就是引导考生放眼世界，关心当代重大事件。尤其是1980年的《画蛋》有感，把全国高考作文命题带到了一个新的水平，考生不仅需要合格的文学水平，而且还需要一定的世界史和艺术知识。这一时期，命题作文还占主要地位，但是材料作文也崭露头角，如 1983 年的作文题。

纵观这一时期的语文高考试卷，以主观题型为主，覆盖面窄，偏重于知识；考题缺乏区分度、信度、效度；阅卷工作量大，评分误差严重。虽然这一时期重视基础知识的考查，而且考查内容更为全面和深入，但是每年考查的内容都不尽相同。出现频率较多的题型有拼音、词语、文学常识、语法、现代文阅读和文言文阅读的考查。这一时期题型与具体题目的界限分不清，而且每年的题型、分值不定，从 1984 年开始对题型和具体题目开始整合，1984 年分为三大块，分别是现代文部分、文言文部分和作文，1985 年分为三部分，分别是语文知识及运用、阅读、作文。由于语文考试已经严重影响了考题的区分度、信度和效度。于是国内一些心理与教育测量专家发出了改革现行高考的呼声，主张高考应实行"标准化考试"。

这种状况产生的原因是多方面的。(1)从社会背景看，当时十年浩劫刚刚过去，在重建新时期教育理念时人们没有达成共识。人们充满革故鼎新的强烈愿望，但受制于极左思维和政治记忆，从事高考命题的人员既想对"文革"前的命题方式有所改变，又畏首畏尾，非常谨慎，加之经验不足，因此每年都试探性地更换一些具体的题目和题型，这使得那几年的题型和具体题目游移不定。(2)从语文学科本身来说，频繁修订中小学语文教学大纲，如 1978 年颁布的《中小学语文教学大纲》，1980 年、1982 年都修订过这个《大纲》，1986 年算是有了一个"正式"的《大纲》，《大纲》频繁修订，也使得参与高考语文出题者把不准政策，使得在题型和具体题目上出现不定的现象。再加上到 1985 年为止国内可借鉴的语文高考经验不多，教育经费投入少，研究者们无法大规模投入试点实验；引进国外考试经验又比较少，对高考语文的研究还处于"摸着石头过河"的探索阶段，这也是导致语文题型和具体题目"不定"的重要原因。(3)经过十年浩劫，学生的学业不同程度荒废，要对他们进行选拔，最初只能考查他们的知识水平，能力的形成不是一朝一夕的事，需要一个培育过程，高考语文题型和具体题目的设计也就需要相应地不断"跟进"。

四、1986 年到 1999 年

——追求科学化、现代化的高考

由于学科发展的需要和考生的不断增多，为增加考生公平性的砝码，我国为推行高考科学化的进程势在必行。1985 年在广东省首先进行英语、数学两科的高考标准化试题。标准化考试主要以客观性试题为主，评分标准不存在人为因素，便于学生公平竞争。而且标准化考试试题量大，覆盖面宽，能比较全面地考察考生对教材的掌握情况，同时也能较好地防止猜题、押题等弊端；将学生的注意力引导到掌握教材的基本知识及基本理论上来，真正发挥高考试题的真正作用。1986 年开始，语文高考试题绝大多数题型以选择题和填空题的方式出现，文言文翻译和现代文阅读中的问答等主观题共占 19 分。除 1986 年的题量较 1985 年少外，题量和难度基本是逐年增加。1986 年后满分分值为 120 分。1993 年(包括 1993 年语文高考试题满分为 150 分)葛云杰在《十年语文高考标准化测试的反思(上)》[①]中将我国语文高考标准化的推行大致划分为 3 个阶段：第一阶段(1987—1990 年)为试验期，第二阶段(1991—1992 年)为探索期，第三阶段(1993—1997 年)为发展期。在第一阶段，高考卷分为广东卷和全国卷两种，从 1987 年到 1990 年四年中，广东省语文高考试卷分为两部分，第一部分全是客观题，用答题卡，电脑阅卷。第二卷主要是写作题或有多项选择题和翻译题，主要是人工阅卷，广东卷的客观题一直占绝对主导地位。但是 1987 到 1990 年的全国统考卷客观题有下降的趋势。第二阶段，"三南"卷(即湖南、云南、海南三省的试卷)和全国卷的客观题题量均在减少，主观题的分值在稳步增长，并在《考试说明》的规范下保持题型与主客观题比例的相对稳定。第三阶段，在总结前两个阶段经验的基础上，从 1993 年开始，语文考试均为全国统一出题，客观题与主观题的比例从 1994 年开始每年基本保持为 3∶7，1994 年和 1997 年两度修改了《考试说明》，从考试的性质、内容、形式到能力层级都做了明确细致的规定，试卷的长度、题型、主客观题的比例基本稳定，主观题的解答得到重视，语文标准化测试逐渐走向成熟。

语文标准化考试实行后，高考语文试卷有以下变化：

1. 弱化了语法知识，强化了对语言实际运用的考查。如 1993 年的 25 题，1994 年的 29 题、30 题，1995 年的 25 题。

2. 弱化了文言文知识，现代文阅读试题难度增大。试题阅读材料综合性增强，与识字知识、文学常识等语文内容的其他要素进行了整合，同时也注意与相邻的学科渗透，因此学生不能单凭死记硬背解答试题。如 1990 年到 1992 年，以 1990 年国家教育委员会颁发的《全日制中学语文教学大纲》修订本的内容为准。而从 1993 年开始颁布了新的高考方案，现代文阅读约占 25%，古文阅读约占 15%。

---

① 《语文函授》1998 年第 2 期，第 38—41 页。

3.弱化了作文的单一练习，强化了“一题多作”的多项写作训练。而且为避免人工阅卷的主观随意性，国家教委考试中心科研“高考作文评分误差控制”课题组也在1987年宣告成立，1990年它对江西文科考生进行了大规模的调研，1991年扩大到江西、河北两省考生，1992年又作了一些补充调研试验，进行了初步总结，该课题组的研究结果显示作文应由两人分别评阅，在两人给出的分数有小的差距时取两人所评分数的平均值，超出一定幅度时由评卷组讨论确定。

客观评价标准化试题，就会发现标准化试题有着鲜明的特点和独特的优势。1.标准化试题取样范围宽，弱化了课文内容，强化了向课外的扩展与迁移。如1990年全国卷的第1题从形、音、义三个方面“全方位”地考查学生对龟裂、拮据、冗长、执拗、氛围、肖像等16个词语的识记与理解。2.标准化试题评分简易、客观、公正。1987年广东省5个科目的44万余份试卷，仅用2台机器，28人工作12天就全部评完。1989年广东省语文高考成绩全卷误差为4.3分，其中作文为3.8分，翻译题为0.3分，填空题为0.2分，共占总分的3.6%，而选择题的误差为零。

当然，语文标准化考试也有其不足之处：1.因为追求标准，题目要求过于苛刻。如1998年普通高等学校招生全国统一考试语文卷第Ⅱ卷的第四部分：这一部分印出了宗璞的一篇短短的散文《报秋》，并依此设计了四道考题。其中第一题和第二题是这样设计的：(1)作者为什么吃惊？（不超过8个字）(2)联系全文看，作者为什么怅然？（不超过10个字）这样学生被限制得太死，没有太大的发挥余地。2.不符合语文教育的规律。标准化试题追求科学，而语言文字并不仅仅是传达意思的工具，它更构成我们感受、理解和想象的世界——包括我们自身——的基本形式。更何况情感是无法用标准化试题来“测定”的。因此语文教学评价不可能存在完全意义上的“科学化”。

从1990年开始高考语文试卷分为Ⅰ卷和Ⅱ卷，第Ⅰ卷是客观题，占40分。选择题型既是对以前高考试题的多个题型的整合，也是对以往具体题目的整合。基本涉及字形、词语、成语、句子、文学常识、材料分析、语法等语文基础知识。如1999年第一大题第1、2、3、4、5、6、10等小题即是对现代文的字、词、句等方面的全面考查；第8、9小题是对文言文的考查，第7小题文学常识的考查涵盖古今中外，题量大，内容都是丰富无比的。因此，考生要答好这一类型的题目须有大量基础知识的储备，需要将所学的语文知识和技能进行整合运用。

第Ⅱ卷为主观题，共80分，在第Ⅱ卷中包括作文和阅读，作文占50分，阅读占 30 分。阅读题主要包括现代文阅读，对文言文阅读能力的考查放在前面的客观题中进行。除 1989 年的试卷现代文阅读和文言文阅读均以选择题的形式出现外，从 1990 年开始均在第Ⅱ卷出现。在这之后，基本上高考语文试题都沿袭这一模式，只是在具体题目上有些变化。但是 1998 年的高考语文试题取消了Ⅰ卷和Ⅱ卷的分法，使得主观题和客观题并存。1999 年又恢复分为Ⅰ卷和Ⅱ卷的模式。第Ⅱ卷中还有作文。标准化考试实行以后的作文，加强了对考生想象力、创造性思维和逻辑性思维等能力的考查。以想象作文、给片段加以设想、补写文章后续内容为主要形式，有时也考查议论文的写作能力。如 1991 年考的作文构思巧妙，既有形象思维的小作文，以发挥考生的想象；又有发展考生逻辑思维的辩证论题，近墨者黑和近墨者未必黑，从多角度检查考生的才能。1992 年全国高考语文试题则表现得更为全面，考生可以用三种思路进行描写。

语文高考试卷的现代化追求与科学化追求同步，主要体现在机器阅卷上，机器阅卷不但节省了大量的人力、物力和财力，而且更加公正、公平。另外高考试卷的现代化追求还体现在以计算机为核心的信息技术在考试管理中的全面应用，如管理考生信息、编排考号、统计分数等方面。

另外，由于考虑到各省(区、市)教育资源的差距和学生素质的差别，1993 年开始试用分省出题，先是北京、湖北等六省市试用自主出题，为 2000 年以后形成全国统一试题和各省(区、市)自主试题并存模式的推广开辟了道路。

总之，这一时期高考语文试卷的命题对学生的考查更加科学化和现代化，对学生的考查范围以考查学生的语文能力为主，从题型到具体题目都较为固定。这显然与改革开放的纵深化发展、教育思想的日益明确成熟、对课程的性质、教材、教学、高考试题题型和具体题目等的研究日趋深入有关。具体说来，有以下几个原因：(1)从大的社会背景看，改革开放日益向纵深化发展，“百年大计，教育为本”理念深入人心，高考作为日常教学的指挥棒，它的改革首当其冲。1982 年开始，我国派专人出国考察外国的考试制度，大胆引进国外先进的考试模式，与我国的实际相结合。1983 年中央出台文件明确要求考试要追求科学化与现代化。1985 年起，考试的理论研究也日趋深入。各学科成立了专门的命题委员会，对每年试卷的信度、效度、区分度进行研究，为下一年的高考命题提供了有力的证据，为高考追求科学化和现代化提供了必要的保证。再者，随着我国国力的增强，人民生活水平的不断提高，教育制度日渐完善，日常教学走上了正规化道路，学生的主要精力就是学习；随着学生的增加，为给学生提供公平的竞争环境，追求高考的科学化与现代化也刻不容缓。第三，随着我国教育的发展，日常教学的任务就是提高学生的学科能力，为高考将重点转向考查学生能力提供了物质基础。②从语文学科的发展看，这一时期经历了中小学语文教学的三次课程改革，大家基本达成共识：强调语文学科的工具性和人文性，在教学中注重学生语文基本素养的培养，重视语感和语境意识的培养，重视阅读习惯的培养，也就是说更重视语文的运用性。这都为高考语文命题工作提供了信息，随着改革的逐步深入，语文高考命题越来越重视学生能力的考查。再者，1990 年语文学科成立命题委员会，这些研究人员对语文高考命题的研究更为细致，对每年试卷的考试结果均作大量的调研，尽量做到不让学校为追求升学率而猜题押宝，做到既能保证高考试卷的公平性，又能真正考查学生的语文能力。

但是，由于语文学科的人文性很强，而这一时期标准化考试中考生在答选择题时不能自由表达自己的观点，创造能力和文字表达能力发挥不充分，不利于训练学生的求异思维和发展思维。这为以后的高考语文改革中主观性试题越来越多埋下了伏笔。

五、2000 年以来

——多元命题方式并存的高考

1997 年第 11 期的《北京文学》在“世纪观察”栏目刊登了三篇署名文章，《女儿的作业》(邹静之)、《中学语文教学手记》(王丽)和《文学教育的悲哀》(薛毅)，引发了 20 世纪末一场众所周知的语文教育大讨论。这次大讨论触及语文教育的方方面面。1998 年，在实行语文标准化考试十年后，乘着语文教育大讨论的东风，语文教育界的人士对语文标准化考试也进行了反思。反思的结果是反对的多，赞成的少，这促成了语文考试新的变革。

早在 1998 年 3 月全国人民代表大会和全国政协大会期间，代表们围绕高考的争论十分激烈，有的代表甚至强烈主张取消高考。于漪在 1998 年《人民教育》第 6 期上发表了题为《标准化试题把语文教学引入了“死胡同”》的文章，认为“各种各样的标准化试题，形式五花八门，恰恰把语文的本质掩盖了”。1999 年周正逵在《课程・教材・教法》第 3 期上发表了《把语文教学从标准化考试的束缚下解放出来》的文章，他认为标准化试题不适合语文考试：因为标准化试题“只适合考查求同思维，不适合考查求异思维；只能考查思维的结果，不能考查思维的过程；经常用符号标记代替操作，很难反映语言的实际运用能力”。蔡澄清在 1999 年的《语文教学与研究》第 6 期上发表了《语文高考与教学改革》的文章，他认为：“由于推行标准化考试，主观题的减少和客观题的增多，强有力地在指挥和影响着语文教师的教学，语文高考复习和日常语文教学中的问题不但没有减少，而且问题越来越多，严重地影响着语文教学的改革。”1999 年 6 月的《中国青年报》刊登了北京大学中文系研究生张智乾的一篇题为《难忘去年高考阅卷》的文章，该文通过学生答案的丰富多彩来反衬标准化试题的弊病。余昱在《学术论坛》2002 年第 5 期上发表《对语文考试话语范型的重新解读——从文化研究的视角剖析》一文虽然不否认语文考试存在的合理性，但是认为“语文考试不是一种可预测目的的实现”“语文考试不是一种可控制内容的施行”“语文考试不是一种可计算结果的得出”。

当然也有为标准化考试正名的人，虽然人数不多，但其论见却很有说服力。如唐忠诚曾在《考试报》2000 年第 5 期上发表题为《为语文标准化考试鸣不平》的文章，他认为标准化考试可以提高中考、高考试题阅卷的准确性、公正性和公平性，通过改进可以为中国的考试服务。2005 年鲁子问在《湖北招生考试》第 6 期上发表了《中国标准化考试的死去与活来——标准化考试的政策性分析》，认为标准化考试是一种强调试题编制、试题答案、考试实施、分数评定等科学化的考试。标准化考试的核心是客观性。在我国人口众多的情况下，有必要实行标准化考试，但是没必要将标准化考试作为考试的唯一方式。

在对语文标准化考试的种种责难下，从 2000 年开始，教育部逐步加大了对中考、高考改革的指导力度：2000 年 3 月印发了《关于 2000 年初中毕业、升学考试改革的指导意见》，随文附发了《1999 年全国初中毕业、升学考试评价报告》，并且之后每年都要出《全国中考毕业、升学考试评价》中的语文试卷评价报告。在新一轮的语文课程改革中还对考试做出了较为合理的建议：如《全日制九年义务教育语文课程标准》(试验)明确指出：“语法、修辞知识不作为考试内容。”而且，基于“语文学习具有重情感体验和感悟的特点”的认识，该课程标准在“评价建议”中“突出语文课程评价的整体性和综合性”，指出“量化和客观化不能成为语文课程评价的主要手段”。语文评价“不仅是为了考察学生实现课程目标的程度”，而更重要的是要“有效地促进学生的发展”“要从知识与能力、过程与方法、情感态度与价值观几方面进行评价，以全面考察学生的语文素养”，并强调要重视形成性评价。“实施评价，应注意教师的评价、学生的自我评价与学生间互相评价相结合。加强学生的自我评价和相互评价，还应该让学生家长积极参与评价活动。在评价时要尊重学生的个体差异，促进每个学生的健康发展。要综合采用多种评价方式，考试只是评价的方式之一。”

在新的课程标准的理念下，中考与高考的语文试题在内容上有了较大的变化：

1.突破了“基本课文”的束缚，由考察烦琐的知识点向考察语文综合能力转化，重视应用，重视“语文素养”的培养，这样的结果使语文考试主观题的比例明显上升，如2003年语文中考、高考试卷，所考内容绝大多数取自课外。又如，2003年各地中考语文试卷中阅读部分的题型全部为主观题，占试卷总数的85%之多。再如，2003年全国高考“语言基础知识和语言表达”第一大题中的第6小题，命题出于“语意明确”这一考点，渗透了“新闻标题”这一元素。

2.阅读难度有加大的趋势。阅读理解试题的层次提高了，复述性理解的题目大大减少了。试题的综合性提高了，选材的面更为广阔。

3.作文的开放性更大，或关注社会热点或贴近学生的实际生活。如中考作文降低了审题难度，淡化了文体意识，写作方式更为多样化。2000年江苏省南通市的中考作文题的题目就是以自己在“五一”放假期间的具体生活经历、感受为内容，写一篇文章，题目自拟，文体不限。又如2000年福建省的大作文题：“爱游戏是孩子的天性，游戏有益于身心健康，有利于增长见识，……在游戏中，你也许有与伙伴吵嘴的经历，也许有与伙伴合作的经历，……请你以游戏为话题，写一篇文章，文体不限，题目自拟。”另外，评分更加强调人文性，如2005年在华东师范大学举行的“2005文化神州语文教育论坛”中，与会代表曾建议：“默写题的设计是否可以这样考虑：(一)要求背诵默写的诗文不限于若干名句，应着眼于整段、全篇，有的是其中的几个段落；(二)明确列出要求默写的篇目，命题时有关默写的题目不超出这个范围；(三)默写题的题型也要有变化；(四)必要时这部分试题的题量可以适当增加，分值也可以提高。”[①]再者，试卷追求简约化、个性化、综合化也是一个发展趋势，尤其是要加大试卷的区分度。

为使考生的竞争更加公平、公正，在“教育部统一高考，分省命题”的政策的指导下，2000年起国家开始在全国推广分省考试制度。为选拔出更符合高校教学理念的人才，为适应高校对人才的不同需求，从2003年开始，语文高考试卷打破了全国统一命题的局面，出现了全国统一语文试卷、各省自主

① 华东师范大学语文教育研究中心：《课程改革与语文高考——“2005文化神州语文教育论坛”综述》，《语文学习》2005年第4期。

命题的地方性试卷和招生学校自主命题的语文试卷三足鼎立的局面。从总体上看，这三类试卷更加突出了对学生语文能力和语文素养的考查，强调学以致用，注重理论联系实际，试题体现出了基础性、多样性和综合性。现以全国统一命题试卷为例，说说这些试卷的共性特点：

（1）主观题逐渐增加，客观题逐渐减少。以文言文阅读的考查为例，第Ⅰ卷中文言文阅读题在大趋势上是分值逐渐降低。从2000—2001年的六题18分到2002—2003年的五题15分，再到2004年的四题12分，2005—2008年则成了三题9分，2009年的全国卷又有上升趋势，共六题18分。但是在第Ⅱ卷，文言文考查分值在增加。比较明显的表现是从2002年开始，并且分值呈逐渐增大的趋势。从2004年开始在高考语文试题中增加了文言文句子翻译，这一部分的分值从5分提高到了10分，2009年普通高等学校招生全国统一考试语文卷（全国卷Ⅰ）中的第Ⅱ卷文言文考查占23分，考查学生的翻译、阅读理解和背诵能力。

（2）考查能力的内容增加，考查知识的题型减少。语文高考试题增加了许多考查能力的考点，减少了许多考查知识的考点。增加的考点，如第Ⅰ卷第一大题从2001年之后增加了语音考点，如2004年湖南高考试题增加了多音字的考查。2002年开始，还增加了“默写名句名篇”的考题，“篇”的背诵比“句”的记忆更有利于促进学生的文化积累，也有利于他们今后在说、写中的灵活运用。也取消了许多考点。如第Ⅰ卷第一大题取消了文学常识等三个考点。个别题型昙花一现。在第一大题中有两个小题曾经在这九年的高考试题中如昙花一现，只存在了一年，一种是2003年中的“新闻标题中的语意”辨析题，一种是2004年中的标点题。再如从2002年有三种题在第Ⅰ卷中再也没有出现过，即文学常识一道，古诗赏析和现代诗赏析三道题。

（3）高考语文试题中的知识考查更重基础性。虽然基础考查题减少，但从试题的分布上我们不难看到，试题知识考查的综合性增强，要求学生们在基础知识的学习中不得有丝毫马虎。再看文言文阅读题的考查，翻译句意一题从客观选择题变为了主观形式的题目，这可以说是一种将基础与能力结合起来考查的选择，一道句子翻译，既要求考生弄清其中的文言虚实词的意义，又要做到“信、达、雅”，在理解词义的基础上用通顺、流利、准确的现代汉语将文言文句子的句意表达出来，这样的题目没有扎实的基本功是万万不能很好完成的。

（4）在作文考查中，更重考查学生的能力，评价更具人性化。2000年以来占主导地位的是话题作文。从作文体现的内容上，所涉及的材料越来越具有生活性，题目与考生的生活紧密相连。如2000年的“答案是十分丰富多彩的”，2002年的“心灵的选择”这样的话题，2006年全国卷Ⅱ中的关于“国民图书阅读率的调查”，2008年写对“5·12”地震的感受。2009年全国卷Ⅰ高考作文采用提供材料的作文命题形式——小动物学游泳而引发的评论等。话题作文减轻了学生审题的难度，便于学生要充分发挥自己的写作特长。从评价上，分为基础等级和发展等级，在基础等级的评价难度降低，如2000年以前的最低要求是“准确全面地理解题意”，2000年以后只要求“符合题意”就可以了，另外，在对文章语言和文章的结构要求也有所降低。发展等级的评价难度升高，这样既可以控制得高分的学生，也可以真正使有能力的学生脱颖而出。但是话题作文容易使学生抄袭和套写，使得话题作文考查考生水平的真实性已大打折扣。尽管2006年开始出现了材料作文、命题作文和话题作文并存的局面，但是占主导地位的仍然是话题作文。

地方性语文试卷除了体现全国语文试卷的命题精神外，还有一个更为突出的特点就是：突现地域特色。地方特色主要表现在以下几个方面：①考试材料的选择上注重地域特色。尤其是在文言文、现代文阅读材料中，各地的自然社会、人文资源，均纳入选材视野，或为该地名人名作，或内容涉及当地名山大川或当地政治、经济、历史、文化等，考查学生的综合素质，激起学生的文化认同。如2004年湖北卷采用湖北籍作家骆文先生的散文作为现代文阅读题的材料；2005年选用的语料是涉及湖北出土的曾侯乙墓编钟的音乐史的材料。②知识点的考查结合地方特色进行。如江苏除徐州一带讲北方话外，一般都不能将前鼻音in、en和后鼻音ing、eng分开；安徽境内大部分地区的方言不区分舌尖前音z、c、s和舌尖后音zh、ch、sh等，考查这些内容对纠正该地人的语音缺陷能起到很好的指导作用。语用题的设置，也注重结合地方语言特色出题。广东2004年高考对联的上联是：“荔枝龙眼木瓜，皆是岭南佳果”，要求学生对出下联，考生一见上联就颇感亲切，文化色彩也很浓厚，下联花草鸟兽虫鱼都可拿来入对；2004年北京试卷第六大题的“语言表达”中的第24题，让考生举出一个北京日常口语词语，并就其形象生动的特点作简要解说。

各高校自主招生命题的试卷，也体现了全国统一试卷的精神，但是更强调对考生多层次智慧积累的综合能力的考查。如2008年复旦大学自主招生语文试题中有这样一道题目：鲁迅《月界旅行》七回：“那麦思敦更觉气色傲然，或饮或食，忽踊忽歌，大有‘此间乐不思蜀’之意。”与句中“乐不思蜀”构成反向意义的是哪一个词？（从流连忘返、饮水思源、乐而忘返、乐不可支四个词中选一个)。从表面看,是在考察学生对成语的掌握;实际上,是在考察学生是否能理解词语的语境义。又如:2009年北京大学自主招生的语文试题:“度日如年”,曲解为日子过得快乐得和过年一样,让考生再想两个曲解成语的例子。另一题是对对联,上联是“博雅塔前人博雅”,要求对出下联。

总之,从2000年以来高考语文试题具体题目和题型的变化中,不难发现语文试题越来越重视学生能力的考查,而且考查形式趋于多样,便于学生发挥特长。其原因大致有以下几点:(1)在全球化进程中,中国逐步与世界接轨,国家经济文化建设日益需要听说读写综合能力强的复合型人才,作为中小学语文教学指挥棒的高考语文试卷,重视能力成为必然。(2)从语文学科自身发展来说,世纪末的语文教育大讨论使人们对语文学科的性质重新定位:语文学科是工具性与人文性的统一。明确了语文教学的任务是重在提升学生的语文素养,是对知识和能力、方法技巧、情感态度与价值观的三维构建,语文学科的任务是培养会用语言的人而不是语言学家。人们对语文学科进行了重新定位后,语文学科工具性和人文性的统一性质得到认同和自觉奉行,语文教学和检测日益重视学生能力的培养,这势必影响高考语文的取向。

纵观语文测试的发展历史,不难发现,语文测试史在很大程度上乃是中考或高考模式、理念、规则的发展史,而大量的日常测试也正是为中考或高考服务的。语文测试的发展史也是一部考试科学化的探索史。影响语文测试的因素是众多的,语文考试要顾及的问题也是多方面的,如在考试中如何体现语文的性质,如何使考试确保考生机会均等,如何通过考试选拔出对社会有用的优秀人才,等等。要想使这些问题在考试中均得到完美的解决,也确非短时间所可奏效。

第四章　百年中小学语文教材建设浅析

——以分编与合编为例

语文教材是语文教育的重要凭借，历史上的语文教材可以说是语文教育发展历程的“化石”。语文教材的演化历史深刻地反映了我国语文教育发展的历史轨迹。语文教材的演化体现在两个方面：一是教科书内容的变化，二是教科书编排形式的变化。教材的分编与合编现象反映的是语文教材发展过程中编排形式的变化，它体现出人们对语文教材内容认识的变化。因此，本文以分编与合编为经线，以教材发展变化的历史为纬线，梳理语文教材的发展演变过程。

合编型语文教科书指的是将培养学生语文能力的内容综合编排在一起的教科书。合编型教科书往往以听说读写能力中的一种为主体，兼顾其他方面，因此又可以分为范文选编型、主次配合型和综合组元型教科书。范文选编型教科书是中国传统教科书的主体，是古代语文学科发展的产物。主次配合型教材是在一本教科书中将各项教学内容有主次地合编在一起的教材。有以培养阅读能力为主，穿插配合其他的；有以培养写作能力为主，有机配合其他的；有以传授语文基础知识为主，相应配合其他的。综合组元型教材就是在一个单元中包容了范文阅读、写作和听说训练以及各种相关知识的讲授等多方面内容，这些内容相对独立，在特定的教学目标制约下彼此沟通，彼此联系，形成读写听说综合训练的整体。后两种教材是现代语文教育发展的产物。合编型教科书（特别是后两种）有利于兼顾语文知识和语文能力训练的各个方面，有利于听说读写的相互促进，有利于全面提高学生的语文素养。但综合组元型教科书头绪繁杂，因此在教学时很难兼顾各项内容，无法真正达到预期目标。

分编型教科书指的是按教学内容的不同种类而分编成自成体系的教科书。分编型教科书又有“两分法”和“多分法”的区别。两分法，就是把教学内容分别编制成两套教科书。如文白分编，将文言、白话两种不同语体的文章分别编入不同的教科书。多分法,就是把教学内容分别编制成三种或三种以上的教科书。如将语文教学内容归纳为阅读、写作、听说和语文基础知识四项,按这四项分别编制阅读教科书、写作教科书、听说教科书、语文基础知识教科书。分编型教科书的知识讲授系统性强,能力训练目标明确,有针对性。但分编型教科书由于科目繁多,难以驾驭,容易顾此失彼,单科独进,从而使学生失去学习的兴趣。而且分编型教科书容易造成各大系统知识的割裂,使学生难于形成整体性的语文知识体系,进而影响学生语文能力的全面提高。

我国近现代语文教材出现分编和合编情况共四次,分别是民元时期、新学制时期、解放初期、20 世纪 80 年代以后。

一、民元时期的"分编"与"合编"

——为语文学科的发展指明了方向

我国古代实行的是专制主义的中央集权政治制度,经济发展主要以单一的小农经济发展为主。在这样的政治、经济背景下,崇尚的是精英教育,在组织形式上以私塾和封建各级官学为主,发展教育的目的是为维护封建统治,主要对人们实行精神统治。在这种政治、经济发展背景下,不需要分科教学。因此,在我国古代,没有纯粹的语文教育。

19 世纪末,随着西方机器大工业的生产模式强烈冲击我国的小农经济模式,西方文化对中国教育的影响也越来越大,西方文化的理性精神和实证态度在一定程度上弥补了中国传统思维方式的不足,也推动了我国文化分化和学科分离。可见,我国现代学科分化是受欧美学科建制影响的直接结果。

1904 年清政府颁布了《奏定学堂章程》,这标志着语文正式脱离了经学、史学、哲学以及伦理学而走向独立。这时人们对语文学科的认识非常模糊,不知道语文学科应该教什么,用什么样的编写形式呈现所教的内容,对语文学科的探索处于摸索阶段。这从当时出版的教科书的混乱状况中不难看出。如《最新国文教科书》(商务印书馆,1904 年)关注科学新知,所选文章注重思想性,推崇儿童爱国品性的作品较多,在书中也出现了分课教学建议、每课的教学时间建议等,集教材与教学参考书为一体。1907 年由章士钊编辑而成的《中等国文典》主要选择语法修辞上较为典范的文章,重点讲的是文言语法。1909 年由林纾编选的《中学国文读本》内容注重古代作品的经典选读,在每一篇选文中适当加注,优美处划圈,顶部加批。在编写形式上也非常混乱,如 1904 年由蒋维乔、庄俞编写,由商务印书馆出版的《最新国文教科书》按学年学期编写,1906 年陆基编的《初级古文选本》和潘博等编的《高等国文读本》按学年编排，由林纾编选的《中学国文读本》则按学期编排。这样的状况直到1912年民国成立后才有所改变。

1912年，南京国民政府教育部颁布了《小学(1906—1907)国文国语校教则及课程表》和《中学校令实施规则》，较为清晰地指出语文学科的内容，为语文学科的发展指明了方向。如1912年由刘法曾与姚汉章编的《中华中学国文教科书》，1913年商务印书馆推出的《共和国教科书国文读本》，1914年中华书局出版的《中学校适用新制国文教本》，1915年中华书局出版的《国文教本评注》，等等。这些教材的编写兼顾了文字深浅、文章体裁和时代先后这三种因素。尤其是1915年由谢无量编的《国文教本评注》(中华书局出版)突破了旧式文选型教材单纯以时代为序的编排形式，兼顾时代先后及文字深浅两个方面，并尝试以文体分编。当时，为了适应语文教育法令中兼习文字源流、文法要略和文学史的要求，各种相关的语文知识教科书也应运而生，如《中华中学文法要略》(商务印书馆，1913年)、《文法要略》(商务印书馆，1915年)等。它们是专为中学语文教学编写的最早的一批语文知识教科书。可以说，民元时期是我国中学语文教科书"合编"与"分编"形式出现的最早时期。

可见，这个时期出现的语文教材"合编"与"分编"形式，实际上是大工业时代现代性思维模式影响的结果。如果说1904年的学科分化为语文教材的发展提供了可能，那么，1911年的政体革命就成为语文教材发生质变的催化剂。1912年民国成立后，随着资产阶级民主共和国的建立，精确性、严密性的近代科学思维方式取代了模糊性的传统思维方式，正是在这种思维方式转型的影响下，我国语文教材也自觉地追求细化，追求细化的结果是促使人们对语文学科的认识越来越清晰。正如1912年的《中学校令施行规则》所规定："国文要旨在通解语言文字，能自由发表思想，并使略解高深文字，涵养文学之兴趣，兼以启发智德。国文首宜授以近世文，渐及于近古文，并文字源流，文法要略及文学史之大概，使作实用简及之文，兼课习字。"可见，这时对语文教学内容的界定较为全面，既涉及语言方面也涉及文学方面，而且意识到语文教学内容的呈现要有一定的方式和顺序。当时，思想相对保守的人主张"合编"，思想相对新潮的人主张"分编"。"合编"和"分编"的存在和竞争客观上有利于促进我国学者对语文学科发展的科学性的探索，解决语文学科建设的宏观、战略层面问题，指明语文课程应该教哪一种"语文"，为此后的语文教材科学体系的建设提供基本思路。假如将20世纪50年代前的语文教材建设的过程比喻成画人物肖像的过程，那么，1904年的语文学科分科就如同有了画人物肖像的意图，而民元初年教材"合编"和"分编"现象的出现则相当于选择画布并画出大体轮廓，而20世纪20年代以后的语文教材建设则是在此基础上对四肢、五官的进一步绘画。所以，我国语文教材建设史上第一次出现“合编”、“分编”现象在语文教材建设过程中具有里程碑的意义。

二、新学制时期的“分编”与“合编”
——语文学科内容的进一步明朗

在19世纪末，不少有识之士意识到书面语和口语分离的不足，于是在1895年编写出了一些白话语文教材，但是白话语文教材长期处于“星星之火”的状态，无法动摇文言文占据语文教育主导地位的状况。在新文化运动前出现的白话文教材主要以翻译古文为主，直到“五四”新文化运动后，在推崇民主和科学思想的指引下，人们意识到语文教育要适应新的形势，必须改革教科书的文体，白话文的地位才得到迅速提升。如蔡元培认为：“窃维吾国今日欲图教育之普及，必自改良教科书始。欲改良教科书，必自改革今日教科书之文体，而专用寻常语言入文始。”①他用发展的眼光指出白话文与文言文的出路：“国文的问题，最重要的就是白话和文言的竞争。我想将来白话派一定占优胜的。白话是用今人的话来传达今人的意思，是直接的。文言是用古人的话来传达今人的意思，是间接的。间接的传达，写的人与读的人都要费一番翻译的工夫，这是何苦来？”“现在应学的科学很多了，要是不把学国文的时间腾出来，怎么来得及呢？而且从前学国文的人是少数，多费一点时间，还不要紧。现在要全国的人都能读能写，哪能叫人人都费这许多时间呢？”②当时持这种观点的人还有很多，在多数学者的呼吁下，教育部修正了《国民学校令》和《国民学校令实施细则》等，确定初等小学纯用“语体文”，并正其科目为“国语”。至此，国语、国文终于合力构成了统一的学科框架，形成了现代语文的雏形。之后教育界人士逐渐编写出了大量反映儿童实际生活、符合儿童语言特点的白话文教材。第一套系统的小学白话语文教材《新体国语教科书》在1919年8月由商务印书馆出版。1920年商务印书馆又出版了《新法国语教科书》，中华书局出版了《新教育国语读本》。接着，大量小学白话语文教材相继出版，“据历届统一会审查工作的报告，民九(1920)审定的国语教科书

---

① 中国蔡元培研究会编：《发起国语研究会请立案呈》，《蔡元培全集》(三)，浙江教育出版社1997年版，第256页。

② 蔡元培：《国文之将来》，《北京大学日刊》1919年11月9日。

凡一百七十三册，民十(1921)凡一百十八册，民十一(1922)约一百册”①。

1922年颁布的具有划时代意义的新学制(壬戌学制)为国语、国文教育的普及提供了必要条件。由于受西方理性主义和实证思潮的影响，教育界在这段时间进行了大量的试验，使得语文教材得到全方位的改革。在小学，当时有三种类型的教材：第一种是纯语体文，如1923年由中华书局出版的《国语读本》、1923年由商务印书馆出版的《新学制国语教科书》、1927年由商务印书馆出版的《新时代国语教科书》四册。第二种是纯文言文，如1925年由世界书局发行的新学制小学教科书《高级国文读本》。第三种是文言、语体混编的教材，如1923年11月由中华书局发行的《新小学教科书国语读本》四册，第一二册全部是用语体文编写，后二册是文言和语体混合；1924年商务印书馆出版了《新学制国语教科书》四册，其中三、四册约有五分之一的文言文。但随着文白之争的不断深入，在小学，国语教材的编写量和使用量逐步占据上风。在新课程标准时期，小学语文教材迅速完成了从文言到语体的转变。

1922年前，白话文很少进入中学语文课本。1920年由洪北平编的《白话文范》(商务印书馆出版)四册打破了这一僵局。“它向一直由文言文垄断的中学语文教科书提出了挑战，迫使编制中学语文教科书的人们不得不面对眼前的现实：要么打开大门，让出一块地盘，请白话文入内；要么依然将其拒之门外……”②新学制后，白话文不但迅速占领初中语文教材，也开始进入高中语文教科书，这时候的中学语文教材也是三种类型，第一种是纯语体文，如1922年由孙俍工、沈仲九编的《国语文读本》六册(上海民智书局)和1924年由沈星一编的《初级国语读本》三册(中华书局)。第二种是纯文言文，1924年由庄适编的《国文》六册(商务印书馆)。第三种则是文言与语体的混编，如1923年由顾颉刚等编写的《国语教科书》六册(商务印书馆)。在这三类书中，文言语体合编的教材多于分编的教材，这时中学合编教材的特点如下：从教学内容上来看，一大批新文学作品进入语文教科书，反映民主思想和科学精神内容的题材作品已经成为语文教科书讲解篇目的主体，充实了语文教材的内容。如陈独秀的《人生真义》、李大钊的《今》、胡适的《不朽》等反映人生问题的文章都被选入了教材。从编排形式上：首先，在合编教材中文言与语

---

① 黎锦熙：《国语运动史纲》卷二，商务印书馆1934年版，第212页。

② 郑国民：《从文言文教学到白话文教学——我国近现代语文教育的变革历程》，北京师范大学出版社2000年版，第121页。

体文的比例原则是：小学的语体文比例占到80%以上。在中学，随着年级的增高，语体文越来越少，文言文越来越多。其次，从体裁上，小学以童话、故事、谜语、诗歌、寓言、传记、游记等为主。如1924年由朱翊新等编的新学制小学教科书《初级国文读本》（世界书局）的第一册韵文占70%，而且材料排列也很活泼，往往把童话、游戏、动作等也编成韵文，勿使错综复杂。初中教材兼顾了记叙文、说明文、论说文、应用文等文体形式。如1927年由王祖廉编的新中华教科书《国语读本》（新民国图书社）的编制原则，"第一学年以记叙文、抒情文为主，第二学年以说明文、抒情文为主，第三学年以议论文、应用文为主"。再次，从编写顺序上，教材考虑到了不同阶段的有机衔接，不少教科书不仅每册、每个学段之间注意内容的连贯性，甚至在一册中各篇课文之间也注意内容的联系。另外，语文教材还注意精美插图的运用，字体书写形式的富于变化，等等。而且这时期的语文教材大多数课后都附有练习，重视学练结合。

可见，这时出现的"分编"与"合编"教材的情况，实际上是"文白之争"的结果。"文白之争"彻底推翻了我国传统文言文与知识精英型的"贵族"教育模式，代之以使用大众的白话文的"平民"教育模式。不但推进了人们对语文学科的重新认识，而且为进一步确定研制语文课程的内容及其组织奠定了基础，明确了语文课程内容应该包括文言文和白话文两方面及其相应的基础知识，并且根据学生的接受能力将文言文与白话文的呈现方式——小学以白话文为主，初中白话文、文言文兼而有之，高中以文言文为主，并使教材的编写由最初的文白"分编"走向文白"合编"，解决了我国语文教材建设中战术层面的问题。在呈现方式上也有了更精细化的安排，具备了现代语文教科书的基本特点，为以后的语文教材建设指明了方向。

从1932年至1949年新中国成立之前，国统区的语文教材建设进入了相对平稳的时期，并逐步建立起了较为完善的教材发展体系。在小学，语体文教科书已经成为主流，并且在编写体制上也更加完善。如1933年上海青光书局出版的《高小国语读本》四册，在每课之后不但有关于内容的问题三四个，而且每册中穿插了五六个语法、文体等语文基础知识。在中学，文言和语体分编的教材越来越少，合编的教材越来越多，随之，人们将教材研究的目光转移到合编教材中文言语体所占的比例、教材的编排体例以及所选内容上。从编写体例上出现了一批代表性的教材：如1932年，赵景深编写的《混合国语教科书》（上海北新书局），所谓"混合"，就是突破传统的文选型而在教材中编入系统的文法、作文法和修辞的知识，使文选和语言基础知识“混合”起来。① 它第一次把系统的语文基础知识引进了语文教材，把基础知识的系统学习提到了重要的地位。又如1933年由傅东华主持编纂的《国文》教科书（商务印书馆），在选文中间穿插编入了系统的习作教材，开创了读写教材混合编制的新体制。而1935年由夏丏尊、叶圣陶合编的《国文百八课》（开明书店）的问世，标志着单元组合这种教材编选模式的进一步完善与成型。

解放区的语文教材建设相对粗糙一些，它们一般以老解放区课本为蓝图进行修订补充，积极适应战争的需要。因此，教材的编写力求实际、精简、集中。这些教材在内容上密切联系生产劳动和边区群众生活实际，密切联系解放战争实际，密切联系儿童的知识经验与生活实际。在编排形式上，注重完善教材的练习体系。他们也非常重视推广白话文，但还没有建立较完善的语文教材体系。

三、解放初期的“分编”与“合编”

——为语文教材的建设提供了经验教训

中华人民共和国的成立标志着我国新民主主义革命的结束，社会主义革命的开始。新中国成立之初，高度政治化的社会形势深刻影响了当时的语文学科建设，这一时期该领域比较大的事件是学习苏联进行汉语、文学分科。从新中国成立初教育界就酝酿分科，到1955年8月，教育部副部长叶圣陶向北京市语文教师作了《关于语言文学分科问题》的专题报告，并将这个专题报告刊登在《人民教育》杂志上。教育部指定北京、天津、上海等地79所学校，从1955年秋季开始在初中一年级使用《汉语》和《文学》课本，分科教学正式开始。汉语教学的核心任务是学习规范的汉语知识，文学教学的核心任务是学习指定的文学作品。汉语重视知识的体系，文学也重视文学体系，使得学生学习任务加重，而在师资方面由于时间太短也未能形成很好的储备。再加上学习内容指定、文章篇目指定、文史“知识”指定、学习方法指定的做法不符合语文教学的规律。1956年12月在国务院第二办公室的会议上，林枫传达了毛泽东等关于古典文学作品不宜太多的指示。1957年4月，根据中宣部陆定一部长的指示，决定秋季开学停用高中《文学》课本第一、二册（高中暂用初三课本）。1958年3月，国务院第二办公室决定停止汉语、文学分科教学。

1958年汉语、文学分科失败后，一些学者对此多有反思，他们在报纸杂

① 李杏保、顾黄初：《中国现代语文教育史》，四川教育出版社2000年版，第140页。

志开展了“古典文学教学的目的、任务是什么”的讨论。1959年，教育部党组在《关于提高中小学语文教育质量的报告》中提出了“在语文教学中注意字、词、句、段、篇结构入手分析课文，边讲解语言文字，边分析思想内容，力求在教学中把思想内容和语言形式统一起来，克服单纯分析思想内容的缺点”[①]的教学方法。1961年，继《关于语文教学目的和任务问题的讨论》后，《文汇报》又展开了“怎样教好语文课”的讨论。此前此后，吕叔湘、张志公等也纷纷撰文，重申语文学习的“技能”性质，语文基础知识的教学和基本技能的训练得到了切实加强。这些人对语文学科的冷静思考促成了1963年《中小学语文教学大纲》的出台。从解放初到1963年，在教材编写方面，增加了反映阶级斗争、有关农业生产和进行劳动教育的课文。在编排形式上，纯文学作品——诗歌、小说、戏剧，日渐寥落，而反应时事的杂文、散文兴盛。

由此可见，汉语、文学分科，从其出台到其终结，自始至终是在中央政府的直接领导下进行的，执行者遵照的是政治命令，不注重科学论证，也不注重实际调查，更不注重借鉴国统区的教学改革经验，而一味地追随苏联，这种不顾我国汉语文教学的独特性，而简单以阶级路线为纲，源于学科本体外的学科建构，忽视了语文学科及教育自身的特点、规律，显然弊病重重，其失败是必然的。但是，凡事都有两面性，这次汉语、文学教材的分科也促使我国在语文学科的建设中建立起了文学教学体系和汉语知识教学体系，告诉了人们应该教哪一些“语文”，为语文学科内部要素的梳理与整合提供了一些思路，为以后语文教材的改革提供了可资借鉴的经验教训。

四、改革开放后的“分编”与“合编”
——语文教材的科学化、人文化探索

改革开放后，国人的思维模式发生了很大转变：从推崇集体至上到承认个体价值；从追求宏大理想到关注小我世界；从强调人定胜天到倡导天人和谐。语文教育改革的取向也由此转变为追求学科发展与人的发展的和谐统一，强调语文学科的发展应该加强基础，培养能力，发展智力，逐步形成了“在统一基本要求的前提下实现教材多样化”的新格局，使我国教材完成了从政治挂帅到学科自觉的转变。为适应这种新格局，出现了合编型和分编型的教材，这时的合编型和分编型教材，不仅仅要解决语文学科应该教什么的问题，也即语文学科的性质问题，而且还要解决语文学科内部各要素之间的组合、

① 张鸿苓等主编：《新中国中学语文教育大典》，语文出版社2001年版，第15—16页。

排列问题，既不同于民元初年的“分编”和“合编”——对语文学科粗浅的认识，也不同于 20 世纪 50 年代的分科——政治盲从，这时出现的“分编”与“合编”，是人们在总结前人经验的基础上，对学科发展理性思考的结果，是对语文课程内容的宏观、中观、微观三个层面的进一步整合和梳理的结果，是对语文教材科学化、人文化追求的结果。从 20 世纪 80 年代后期到 20 世纪末，“分编”和“合编”教材一直并存。

语文学科的具体内容包括识字、口语交际、阅读、写作以及相关知识。合编型教材将语文学科各要素组合在一起，以其中的一个要素为主线，由此分为阅读主线型、写作主线型、知识主线型、多线交织型、自学辅导型等形式。如 1978 年的“人教版”的教材就是一个以阅读为主线的合编型教材，将内容相关的两三篇课文编在一起，组成“准单元”。大多数单元后编有“知识短文”，内容包括文体读写知识和语言常识等。每一册后都编有“附录”，包括汉语拼音方案、常用标点符号用法简表；多音多义字表；汉字形体的演变；语法复习表、修辞复习提纲等。

分编型教材就是将语文学科各要素分开编写，使各要素内部内容成系统地体现，根据各要素在语文学科中的地位分为：阅读、写作、汉语分编型和阅读与表达分编型等。如 1981 年起人民教育出版社组织编写的《阅读》和《写作》（试教本）是初中分编型语文教材。全套书以能力训练为主线，以阅读训练和写作训练为重点（兼顾听说训练），实行阅读教材和写作教材分编，二者各成系统，又彼此照应。1989 年将《写作》更名为《作文・汉语》。人教版还编写了高中分编型语文教材，这套教材摆脱“文选系统”“文体循环”和“讲读中心”为基本特征的传统模式，建立了以“训练系统”“能级递进”和“自学指导”为基本特征的新模式，兼顾了“阅读能力”“表达能力”“思维能力”三方面的分年级训练。

20 世纪 90 年代，我国确立了在统一基本要求的前提下，实行教材多样化的方针，语文教材改革进入了一个前所未有的活跃期，分编型和合编型教材并存，许多教材在编制思想、教材结构、序列安排、教材内容的量和度等方面做了全方位的探索。如北京师范大学编的四年制初中语文课本的合编型教材，对学生进行语文训练尽量做到“序”清、“点”明、合“度”、适“量”。广西教育学院编的初中语文读写训练实验教材以“定性、定向、有序、有格”为编写原则。湖南邓日主编的分科教材、北京刘朏朏主编的写作教材、中央教科所编的分编型教材，均是针对当前中小学生在语文学习中的难点编写的。

新世纪是一个市场经济时代，是一个数字信息的时代，也是一个文化多元化的时代，这个时代的语文学科建设注重“以人为本”，人们深刻意识到语文学科的发展应该注重学科和人的和谐发展，在这样的思维模式的影响下，合编型的教材逐渐占据主导地位，而分编型的教材逐渐退出历史的舞台，追求人与学科的和谐发展是语文学科的真正发展之路，加之市场经济的影响，教材建设出现“百家争鸣”的可喜局面。语文教材从内容上看体现了人与学科的关联：(1)各类教材从内容上紧密与时代结合，关注人与社会的和谐发展；(2)增加人性、心灵的内容，关注人的个体发展；(3)选文符合中小学学生的兴趣，找到了语文教学的捷径；(4)注重各个学段之间内容递进和衔接，注意人的持续发展。从编排形式上看，也注重人性化：(1)教材大多按照主题编排，便于对学生的多角度、多侧面的教育；(2)各种教材的辅助资料齐全，便于学生学习；(3)单元练习设计合理，体现综合性，有助于丰富学生语言积累，提高语文素养；(4)注重学习方法、习惯的培养，便于学生人格的养成；(5)教材版面精美，符合学生的阅读心理。当然，新世纪的中小学语文教材存在许多问题，如温立三就指出当前语文教材存在的问题：“单薄的古代经典；缺失的语文知识；单一的编制类型；分割的阅读写作”①，这些问题是一些微观的“用什么教”的问题，通过大家不断研讨，不断改进，语文教材建设势必走上一个良性循环的道路。吕建生指出了当下基础教育教材建设中的几对矛盾：“计划体制与市场体制的矛盾；编写队伍的专业化与开放性的矛盾；教材的多样化与普适性的矛盾；教材选用与适用的矛盾；教材推广与市场维护的矛盾。”②虽然不是直指语文教材建设，但是也触及了当下语文教材建设面临和应该解决的矛盾。

由此可见，在我国现代语文教育史上出现的四次教材的“分编”与“合编”的现象，均是在语文教育发展的关键时刻出现的，第一次出现是在给语文学科定位的关键时刻，“分编”和“合编”现象的出现促使人们清晰地框定了语文课程的基本内容；第二次出现在语文学科进一步发展时期，是解决确定应该教哪一些“语文”的时期，是语文教材建设的关键时期。第三次出现是要解决语文学科发展应该遵循的规律，如究竟是外在的政治思想可以决定学术发展的道路呢，还是要从学科自身发展的规律出发，以及需不需要借鉴和怎样借鉴的问题。前两次出现都是以一个“点”的形式出现，完成了它的任务即退出语文学科发展的舞台。第四次出现则解决了语文学科怎样科学有序发展的

---

① 温立三：《新世纪课程标准语文教材编制的四大弊病》，《中学语文》2008 年第 31 期。

② 吕建生：《我国基础教育教材多样化建设的思考》，《基础教育课程》2009 年第 3 期。

问题:给语文学科重新定位,认识到人与学科和谐发展的重要性;给语文学科内部各要素重新定位,如语文知识要不要,应该要哪些,综合性学习怎样进行等等问题;对语文学科发展的外部条件进行分析,注重开发语文学科环境,如校本教材的开发、网络资源的开发,等等。因此,第四次“分编”与“合编”的出现是一个“段”,可以说第四次出现教材的“分编”与“合编”,是多元化思维发展的必然结果,有利于语文学科的理性发展。所以说,语文学科的建设以及良性发展是一个不断完善的漫长的过程,语文教材体系建设完善也是一个漫长的过程。在这个发展过程中,既要受到政治、经济、文化发展的影响,又要受到人们思维的影响,还要受到人们对语文学科自身内在规律认识的影响,更要关注人与学科的和谐发展。语文教材体系的建设是各种“合力”和谐发展的结果。语文学科的健康发展也是这些“力”不断平衡发展的结果。

第三编

数字化语境中的语文教育

第一章　传媒时代的语文教育

人类社会在经历了漫长的农业社会和工业社会之后，于20世纪中后期终于步入了以计算机技术和大众传播媒介为支撑的信息文化时代——数字化时代。如果说与前两种社会类型相适应的是特定的传统教育观和传统教育手段，那么，在传媒时代，置身于大众传媒语境中，长期以来行之有效的传统教育观和传统教育手段都显得时过境迁，难以适应新的文化语境和教育发展的新形势。因此改变旧的教育模式，构建与新型的信息文化范型相适应的"数字"化教育模式势在必行。这里，笔者拟结合语文教育的实际，谈谈数字化语境中语文教育的走向问题。

一、问题的提出

我国传统教育方式是与农业社会相适应的，是"手工作坊"方式——三尺讲台—一支粉笔—一张嘴。也就是说，语文教育主要用文字教科书、挂图及教师的大脑等记录、储存教育信息，靠教师口头言语来传输语文知识。在这样的语境下，知识被禁锢在书籍中，而教师成了这个装置的钥匙，因此教师是教育的绝对权威，学生得到的知识与信息完全受教师的控制，教师讲授语文课基本上是全封闭的课堂教学，学生只能靠下工夫死记硬背来完成学业，有相当一部分学生在高中毕业前没见到过课外图书。难怪我国传统教育的座右铭是"书山有路勤为径，学海无涯苦作舟"。在这样的教育环境下，学生学到的是死知识，锻炼的是学生的记忆能力，因此有人认为美国教育培养的是天才，中国教育培养的是傻子。20世纪末出现了功能强大的互联网，导致了空前的信息传媒革命，当网络传播和数字化浪潮"冲击"我们时，人们发现了教育与当今社会发展的不协调。于是对教育提出种种非难，尤其是以工具性为主要特征的语文教育被人们批得一无是处、体无完肤。那么，在当今社会里，语文教育的出路在何处？语文教育如何改革才能与信息社会的步调相一致？笔者认为：要充分利用(后)信息社会的资源——大众传媒，同时，避免大众传媒对语文教育的负面影响。

二、充分利用大众传媒的资源

张冠文先生在他的《大众传媒概论》中将大众传媒分为图书、报纸、期刊、通讯社、电影、广播、电视、互联网、广告等。在这些分类中，除了通讯社是从事采集、加工新闻信息的传播机构，与语文教育无直接联系外，其余传媒形式都与语文教育密切相关。在语文教育中完全可以积极主动地利用大众传媒提供的资源，如可以利用大众传媒丰富的语言材料提高学生的言语能力，可以利用大众传媒“电、光、形、声”浑然天成的形式提高课堂教学的质量，可以利用大众传媒丰富多样的内容扩展学生的知识视野，同时陶冶学生的心灵。

（一）充分利用大众传媒的语言

在我国，报纸出现得很早，报纸使用的语言主要是书面语言，符合语法规则，是学生学习的典范。广播的语言是口语化的语言，但这个口语化并不是自然形态的口语，而是经过提炼加工而形成的准确、通顺、严密、精练、规范的口语化的书面语，鲜活性、生动性、规范性、简洁性是它的基本特点。学生经常听广播，可以形成自己的言语风格。电视、电影的语言是一种语境语言，与人物、画面一起共同来完成表达的任务。学生经常看与他们身心发展一致的电视、电影，除了可以愉耳悦目，陶冶情操，还可以在潜移默化中提高自身口语交际的能力。网络语言具有简约性、新奇性、生动性的特点。广告语言言简意赅、凝练深刻，善用修辞，言说夸张。这些语言学生们都备感兴趣，如能因势利导，不但能调动学生的积极性，把娱乐和学习融合为一，扩展学生的知识面，而且可以在兴味盎然的气氛中丰富学生的口头语或书面语，提高学生的言语表达能力，收到呆板严谨的课堂言语训练难以收到的效果。中小学语文课程标准（或教学大纲）中都一再强调要将学生培养成会用祖国语言文字的人，而在实际的语文教育过程中我们却将这些天然的语言资源拒之于语文教育门外，放弃了事半功倍的语言学习训练机遇，不能不说是一种莫大的遗憾。

再者，广播、电视和电影的话语，对于培养学生听话、说话的能力，增强学生的语感有着积极的作用。中央电视台的李瑞英、鞠萍、王宁等播音员规范、纯正、优美的发音，犹如直观的朗读示范教学，让学生经常收看，久而久之，学生的普通话朗读水平也会受其濡染，潜移默化地日有所进。在课堂外，引导学生充分利用资源，能使学生获得良好的语言学习环境和语言学习楷模，从而大大提高学生言语学习的效率。

（二）充分利用大众传媒的形式

大众传媒中的期刊、电影、电视、广告、网络集“电、光、形、声”于一体，具有包容性、综合性的特点，使得其内容更具形象性、生动性，比单纯的文字刺激更容易引起学生的兴趣，更能加深学生的印象。学生在“阅览”这些传媒的过程中，他们的视觉、听觉同时受到刺激，这大大增加了他们接收信息的数量，也有助于增强学生的记忆力。科学测试表明：从视觉获得的知识能够记忆 25%，从听觉获得的知识能够记忆 15%，而如果视听同时作用，获得的知识能够记忆的可达到 65%。有能力的学校或相关的教育管理机构如果将语文课程中的难点、重点用电影、电视或广告的形式体现出来，或者收集科教片、与课文内容相关的电视让学生欣赏，必定会收到很好的效果。

再者，图文并茂的电影、电视、广告可以丰富学生的想象，激发学生科学探索的兴趣，促进学生分析问题、洞察社会能力的发展。如中央电视台少儿频道的《奇思妙想》《动画片》《名师名校》等栏目，中央电视台科学教育频道的《讲述》《探索·发现》《绿色空间》《大家》等栏目，在学习之余让学生多看看，或让学生在观后将所思所感整理成文或口头表达出来，既可锻炼学生的思维能力，也能锻炼学生的表达能力。

图书、报纸、期刊等主要通过文字传递信息或发表对于事物的看法，读者阅读的过程就是与作者进行心灵交流的过程，尤其是期刊，由于出版周期较长，印刷精美，给读者充分的时间去品味作者所要表达的思想、情感。学生经常阅读图书、报纸、期刊，不但能提高自己的阅读能力，还可以极大提高自身的审美能力，如《读书》《文史知识》《青年文摘》《读者文摘》《儿童文学》《少年报》等报刊让学生多看看，有利无害。

（三）充分利用大众传媒的内容

图书、电视、电影、网络甚至广告都是学生百科知识的“源头活水”，它冲破了语文课堂教学的时空限制，将语言实践无限地延伸至一个广阔的天地之中，其信息量、信息类型都是语文课本无法比拟的，在很多方面填补了语文教材的空白点。充分利用大众传媒的内容资源，可以提高语文教学质量，节省教学时间，提高教学效率，适应个体差异，便于因材施教，提高学生综合性学习的能力。如网上的数字图书馆，内容全面，检索简单，几分钟之内就可以找到自己想要的资料。在语文教学当中，充分利用网络资源既可以培养学生的自学能力，又可以发扬学生的个性，真正做到因材施教。再如电视节目《东方时空》《环球45分钟》《动物世界》囊括了天文地理、古今中外的大量知识，让学生经常收看，并做好笔记，既能丰富学生的知识，也能锻炼学生自学的能力，培养学生做生活的有心人，形成一点一滴收集语文资料的习惯，这一切对提高学生的写作能力大有益处。

20世纪90年代以来，网络风靡世界，为远程教育插上了双翅，更利于语文教育资源的共享。如"非典"时期，北京等地开播了"空中课堂"，让附近学校学生远程收听全国特级教师讲课，在听课过程中，结合特级教师提出的问题，教师与学生一起进行讨论，与特级教师进行互动。假如一位新语文教师从书本中找不到备课的资料，只要上网输入要找的课程名称，就会有许多优质的电子教案供你选择。这些在以往的时代，在传统教学模式中是不可想象的。

同时，这些传媒中优秀的栏目或节目也能使学生受到思想道德的熏陶，便于完善学生的人格。如《新闻联播》《焦点访谈》《神州风采》《成长在线》等栏目，用身边的故事教育学生，比思想品德课上教师的空洞说教更形象、更亲和、更有说服力。若能将这些资源与思想品德课有机结合，势必将极大推进这些课程的教学。

（四）利用大众传媒进行语文教学的成功案例

在利用大众传媒进行语文教学的尝试中，成功者当数史金霞老师和赵谦翔老师了。

史金霞是苏州工业园区星海实验中学语文教师、高中部语文教研组长。从2007年开始，史老师将电影与语文教学紧密结合，创造了别具一格的课堂教学方式。她认为："一部部影片与文本相结合，与现实接轨，与心灵接壤，促进年轻的生命蓬勃发展。"一部杰出的电影，对孩子精神心灵的成长，丝毫不亚于一本经典著作，甚至，对大部分孩子而言，一部杰出的电影，其对精神和心灵的撞击滋养作用，效果更显著。看电影时如果能做到"关注细节，注意铺垫，学会联系，学会比较，体味品悟，领会解读"，那么看电影就会极大促进语文学习，因为观看电影也需要注意、体验、感悟、理解，电影生动多彩的声像世界对学生的冲击力更加强烈直观，看电影同样会锻炼学生的观察能力、分析能力、感悟能力、鉴赏能力，看完电影后同学间进行交流，写作影评和观后感也是语文阅读能力、写作能力提高的重要途径。她选择的电影都是堪称经典的好影片，而且注意将观影和阅读教学有机结合，如在学习鲁迅的《春末闲谈》时，恰好学校组织观看《南京！南京！》，于是她给学生播放《鬼子来了》，让学生比较鉴赏，两个电影形成了鲜明对比，学生的心灵受到了极大的震撼，对课文的理解也更深刻了。

在设计《斑纹》一课的教学时，史老师带着学生观看了法国艺术家的动画作品集《微观小世界》，随后集中交流《斑纹》的读后感和《微观小世界》的观后感，深化了对课文的理解。执教庞朴的《传统文化与文化传统》和马丁·路德·金的演讲词《我有一个梦想》时，她组织学生观看《撞车》，影片中涉及的种族、人性、生活、命运等等诸多问题和《我有一个梦想》的课文产生了共振效应，影片所呈现的文化情境和中国传统文化形成了一种“文明的对话”，也有助于促进学生对多元文化、文化差异的领会。学生刚开始观看电影的时候，史金霞老师是手把手地教学生怎么看电影、怎么思考。史金霞一边看电影，一边注意学生的变化，“密切关注影片播放流程中学舌功能的反应，鼠标在手，眼疾手快，在关键时，暂停，回放，适时追问、激疑、点拨、提示”。边观看边引导学生注意一些关键点，用心思考，并时刻注意联系课本进行分析发挥，以提高学生的阅读分析能力、鉴赏和表达能力，学生考场作文的丰富性、开放性、个性化以及深刻新颖等方面，都有十分明显的助力之效。2010 年，史金霞老师所带的史地班语文均分为全校最高，每次影评都写得很好的李子楠同学，语文总分全校第一。[①]

赵谦翔老师在中学语文教学领域也取得了巨大的成绩，尤其是他早在 1996 年创设的“东方时空感悟课”大胆结合电视新闻节目进行语文教学，收到了很好的效果。赵谦翔老师在《东方夜访花千树——感悟〈东方时空〉》一文中曾回顾说：“每天早晨 7 点整，我便与学生端坐在教室里，津津有味地开始阅读中央电视台这本精致的电视新闻杂志。在这别开生面的课堂上，可敬的敬一丹主持人就成了学生名副其实的导师，而我则变成了地地道道的助教：每周批阅 90 篇观后感。尽管开课仅仅 3 个学期，但学生们的精神面貌和作文水平已经发生了可喜的变化。”“短短时日，实验班发表和获奖的文章已超过 70 篇，更为可观的是每个同学都自编了一本厚厚的《东方时空》观后感文集。”[②]他让学生收看《早间新闻》《东方之子》《百姓故事》《时空报道》等节目，从中自选题材、自定角度、自拟题目，每周书写一篇个人感悟，不仅营造了

---

① 参看静听花语：《将电影引入到语文课堂》，http://blog.sina.com.cn/s/blog_5dc9fdfd0102 dzbm.html；袁卫星：《电影里有“课”——史金霞〈和谐旋律光与影——我这样教电影课〉单元教学点评》，http://blog.sina.com.cn/s/blog_5549d79d0100vxc9.html.

② 赵谦翔：《东方夜访花千树——感悟〈东方时空〉》，《人民教育》1998 年第 4 期。

一种“家事、国事、天下事，事事关心”的学习情境，而且为它所倡导的“绿色作文”引来了常流常新的活水，使学生不必再为“无米之炊”发愁。《东方时空》节目让学生眼界大开，也为学生提供了无穷无尽的作文素材，让他们有感而发写出了《黄河忧思录》《绿化文化沙漠》《京剧发展之我见》《“白条子”谋杀农业大国》《日本妄图改宪意欲何为》《巴以冲突之我见》《由引渡本·拉登想到的》等文章。[1]

三、避免大众传媒对语文教育的消极影响

当然凡事都有利弊，大众传媒在发展过程中日益呈现出多元化的格局，既有面向大众的娱乐传媒，也有面向学者的高雅传媒，即使是高雅传媒，也有适合学生的和不适合学生的。因此，教师在语文教学过程中要严格把关，帮助学生选择适合的传媒，防止由传统的填鸭教学的“人灌”变为信息社会的“电灌”。防止由传统的“照本宣科”畸变为“照屏宣科”。同时要引导学生充分发挥自身的主体性，做传媒的“主人”，远离信息污染，科学使用传媒，具体说有以下几点：

（一）教师要把握好使用大众传媒的“度”

在中小学语文教学中利用大众传媒的资源，适量嫁接传媒信息对学生不无好处，但是，大众传媒对学生的消极影响也不容忽视。首先，大众传媒受制于商业法则，而中小学语文教育则需遵循教育规律，二者存在着异质性，语文教育的绿色世界与大众传媒的花花世界在许多方面有明显矛盾，不能简单地把不完全兼容的两个世界等量齐观。仅就语言学习而言，许多广告词为追求商业效应故作惊人语，或出语低俗，或对成语俗谚进行别出心裁的置换，“随心所浴”“有口皆杯”“骑乐无穷”“晋善晋美”“食全食美”之类的广告词层现错出，容易干扰学生正常的语言学习。其次，大众传媒主要面向的是成人，大众传媒提供的信息鱼龙混杂，有许多负面信息不利于青少年学生的成长，会对其心理健康产生消极影响。再则，大众传媒容易让人产生精神、心理上的依赖感，沉溺其中，甚至成瘾，过量使用大众传媒会损害青少年学生的身心健康。如长期沉湎网际的网虫容易出现被纽约精神病学家戈德堡医师（Dr. Ivan Goldberg）称为“互联网痴迷错乱”（Internet addiction disorder）的退缩

---

① 参看曾经沧海：《诗意地栖居在绿色作文中——清华附中特级语文教师赵谦翔访谈录》，http://tzwzywz.blog.163.com/blog/static/1692537062011930102224736/.

症状，产生亢奋、焦虑、沮丧、绝望等不良情绪，对于自控能力差的中小学生来说，会严重影响他们身心的健康成长。因此教师一定要把握好使用大众传媒的“度”，指导学生限时、限量、科学、合理地使用大众传媒，同时可结合学校实际建设绿色的校园传媒系统，如绿色的局域网等。

（二）教师使用大众传媒要处理好大众传媒与语文教学的辩证关系

大众传媒将文字、影像、音乐、图片融汇为一体，能做到图文并茂、活灵活现、丰富多彩，在辅助教学方面有着不可比拟的优势，合理利用大众传媒不仅能提供多方面的教学信息，优化教学内容，提高教学效率，而且能活跃课堂气氛，调动学生的学习积极性，使教学活动轻松愉悦。教师在使用不同的大众传媒进行教学时，要处理好传媒与语文教学的关系，要明确使用大众传媒是为了辅助教学，它的作用在于将难以用语言传达的情感、特产、景象、抽象的概念等以生动直观的形式展示出来，帮助学生更好地理解课文，而不是仅仅为了形象、生动，不是仅仅为了展示文字、图片、音像、视频的五彩斑斓，因此在教学过程中切忌大众传媒喧宾夺主，分散了学生的注意力，课堂教学热闹有余，意义不大。在教学中对大众传媒的使用一定要服务于语文教学的重、难点的贯彻落实，真正做到辅助教学、促进教学、优化教学、深化教学内容的理解。

使用大众传媒还要处理好大众传媒与传统语文教学方法的关系。传统的语文学科是一门以文字为载体的学科，学生学习语文不仅要领会存在于载体中的思想情感内容，而且要时刻关注它的形式本身——文字载体。语言文字本身有时候是“只可意会”的，语言的学习品味和影像的观赏之间有着明显的差异，语文课文所包含的丰富复杂的意蕴有时是简单的画面无法完全呈现的。如山东省第二届师范生技能大赛中一位学生讲《湖心亭看雪》一文，她采用多媒体教学法，先是用近 20 张图片表现西湖的美景，之后阅读和翻译课文，最后用一幅西湖雪景图代替文中第一段描绘的“天与云与山与水，上下一白”的景色，看似丰富多彩、图文并茂，实际上却干扰了学生的想象、品味和领悟，妨碍了学生透过文字去体味“湖上影子，惟长堤一痕、湖心亭一点，与余舟一芥、舟中人两三粒而已”的意境，把课文内容简单化了。过早、过多地展示图片提供的只是一种现成的答案、单一的标准，限制了学生进行无限丰富多样的遐想感悟的可能，把语文学习这一细致微妙的体悟过程变成了图片观看、看图说话。此外，语文教学的一个重要目的是对语言的揣摩、运用，需要反复诵读,深入品味,细致编排运用,掌握语言技巧,领会言外之意,如果在教学中过分重视声、光、电、色的“视听震撼”,势必会背离语文教学的宗旨。再者教师板书的过程除了展示教学内容外也是对学生的一种引导,其书法水准对于引导学生练好字,珍爱中华民族的书法艺术传统有着潜移默化的积极作用,一味依赖大众传媒进行教学也容易削弱板书和书法的作用,弱化师生间的情感思想交流。所以利用大众传媒进行教学要适度,要有针对性,要防止比重过大,要根据课文内容来选择是否将大众传媒引入教学或在多大程度上借助大众传媒进行教学。

利用大众传媒进行教学时,要根据语文教育的需要合理采集和嫁接大众传媒信息,只有这样才能使大众传媒真正为语文教育服务,起到优化教学效果的作用。例如,可以让学生搜集出现在大众传媒上的错字、别字,相互交流,起到强化纠正错别字的作用。还可以和学生一道结合课文教学,采集与作者、作品中人物、与课文描写内容相关的时代背景材料有联系的文字、声像资料,在课堂上或课后展示,调动学生学习的兴趣,加深学生的印象,深化学生对课文的理解。

(三)多方位出击,提升学生的审美能力

大众传媒是一把双刃剑,它给人类带来了海量的信息、开放多元的生活方式和文化心理,促进了文化的普及,丰富了市井大众的日常生活,也导致或加剧了一系列复杂的社会问题:信息垃圾泛滥、隐私曝光、粗口秀、物欲横流等。这样复杂的媒体效应、社会文化环境单靠语文教师一个人的力量是无法优化的,仅仅靠语文教师去引导教育学生显然是不够的,我们应该积极调动社会、学校和家庭等各方面有利因素,多层次、全方位地为学生培育工作服务,营造良性发展的大众传媒格局,构建青少年成长的绿色传媒环境。就学校语文教师而言,教师一定要给学生提供切实可用的网站,或自己建立局域网,为学生提供丰富的语文学习资料,学生自己也可以发现好的大众传媒,要建立起师生互动的大众传媒资料共享机制,这既可以丰富大家的语文学习资料,也可以监督学生对大众传媒的使用。就家长而言,要发挥家长在大众传媒空间对孩子的监护和引导作用。提高孩子的审美品位,促进孩子的个性发展。这样,语文教师和社会、家庭密切合作,共同承担起教育学生的责任,净化和优化校内校外、课上课下的语文学习环境,引导学生自觉、主动、科学、健康地搜集和使用传媒信息,增强对传媒信息的鉴别能力。

第二章　2011年版语文课程标准修订版中数字媒介意识的缺位

2011年版语文课程标准修订后不乏亮点：如重视给学生减负，更加重视写字教学与书法练习，在阅读教学中更加强调阅读的个性化，在写作教学中强调简化要求，避免条条框框过多束缚学生写作才华的发挥。但是2011年版语文课程标准(以下简称“2011版课标”)仍有诸多不足，难以适应日新月异的数字化潮流的冲击。2011版课标仍停留在印刷文化时代，与数字化潮流格格不入，还缺乏数字媒介转型形势下应有的更为开放新潮的教育理念和意识，有关数字化信息媒体的课程内容仍然严重不足，这样的课程目标和内容显然难以满足数字化时代对中小学生语文素养提出的新要求。可以说，2011版课标从一修订起就已经落后于时代，它在产生之日已有过时之嫌。

一、2011版课标中有关数字媒介的内容解读

2001年，义务教育语文课程标准颁布。之后，2003年，教育部开始组织课程标准的修订工作，在2003年到2010年间教育部对义务教育课程标准实验稿先后组织了三次修订，修订组对29个省、市区的课改情况进行了大面积的调查，征询对课程标准的内容及实验结果的各种意见，2011年3月，基本上完成了修订任务，整个修订过程历时长，各方面基础工作相当扎实，2011版课标较2001版课标的改动有近300处，但是通过比较我们不难发现，对数字化媒体的相关解读却没有实质性的变化，具体体现如下：

(一)前言中有关数字媒介的观点严重滞后

为了解数字化时代媒体对语文教育的影响，笔者曾在2009年至2010年做过问卷调查，调查对象是山东省各市及相关城镇初一到初三的学生。66%的学生认为网络对语文学习的影响最大，其次是电视，再次是电影。现在已经时隔四年多，媒体对学生语文学习的影响有增无减。因此语文课程标准应

该顺应时代语境、文化心理、媒介转型和审美转型，相应地调整语文课程的内容，增加媒体教育的内容，实现自身的升级换代。

下面这个表格中是2001版和2011版有关数字化信息媒体的陈述：

	2001版	2011版
背景	现代社会要求公民具备良好的人文素养和科学素养……以及运用现代技术搜集和处理信息的能力。	语言文字是人类最重要的交际工具和信息载体，随着"现代科学和信息技术迅猛发展，新的交流媒介不断出现，给社会语言生活带来巨大变化，……对语言文字运用的规范带来新的挑战。……也给语文教育的发展提出了新的课题"。
课程基本理念	第四条　应当密切关注当代社会信息化的进程，推动语言课程的变革和发展。	

虽然2001版课标在前言中出现了2条新内容，但该版只是指出了信息时代的到来，指出语文教育的改革应该随着"社会信息化的进程"而发生改变。2011版课标有关数字化文化背景的内容只有1条，虽然注意到了"新的交流媒介不断出现，给社会语言生活带来巨大变化"，意识到了数字化给语言文字和语文教育带来了新的变化，但是没有阐述数字化时代的媒体给语言文字和语文教育带来哪些变化，该如何应对。简单点出"对语言文字运用的规范带来新的挑战"和"也给语文教育的发展提出了新的课题"并无多大实质性的作用。课标的制定者理应清醒地认识到数字化时代必然给语文教育带来深刻影响，自觉地将新的教育理念和思路渗透到语文课标的编制中。按照编写者的思路，面对这些"新挑战""新课题"，下面第二部分"课程目标与内容"和第三部分"实施建议"理应针对这些"新挑战"和"新课题"设置相应的课程目标与内容，提出合适的建议，但是实际情况并不理想。退一步说，若2001版的课标编制是基于世纪末大讨论，语文教育出现的问题太多，一次课标编制不可能解决所有问题的话，那2011版课标的修订是一定要考虑周全的。可见2011版课标中有关数字化背景对语文教育的影响的反应远远滞后，非常被动。

（二）"课程目标与内容"和"实施建议"缺乏有关数字媒介的相关内容

下面是本人从2011版课标中第二部分和第三部分摘录出的有关数字化媒体的相关内容：

课程目标与内容		实施建议	
总体目标与内容	学段目标与内容	教学建议	教材编写建议
10.学会使用常用的语文工具书。初步具备搜集和处理信息的能力,积极尝试运用新技术和多种媒体学习语文。	第三学段的综合性学习目标与内容:1.为解决与学习和生活相关的问题,利用图书馆、网络等信息渠道获取资料,尝试写简单的研究报告。 第四学段的阅读目标与内容:11.能利用图书馆、网络搜集自己需要的信息和资料,帮助阅读。 第四学段的综合性学习目标与内容:2.能提出学习和生活中感兴趣的问题,共同讨论,选出研究主题,制订简单的研究计划。能从书刊或其他媒体中获取有关资料,讨论分析问题,独立或合作写出简单的研究报告。	总体建议的第一条中:……灵活运用多种教学策略和现代教育技术,努力探索网络环境下新的教学方式。 总体建议的第二条中:重视学生读书、写作、口语交际、搜集处理信息等语文实践。 关于写作建议:积极合理利用信息技术与网络的优势,丰富写作形式,激发写作兴趣,增加学生创造性表达、展示交流与互相评改的机会。	10.教材编写应努力追求设计的创新和编写的特色。要重视现代教育技术在语文课程中的运用……

从上面的列表可以看出“课程目标与内容”中有关数字化媒体的叙述呈现以下特点:1、叙述笼统、可操作性不强。这部分涉及相关内容的仅 4 条,而仅有的 4 条又说得非常笼统,这次课标修订特意将 2001 版的“课程目标”改为“课程目标与内容”,意在增加课标的可操作性,但是在“学段目标与内容”中的三条基本相似,一句“利用图书馆、网络等信息渠道获取资料”使用在不同的综合性学习内容和阅读内容的规划中,不能不说失之粗陋。2、涉及的内容不全面。有关数字化媒体的内容只在阅读和综合性学习中有所体现,没有涉及“识字与写字”“写作”“口语交际”等内容。事实上,数字化时代媒体对语文教育的影响是全方位的,我们怎能仅仅关注媒体对阅读和综合性学习的影响呢?

在“实施建议”部分的教学建议中涉及相关内容的有 3 条,其中总体建议中的 2 条内容涉及“读书、写作、口语交际”,但仅仅限于“搜集处理信息”层面,没有具体的方法。写作教学建议也仅仅限于“丰富写作形式,激发写作兴趣”,没有利用网络等媒体切实提高学生写作能力的方法。在“教材编写建议”中仅有 1 条:“要重视现代教育技术在语文课程中的运用”,但究竟如何运用,它并没有给出具体的方法。

由此可见,本次课标修订还是基于书面语言和印刷文本进行的,数字化媒体还仅仅是作为提高学生语文能力的一种手段,2011 版课标没有自觉地将培养学生熟练运用媒介技术，快捷有效地进行表达和交际的能力作为语文学习的重要内容，对“媒介文本”不够重视，更没有培养学生“视像能力”的自觉意识，始终没有将“视”上升为与“听、说、读、写”能力并列的第五种能力，不能不说是一种遗憾。

二、2011版课标缺乏数字媒介教育内容的原因分析

在数字化时代，造成语文课程标准中课程内容缺乏的原因很多，有语文课标修订者自身的原因，也有社会环境的原因和语文课程本身的原因。大致来说，有如下几方面：

（一）2011版课标修订者多是传统语文教育的支持者

2011版课标修订者大多是50岁以上的学者，他们深受印刷文化的影响，对数字化时代中小学语文教育面临的冲击深感忧虑，但是他们缺乏长期的媒体生活切身体验，缺乏对新媒介的深入理解和积极应对的自觉意识。也难以深究数字化时代对语文教育造成了哪些影响，如学生的言语发生了哪些变化？增加了哪些文学样式？原有的文学样式发生了什么样的裂变？

（二）数字化媒体对语文教育的影响太大

数字化时代对语文教育造成了空前的影响，言语存在的形式、文学存在的形式乃至人们的认知方式、文化心理和审美观念都发生了变化，这些变化的速度之快超乎想象。面对瞬息万变的新媒介潮流，我国语文教育研究者或一线教师对信息媒体与语文教育关系的探索时间短，积累不够，虽然一些教师也逐渐意识到了信息媒体对语文教育的影响，但多限于从实际技术应用层面讨论具体的教学问题，难以站在全媒体时代文化的制高点上对新旧媒体的碰撞交融、媒介对思维和文化心理的影响、媒体技术与语文教育改革的深层次关联进行高屋建瓴的审视和论析。当全媒体文化的价值和内涵早已为文化学、传播学、美学等领域的专家学者所关注和深入研究的时候，作为培养未来人才的基石的基础教育领域却只能囿于技术使用的狭隘层面，这不能不说是一种遗憾。

（三）新媒介自身的不足影响着推广媒介素养教育

大众传媒是一把双刃剑，在给学生带来正面影响的同时，也带来了不少负面影响。中小学生正处于人生观、价值观的形成时期，突出的特点是精力

旺盛、兴趣广泛、富有朝气和理想，同时具有强烈的好奇心，喜欢探究新事物，模仿能力强。在高度“媒体依赖”的时代，青少年比其他年龄段的人更容易受到大众传媒的影响，但是，青少年因为知识结构不完善、心理发展不成熟、价值观尚未成型，以及分析能力、社会阅历、心理承受力等方面的局限，大众传媒生产的低俗化的文化产品更容易对青少年产生消极影响，耗费过多时间接触传媒也容易导致他们迷上网络、电视等所营造的虚幻空间，甚至玩物丧志，荒废学业。过分依赖图像信息也会使学生视听感觉敏锐，理性思维退化，会阻碍他们阅读能力的发展，降低对文字阅读书写的兴趣，易导致学生思维简单化、平面化，影响他们理性分析能力的形成，使他们对信息真伪、道德是非的鉴别能力变弱。有鉴于此，许多家长和老师视网络、电视、游戏机为“电子海洛因”，谈网色变，对新媒介充满恐惧，避之唯恐不及，这种忧虑客观上也会阻碍媒介素养教育的推广。

三、语文课标中渗透有关数字媒介的内容刻不容缓

媒介素养应被置于语文课程培养目标的中心位置。网络平台有海量信息，高度开放，准入门槛低，使得学生能便捷地搜集到自己需要的信息资料的同时，也痛感无法筛选有用的资料，因此急需教师引导学生，教给他们筛选媒体资料、汲取有益信息的方法。

同时，学生也急需教师的引导以便更好地辨析电子媒介、数字媒介作品和纸质媒介作品的差异。电子媒介、数字媒介集“电、光、形、声”于一体，具有包容性、综合性的特点，其内容更具形象性、生动性，更契合青少年学生的好奇心和天性。在今天，文艺作品的跨媒体改编兴盛一时，通过让学生对照观赏文学作品、改编后的影视、动漫、电子游戏作品，不仅更容易引起学生的学习和思考探究的兴趣，而且有助于引导学生体味文字作品和电子媒介作品、数字化作品的文体差异，领会不同媒介作品各自的特点，加深对媒介特性的认识，从多个角度审视作品，加深对语文课文的理解。

既然言语的存在方式发生了变化，既然文学的存在方式也发生了变化，必然人们的认知方式也在发生变化。作为基础教育的中小学语文教育也就必须发生变化：语文课程、语文教学和语文评价方式等等均要积极有为地进行相应的调整。2011版课程标准的修订是在2001版的基础上修订的，“一方面保持了课程标准‘实验稿’的改革精神和结构框架，另一方面则根据十年来社会和教育事业发展的需要，针对课程改革实验中发现的问题，作了较大

的修改和调整”[①]。但2001版课标的制定仍停留在印刷文化时代的教育理念层次上，所以尽管2011版课标做了二三百处的修改，但是由于理念和意识滞后，因此本次课标的修订，只能是“换汤不换药”，语文教育无力肩负新时代赋予它的使命，因此说2011版课标从颁布起就已经过时并非过激之谈，在语文课标中渗透有关数字媒介的内容以使语文教育更好地适应时代的需要依然是一个紧迫的任务。

四、新课标中渗透数字媒介教育课程内容的方法

传统语文教育主要基于书面语言和印刷文本来设计课程内容，着重培养学生的读写能力。进入信息时代后，视像、声音、图片等媒介符号在信息交流中的作用越来越重要，“在当代社会，公众往往接受媒体所呈现的社会现实，因此，当代文化实际上就成了‘媒体文化’”[②]。在这种情况下，不仅文字文本、口头文本，而且电子文本、数字文本、广告作品、影视作品等都应当进入当代语文课程的视野。语文课程标准中的“阶段目标与内容”中应该加入“视”的相关内容，同时重视“视”与“听、说、读、写”五种能力。

一则，应该在语文教学中加入经典的“媒介文本”。电子文本、数字文本、广告作品、影视作品及许多大众文化、流行文化现象都应当进入当代语文教学的视野，这些文本既可以成为阅读的内容，也可以成为写作的范例。因为，网络为人们提供了在线创作和发表作品的难得的平台。许多学生也在网上写博客，办主页，设计和发布校园电子文学刊物，利用多媒体和超文本的技术优势充分表达他们对人生、社会、学习、生活的随感，这种自由表达观点的方式容易激发学生的创作兴趣，增强学生的自信心，这样的作品也容易引起学生的共鸣。

再则，要高度重视对学生“视像能力”的培养。应把“视”看作是和“听、说、读、写”比肩而立的基本能力，在语文教学中高度关注和自觉培养学生对电子文本、数字文本、广告作品、影视作品等的鉴赏能力，不断提高学生对视觉文化和视像艺术的认识水准，使学生不仅能听、能说、能读、能写，而且能够领会视觉文化和视像艺术与传统文学艺术的差异，对媒介特性具有较充分的认识，能够熟练、自如地品味、欣赏和分析新媒体文艺作品。

---

① 巢宗祺：《义务教育语文课程标准修订概况(上)》，《课程·教材·教法》2012年第3期。

② [美]戴安娜·克兰：《文化生产：媒体与都市艺术》，赵国新译，译林出版社2001年版，第4页。

第三章　如何利用新媒体提高初中生的语文能力

——以山东省为例

在今天，网络、电影、电视等大众传媒无时无刻不在影响着我们生活的方方面面，它们也势必会导致教育观念和教育方式的转变。因此，在当今时代，如何利用新媒体改进教学，提高教育教学效率，促进教育观念的变革，促使教育事业良性发展是时代对语文教育提出的新课题。

为了解新媒体对中小学生语文素养的影响，本人从 2009 年 11 月着手编制相关的调查问卷，由于对全国中小学生的调查涉及范围太广，靠本人的力量难以完成，于是，我调动所在学院山东籍大学生参与这次调查。为保证调查问卷的真实性和代表性，这次调查涵盖了山东省绝大部分地区，发出问卷 500 份，收回问卷 480 份，其中有效问卷 473 份。调查对象是山东各市及相关城镇初一到初三的学生。

一、调查结果统计

此次调查问卷共设计 21 道题，为避免设计者思路的偏狭，其中有 6 道题设计为开放式题目，以便学生有更多的话语权，能尽可能全面地反映最复杂真实的现实状况。该问卷主要调查网络、影视、电子游戏、广告等新媒体对初中学生语文学习，尤其是阅读和写作能力的影响。虽然手机也属于新媒体，但是，由于初中学生使用较少，所以不在调查范围之内。为使统计结果更有条理，本人将调查问卷题又进行了整合。统计结果如下：

1.你认为哪种媒体对语文能力的影响最大?

网络	66%
电影	16.2%
电视	16.4%
电子游戏	0.6%
广告	0.8%

2.你经常上的网站有哪些?请列举几个。

百度	71.16%
腾讯	31.55%
新浪	18.06%
搜狐	17.32%
游戏	17.295%
网易	9.245%

3.你喜欢看哪种类型的影视作品?请列举几个。

青春生活片	59.61%
励志片	56.93%
卡通片	47.71%
纪录片	30.12%
主旋律影片	26.94%
歌舞片	13.09%

4 电影和电视你更喜欢看哪个?

电视	53.86%
电影	46.14%

5.你喜欢看哪种类型的电视？（可以选多项）

综艺频道	62.32%
音乐频道	52.69%
电影频道	49.24%
科学教育频道	44.26%
少儿频道	41.92%
体育频道	33.86%
社会与法频道	31.17%
新闻频道	28.83%
军事·农业频道	16.93%

6.你认为网络、电影、电视对口语交际能力、阅读能力和写作能力的影响一样吗？请分别说明。

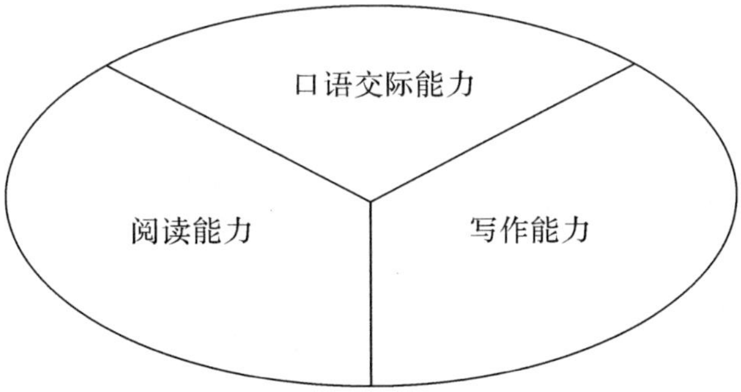

7.电视、电影对口语交际能力的积极影响具体体现在哪些方面？

(1)有利于提高普通话水平。(2)有利于积累丰富的词汇和提高遣词造句的能力。(3)有利于提高口语交际的灵活性和应变能力。(4)有利于丰富口语素材和增强人格魅力。

8.电视、电影对口语交际能力的消极影响具体体现在哪些方面？

(1)爱看电视、电影的学生社会交往能力差。(2)学生沉迷于电视、电影节目不利于学生良好语感能力的形成。(3)沉迷于电视、电影不利于学生思维能力的发展。

9.看影视、网络文艺对语文阅读的帮助体现在哪些方面？（可以选多项，其他方面请进行补充）

85.75%的学生认为新媒体尤其是影视和网络文艺作品对阅读有帮助，

新媒体对阅读的积极影响主要体现在:(1)他们认为新媒体对学生阅读面的影响最大,占到69.61%。(2)新媒体对阅读速度的影响也很大,持这种观点的人占到41.13%。(3)新媒体的呈现方式活泼、多样,更容易引起青少年的阅读兴趣,持这种观点的人占到40.23%。(4)展现在影视、网络上的东西更容易记忆,持这种观点的人占到23.25%。

10.你认为新媒体与传统书籍的差别主要有哪些?请列举,他们的观点如下:

新媒体	传统书籍
提供直接、便捷的阅读素材,容易找到自己喜欢看的材料	不容易查找
携带方便	携带不便
以高科技为媒介	以传统纸张为主
网络阅读费用少	阅读书籍花费多
网络上的书籍有评论,有助于理解文本	书籍之后一般没有评论
网络阅读能看到最前沿的知识,是动态的	书籍上的知识是固定的,静态的
网络或影视视频缺少书本阅读的氛围	有浓厚的阅读氛围
辐射对身体和眼睛都不好	正确的阅读方式对眼睛的影响较网络、影视小
网络对人的影响更直接,不利于锻炼人的思维能力	书籍阅读比网络阅读更能锻炼人的思维能力
网络容易使青少年走上歧路,荒废学业,虚度光阴	较网络好些

11.你认为新媒体对写作能力的影响主要体现在哪些方面?

总的观点是:62.305%的学生认为新媒体对写作的影响像一把双刃剑,若合理利用就能促进写作能力的提高,若不能合理利用,新媒体对写作能力的提高就没有什么帮助。绝大多数的学生能做到合理利用新媒体来提高自己的写作能力,但是也有16.94%的学生表示一般做不到合理利用,他们认为新媒体对写作的消极影响大于积极影响。

新媒体对写作能力的积极影响具体表现在以下几个方面:(1)通过上网或者对电视、电影的观看,可以增强语言的逻辑性和语言的组织能力,可以积累优美词句，增强语言表达能力，持这种观点的人占到72.15%。(2)网络和影视作品为写作增加了题材的选择度，开阔了思路，持这种观点的人占54.35%。(3)可以开拓思维，丰富想象力，持这种观点的人占23.59%。(4)从网络作品中学习到许多写作方法，持这种观点的人占13.55%。

12.新媒体对写作能力的消极影响主要体现在哪些方面？

(1)一些网络语言不文明，学生出于好奇爱学习，对写作语言有不良影响。(2)容易抄袭网络作文，不动脑筋思考。

二、充分利用新媒体提高初中语文课堂教学的策略

从上面的调查得知，网络、电影、电视对学生语文能力的影响较大，语文能力的培养需要长时间、系统地进行，需要利用一切可以利用的资源，为此，笔者主张，充分开发网络、电影、电视的语文教育功能，来切实提高初中语文教学的效率。根据调查结果，提出如下策略：

（一）充分发挥影视等新媒体的作用，提高学生的口语交际能力

据本人调查，在初中，口语交际课以专门的方式开设的很少，绝大多数都附属于阅读课，时间和精力均不允许教师设置专门的口语交际课，上课时，让学生以回答问题的方式或者辩论的方式进行，学生的口语交际能力提高不是很明显，学生的口语交际能力实际上还是处于自然发展的状态。但是，在当今社会，人的口语交际能力是一个人综合能力的标签，这也是新课标为什么将口语交际单独作为中小学语文课程内容的一个原因。从上面的问卷调查我们了解到：学生认为电视和电影对初中生口语交际能力的影响大于网络对口语交际能力的影响，为此，初中语文教师要充分利用电视、电影的资源提高学生的口语交际能力。

从上面的调查可以看出，学生只要有时间就喜欢看电视或电影。看电视、电影对学生的成长不无益处：首先，他们在观赏电视、电影节目的过程中，学生会自觉不自觉地学习语言，提高自己的普通话水平，使自己咬字准确、行腔舒缓、抑扬顿挫、轻重分明、和谐动听。如电视纪录片《话说长江》《再说长江》《走遍中国》等，解说人用舒缓、低沉的语调，清晰直白的语言向观众解说片中的内容，使学生在感受内容的同时，也感受语言的魅力。其次，他们可以学习大量经典词汇。提高口语交际能力的一个重要表现就是词汇丰富，针对学生喜欢看综艺频道、音乐频道、电影频道、科学教育频道等状况，因势利导，指导学生有选择地看电视和电影，学习节目中蕴含着的大量词汇，提高遣词

造句的能力。如从《感动中国》中学到"坚持""感动""亲情""奉献""拼搏"等词以及《人与自然》中的"物种""进化""繁殖""哺育""迁徙""洄游"等,这对中学生口语交际中的词汇积累有很大帮助。再次,多看电视和电影,有利于提高学生的语言应变能力。语言应变能力是一个人口语交际能力的又一个重要指标,好的节目主持人必然有过人的语言应变能力。比如《实话实说》《小崔说事》《鲁豫有约》《背后的故事》等的节目主持人,他们在说话时灵活性和反应能力很强,能够活跃现场的气氛,躲开令嘉宾感到尴尬的话题,学生多看,久而久之自然可以学会一些应变技巧。

由于影视对学生的消极影响也是不可忽视的,因此,教师要有计划、有目的地指导学生看电视、电影,并且可以进行阶段性检查、督促:如查找学生喜欢的频道主持人发音的错误;模仿学生喜欢的一个主持人的脱口秀;对节目中的一个事件展开讨论或辩论。每学期集中搞一两次大型活动,教师支持,目的明确,并做到以大型活动为契机,其余的活动发动学生自行组织,既增加了学生合作、探究的能力,也切实提高了学生的口语交际能力,一箭双雕,何乐而不为?

(二)发挥网络优势,提高学生查阅资料的能力和创造性阅读能力

确实,我们已经进入网络时代,网络及其技术的发展,电子文本越来越受到欢迎,而"纸质文本"受到冷落。首先,学生的阅读取向也发生了变化,他们往往比较倾向于阅读浅层、新鲜、时尚的内容,渐渐形成一种所谓的快餐式阅读,而忽略了阅读的历史人文性。其次,规范语言面临网络语言的冲击,网络作品情绪化倾向较明显,语言表达很少经过深思熟虑,较少对使用的语言进行揣摩、加工和润色。网络阅读的"语言非规范化"对语文阅读教学可以说是新的巨大的挑战,若不重视,会对语文阅读教学产生负面的影响。再次,网络信息在给青少年带来大量有用信息的同时,也带来了大量的垃圾信息。

信息媒体对中小学语文教育的冲击是显而易见的,既然我们不能回避,不如积极面对,利用信息媒体的有利因素,提高学生的语文能力。通过前面的调查发现,学生认为网络对语文能力的影响最大,其次是电视和电影,电视和电影对学生语文能力的影响力相差无几,电子游戏和广告对语文能力的影响不大。通过调查还了解到,绝大多数学生认为网络阅读有利于拓展学生的阅读面;能提高阅读速度;由于新媒体的呈现方式活泼、多样,更容易引起青少年的阅读兴趣;展现在影视、网络上的东西,由于提供的学习资源不仅仅是文字形式的,还有视频、音频、图片等多种形式,这些资源对学生理解阅读材

料发挥了很好的辅助作用，更容易记忆。阅读兴趣和阅读速度是衡量初中生阅读能力的关键，这对当前的语文教学很有启发：语文能力中的阅读能力的形成是需要长时间、系统的训练的，语文教师应当有意识地指导和引导学生充分利用网络有利资源，摒弃不良资源来促进阅读能力的提高。

1. 开设网络阅读课

网络文本取代纸墨媒体，机读语言代替自然语言，使单一的文字符号记录，变成了文字、动画、声音等多种符号的联合书写，文学文本的线性组织变成了非线性的超文本链接，封闭自足、凝固不变的纸墨态平面信息变成了全方位开放、万花筒般变化莫测的网络化立体信息。网络阅读课是语文阅读课的一种新形式，它体现了现代教育技术与传统教育方式的整合，符合信息时代对阅读的新要求。

网络对学生的负面影响也是显而易见的，为避免网络对学生的消极影响，教师先在互联网上搜索与初中语文相匹配的网络资源，或教会学生搜索的方法，让学生学会搜索。为了避免学生没有独立思考，直接获得相关答案，教师应当及时获取学生阅读的反馈信息，对于学生的创造性想法和思维，应当鼓励并加以引导。学生在博览群“书”后，形成自己独特的见解，久而久之，也形成一种创造性自主学习的氛围。之后，将师生共选的资料保存下来，形成网络阅读课堂的教学内容。真正实现了与教材教学内容同步阅读、自由阅读和平等交流。充分尊重学生的阅读兴趣和学习风格，为学生的阅读提供广阔的选择空间。

2. 建立网校

北京四中网校是各大网校中办得较为成功的一个，目前它已拥有 240 多家分校分布在全国各地，有近 20 万学生。网校以网络为平台，邀请著名家教专家指导，成立网上家长学校，开展各种形式的家教服务工作。在网校里学生终于可以按自己的需求“哪儿不会看哪儿”地学习了，学生终于可以按适合自己的方式学习了。学习中有了问题，不好意思或不想问老师和同学，可以到“名师答疑”上找答案；学生总抓不到重点，可以上“四中同步”“知识导学”，名师帮助构建知识树；想和同学探讨去“互帮互学”，会让学生有所发现也有所表现，享受网络学习的快乐。

学校可参照一些学校建立网校的经验，根据自己的情况，建立以班级或学校为区域范围的网络校园。设立网络阅读资源区，由教师收集优秀的多媒体课件或电子教案，把它们发布到校园网上供学生浏览和远程学习，设立网络阅读讨论区和阅读作业展示区，通过校园论坛或校园公开邮箱供师生交流学习，把课堂延伸到课外生活中去，提高教学质量。但要做好网络阅读的指导工作，一定要筛选信息精华，推荐专业站点和健康网站，强化信息导航。

不管是开设网络阅读课还是建立网校，都对学校、教师、学生提出了更高的要求：学校需要满足硬件设施的需求，加强政策上的引导；教师需要努力提高自己的计算机操作水平和人机对话能力；学生则要更加自觉地学习，加强自律意识，增强自学能力。

（三）充分利用网络，提高学生的写作水平

网络对写作能力的影响像一把双刃剑。它对写作能力的积极影响表现在以下几个方面：(1)可以增强语言表达能力。(2)可以增加题材的选择度。(3)可以锻炼思维，丰富想象力。(4)可以学习到许多写作方法。它对写作能力的消极影响主要体现在：(1)容易使学生受不良写作语言的影响。(2)容易抄袭网络作文。为此，我们制定下列策略：

1. 指导学生恰到好处地使用网络语言，为文章增添活力

网络语言是一种新兴的社会方言。当我们登录互联网，进入一些聊天室和论坛，很容易就可以接触到网络语言，我们发现，有的是数字组合，例如“886”，“7456”等；有的属于中英结合，例如“同情 ing”“吃饭 ing”，等等。网络语言正以前所未有的姿态渗透到初中生的日常生活、学习和娱乐当中，并在学生作文中大量涌现，冲击着传统语言表达习惯。网络语言的使用增强了作文的时代感；网络语言的直观感性化，使作文的表情达意更能贴近现实生活；网络语言的标新立异，使构词造句别具一格，有益于学生创造力的开发。由于网络语言我们无法抗拒，我们就应该充分利用网络语言。很多网络语言有它自身的象征意义，比如“菜鸟”表示网络新手。作文时如果直接描述“他真是个差劲的新手”，就感觉失去了应有的味道，而且还可能因为过于直白而伤害别人，而用象征词语“菜鸟”来代替，就有趣多了。再比如评价某人的可耻行为，用一句“偶像（呕吐的对象）呀”，既有别于赤裸裸的表达，又有诙谐之意。所以巧妙地运用一些具有象征意义的网络词语，更能形成作文的独特风格。在作文中运用语言，教师一定要指导学生讲究使用语言的规范性与纯洁性。在简洁、易懂、流畅并能取得良好表达效果的前提下，再去讲究语言的生动、形象和幽默、俏皮。如果只是为了显示“与众不同”而大量使用新潮甚至粗俗的网络语言，则不仅不能增强语言的表达效果，而且还会因所谓的“标新

立异”造成“词不达意”，这就得不偿失了。

教师应当从社会、道德和审美等角度来具体剖析学生生活中使用较为普遍和有一定代表性的网络语言，使学生了解它们的基本内涵、一般使用范围以及程度。同时鼓励学生多方查阅资料，逐步收集、整理，建立网络语言的规范使用档案，供习作时参考。对一些在作文中不恰当使用网络语言的，要分清究竟是属于认识不清还是猎奇心理，引导学生仔细分析，指导他们辨析并认识其危害，避免今后犯类似的错误。

2. 指导学生写网络文学作品

网络文学是传媒与文学结亲的结果，网络文学的兴起，很大程度上借助传统的力量和年轻一代求新求异的本能，形成自我实现、自我宣泄需求的思维定式，打破了创作主体在传统写作中惯用的线性思维方式，使文本中的思维逻辑更接近人的自然思维状态，按照自己的理解和想象，赋予作家笔下的人物以血脉、身躯乃至整体形象。传统作文教学习惯于用一些传统的公共模式去要求学生写作。学生写作缺乏个性语言，不敢大胆表述自己对生活的感受，因而也就磨掉了学生对世界的感觉和感知。网络写作犹如“假面舞会”，写作者进入自由宽松的写作状态，既不受题材、文体的限制，也不受旧观念、旧规范的束缚；作者完全由过去的被动转化为自始至终掌握着主动，可以更加充分地发挥个人才智，可以用非常个性化的语言去表达。传统的执笔书写，因速度较慢而经常使创作主体的思维出现中断或受阻的现象。但在电脑上，创作主体随意自如的键盘敲击方式，由于更接近“心手相应”的同步状态，能够使创作主体保持思维的连续性和持续的创作冲动，增强一泻千里的快感。同时，作者还可以从自我创作、自我欣赏中享受到成功的喜悦。

但是与此同时，网络语言的虚拟、自由等特点，也带来了不可忽视的负面影响。开口“哇噻”闭口“酷 MAN”的，让人不知所云。网上用语已经“颠覆”了传统中文的含义，“如花似玉”不是形容貌美，而是说人很丑，如“大虾”（大侠）“青唇无眉（清纯妩媚）”“斑竹、板猪（版主）”“酱紫（这样）”……学生认为“网络语言简洁、诙谐、很有个性”，因而在习作中频频出现。如果网络语言不分语境、不分类别、杂乱无章地涌现在学生作文中，对传统、规范、标准的语言习惯就会形成冲击。另外，学生由于无拘无束地表达思想，人生观、价值观不可避免地会出现偏差，教师要定期阅读学生的网络文章，并且提出指导意见，让学生的网络写作在教师的指导下进行。

第四章　数字化时代语文教师的素养

随着我国步入数字化时代，平庸化、碎片化的海量信息和快节奏、功利化的社会生活让广大语文教师备感困惑，信息传媒大潮的涌荡更使语文教育面临新的形势，使语文教师遭遇一系列新的挑战。在语文教学活动中，教师、学生的地位、关系发生了很大变化，教师由课堂的主宰者变成了学习的策划者、引导者、参与者；“师道尊严”遭到挑战，师生关系不再是主从式、支配式的，而是具有了明显的交互性、媒介性，变得更为平等，更多双向交流、习得。面对这样的形势，语文教师必须对媒介转型影响下语文教育和文化教育的新趋势、新需要有充分认识，积极主动顺应数字文化潮流，积极提升自己的教学能力、科研能力、课件开发和运用能力、数字媒介技术操作能力，使自己成为与信息传媒时代契合的新型语文教师，以适应社会发展和学科发展的需要。

在数字化时代，传统语文教师必备的基本素养依然得到了延续，依然有效，如人格素养依然是语文教师的重要素养。网络上和网络下的社会生活、师生关系的维系依然有赖于具有高尚人格的教师，但是和教师的人格素养相比，数字化时代确实也对语文教师的素养提出了新的要求。

一、言语素养——语文教师的基本素养

在数字化时代、全媒体时代，语文教师要一如既往地提高自身的语言表达能力。虽然通过网络学生也可以了解文本，但是那是无声的，久而久之就弱化了人的语言交际能力，也就失去了语文存在的基础。教师讲授时自然的语调、适中的音量、抑扬顿挫的音调、清晰的吐字、生动优美的表达无疑都会带给学生美的享受，让学生如沐春风、如嗅幽兰，极大激发学生的倾听欲望，让学生感受到语文的魅力，产生学习品味的渴望、交流的渴望、写作的渴望。语文教师课堂上短暂的口吐莲花、句句锦绣的解读也有助于学生更透彻地领会文本，有点石成金的功效。

言语搜集、信息处理能力是全媒体时代赋予语文教师的新任务。新世纪以来，伴随着印刷文化向电子文化和数码文化的转型，语文教育显然需要升级换代，进行重构。视觉语言、网络语言、影视语言、广告语言等都不应被排除在语文教育之外。语文教师显然不可能等待语言学家、影视专家等别的学科的专家为自己梳理出现成的语文媒介知识，而必须靠自己的努力，根据语文学科发展的特点和学生身心发展的实际状况，结合对语言学、传播学等学科的了解学习总结出媒介语言的新特点、新规律，并将之自觉纳入语文教学过程中，将中小学生培养成为具有较好媒介素养，能赏析超文本、精通数码语言、能自如使用各种新媒介，能从容应对媒体技术潮流，抵制媒体技术消极影响的具有较高媒介素养和新媒体语言阅历的新的语文人才。

二、文本解读素养

——语文教师的核心素养

文本解读能力是语文教师的重要能力。但在数字化背景下，面对丰富的网络资料，在没有所谓的标准答案和教参教案的情况下，面对学生“近水楼台先得月”的网络利用优势，教师的解读势必如履薄冰，教师的权威势必受到挑战，教师要想为学生提供一个全方位的、有说服力的解读方案，难之又难。因此，加强文本解读能力（包括新媒体文本的解读能力）对于数字化时代的语文教师来说刻不容缓。它不仅要求语文教师能准确地理解、把握文本的意思，更重要的是要把功夫下在培养学生的解读能力上，教师要有意识地在文本解读的过程中训练和培养学生举一反三，解读其他文本的能力。固然，在全媒体背景下，学生可以便捷地搜索到各种资料信息，但他们对海量信息资料的处理能力不足，需要教师教会他们如何充分占有资料和有效利用资料，以深化对文本的读解。这显然比传统意义上教师直接把答案提供给学生要有意义得多，也艰难得多。为此，语文教师对文本的解读要经过三个阶段：陌生阅读、立体阅读、智慧阅读。① 也就是说语文教师要在自己能从不同角度对一个文本进行解读的基础上有效地教给学生阅读、鉴赏的方法。

另外，在全媒体背景下，语文教师不仅要具备文字文本的解读能力，还要

① 黄厚江：《语文教师的智慧阅读——谈谈语文教师的文本解读》，《语文学习》2007年第10期。

具备影像作品、新媒体文本的解读能力,例如影像作品并非文学文本和蒙太奇技巧的简单嫁接,而是声音、画面、意象、韵味的有机结合。影像语言叙述故事、表达情感、传达思想的方式不同于文学语言。这需要语文教师系统地补修大学本科阶段没有学习的影视、网络、传播等方面的相关知识,对新媒体文本能做正确而深刻的理解,能辨别文字文本与影像作品、数字化文本的区别与联系,掌握新媒体文本的赏析方法。

三、媒介素养

——语文教师的必备素养

媒介素养包含的内容非常多,作为数字化时代的语文教师应该具备充分利用网络资源的能力和设计多媒体课件、网站的能力。

今天的互联网上不仅有海量文字信息资源,而且充斥着恒河沙数的网络广播节目、在线音乐、网络视频点播节目,手机上网更使人类跨入了"移动互联时代"。网络功能强大,为人们提供了海量信息,这里面蕴含着丰富的可资利用的语文教学资源。今天的教师显然应具备获取信息,筛选信息,处理信息和运用信息的能力,应该能够借助网络收集一切有利于提高学生语文素养的材料。语文教师要多上网,多求索,如从一些优秀的语文教学网站像"中学语文教学资源网""无忧无虑中学语文网""中语在线""初中语文教学网""新语文教学资源网""中小学教育资源网""学科网"等中及时了解到最新的教育教学信息,吸取最新的教学改革成果,这有利于开阔教师的视野、更新教师的教学观念,使教师及时调整自己的教学思路、借鉴最新的教学技法,使自身的教育教学与时俱进,不断提升业务水平。"榕树下原创文学网站""中国网络文学联盟"等网站则收录有大量文学作品,名著名篇、纪实小说、网络散文等一应俱全,能极大开阔教师的知识视野,提升教师的语文素养和社会认识,能使语文教师站在时代潮流前沿审视语文课文,从而更好地揭橥语文课文的新意蕴,把课讲好讲透。网络也为语文教师与全国各地的同行交流切磋提供了平台,使他们可以克服地域、时空的限制在赛博空间"聚会"。借助网络,即使在假日和放学后,语文教师也可以随时随地上网回答学生的疑问,在赛博空间的"会客厅"中接待自己的学生,如在咫尺、如话家常。

另外,语文教师应该具备多媒体课件、网站的设计能力。语文课程是一门综合性课程,对文本的理解需要调动学生的各种器官,而多媒体课件因为具有文本、图形、动画、声音等多种媒体信息集成的优势,信息容量大,表现形式灵活、生动直观,能充分展示语文文本的多元信息。一线语文教师不可能也不必要精通每一款多媒体软件，但能熟练地运用其中的一两款，再掌握一些图形图像编辑工具、音频编辑工具、视频编辑工具和动画制作工具的应用技能是很必要的。只有这样，教师在制作课件时才能得心应手，做出符合自己需要的课件，从而更好地完成教学任务。对教学局域网站的设计不是一两个教师个人就可以完成的，但学校的语文组可以集全体成员的智慧，群策群力建好局域网站。这样既能选择符合自己学校和学生的网站内容，又可以避免学生受到别的网站的不良影响。

附录一

义务教育语文课程标准
（2011年版）

第一部分　前　言

语言文字是人类最重要的交际工具和信息载体，是人类文化的重要组成部分。语言文字的运用，包括生活、工作和学习中的听说读写活动以及文学活动，存在于人类生活的各个领域。当今世界，经济全球化趋势日渐增强，现代科学和信息技术迅猛发展，新的交流媒介不断出现，给社会语言生活带来巨大变化，对中华民族优秀传统文化的继承，对语言文字运用的规范带来新的挑战。时代的进步要求人们具有开阔的视野、开放的心态、创新的思维，对人们的语言文字运用能力和文化选择能力提出了更高的要求，也给语文教育的发展提出了新的课题。

语文课程致力于培养学生的语言文字运用能力，提升学生的综合素养，为学好其他课程打下基础；为学生形成正确的世界观、人生观、价值观，形成良好个性和健全人格打下基础；为学生的全面发展和终身发展打下基础。语文课程对继承和弘扬中华民族优秀文化传统和革命传统，增强民族文化认同感，增强民族凝聚力和创造力，具有不可替代的优势。语文课程的多重功能和奠基作用，决定了它在九年义务教育中的重要地位。

一、课程性质

语文课程是一门学习语言文字运用的综合性、实践性课程。义务教育阶段的语文课程，应使学生初步学会运用祖国语言文字进行交流沟通，吸收古今中外优秀文化，提高思想文化修养，促进自身精神成长。工具性与人文性的统一，是语文课程的基本特点。

二、课程基本理念

(一)全面提高学生的语文素养

九年义务教育阶段的语文课程,必须面向全体学生,使学生获得基本的语文素养。

语文课程应激发和培育学生热爱祖国语文的思想感情,引导学生丰富语言积累,培养语感,发展思维,初步掌握学习语文的基本方法,养成良好的学习习惯,具有适应实际生活需要的识字写字能力、阅读能力、写作能力、口语交际能力,正确运用祖国语言文字。语文课程还应通过优秀文化的熏陶感染,促进学生和谐发展,使他们提高思想道德修养和审美情趣,逐步形成良好的个性和健全的人格。

(二)正确把握语文教育的特点

语文课程丰富的人文内涵对学生精神世界的影响是广泛而深刻的,学生对语文材料的感受和理解又往往是多元的。因此,应该重视语文课程对学生思想情感所起的熏陶感染作用,注意课程内容的价值取向,要继承和发扬中华优秀文化传统和革命传统,体现社会主义核心价值体系的引领作用,突出中国特色社会主义共同理想,弘扬以爱国主义为核心的民族精神和以改革创新为核心的时代精神,树立社会主义荣辱观,培养良好思想道德风尚,同时也要尊重学生在语文学习过程中的独特体验。

语文课程是实践性课程,应着重培养学生的语文实践能力,而培养这种能力的主要途径也应是语文实践。语文课程是学生学习运用祖国语言文字的课程,学习资源和实践机会无处不在,无时不有。因而,应该让学生多读多写,日积月累,在大量的语文实践中体会、把握运用语文的规律。

语文课程应特别关注汉语言文字的特点对学生识字写字、阅读、写作、口语交际和思维发展等方面的影响,在教学中尤其要重视培养良好的语感和整体把握的能力。

(三)积极倡导自主、合作、探究的学习方式

学生是学习的主体。语文课程必须根据学生身心发展和语文学习的特点,爱护学生的好奇心、求知欲,鼓励自主阅读、自由表达,充分激发他们的问题意识和进取精神,关注个体差异和不同的学习需求,积极倡导自主、合作、

探究的学习方式。教学内容的确定,教学方法的选择,评价方式的设计,都应有助于这种学习方式的形成。

语文学习应注重听说读写的相互联系,注重语文与生活的结合,注重知识与能力、过程与方法、情感态度与价值观的整体发展。综合性学习既符合语文教育的传统,又具有现代社会的学习特征,有利于学生在感兴趣的自主活动中全面提高语文素养,有利于培养学生主动探究、团结合作、勇于创新的精神,应该积极提倡。

(四)努力建设开放而有活力的语文课程

语文课程的建设应继承我国语文教育的优良传统,注重读书、积累和感悟,注重整体把握和熏陶感染;同时应密切关注现代社会发展的需要。拓宽语文学习和运用的领域,注重跨学科的学习和现代科技手段的运用,使学生在不同内容和方法的相互交叉、渗透和整合中开阔视野,提高学习效率,初步养成现代社会所需要的语文素养。

语文课程应该是开放而富有创新活力的。要尽可能满足不同地区、不同学校、不同学生的需求,确立适应时代需要的课程目标,开发与之相适应的课程资源,形成相对稳定而又灵活的实施机制,不断地自我调节、更新发展。

三、课程设计思路

1.九年义务教育语文课程,应以邓小平理论和"三个代表"重要思想为指导,深入贯彻落实科学发展观,坚持以人为本,继承我国语文教育的优良传统,汲取当代语文教育科学理论的精髓,借鉴国外母语教育改革的经验,遵循语文教育的规律,努力提高学生的语文素养,为弘扬民族精神、增强民族创造力和凝聚力、培养德智体美全面发展的社会主义建设者和接班人,发挥积极的作用,为学生的终身发展奠定基础。

2.语文课程应注重引导学生多读书、多积累,重视语言文字运用的实践,在实践中领悟文化内涵和语文应用规律。

3.课程目标九年一贯整体设计。课程标准在"总目标"之下,按1～2年级、3～4年级、5～6年级、7～9年级四个学段,分别提出"学段目标与内容",体现语文课程的整体性和阶段性。各个学段相互联系,螺旋上升,最终全面达成总目标。

4.学段目标与内容从"识字与写字"、"阅读"、"写作"(第一学段为"写话",第二、第三学段为"习作")"口语交际"四个方面提出要求。课程标准还提出了“综合性学习”的要求，以加强语文课程内部诸多方面的联系，加强与其他课程以及与生活的联系，促进学生语文素养全面协调地发展。

5. 课程标准的“实施建议”部分，对教学、评价、教材编写，以及课程资源的开发与利用等提出了实施的原则、方法和策略，也为具体实施留有创造的空间。

第二部分　课程目标与内容

一、总体目标与内容

课程目标从知识与能力、过程与方法、情感态度与价值观三个方面设计。三者相互渗透，融为一体。目标的设计着眼于语文素养的整体提高。

1. 在语文学习过程中，培养爱国主义、集体主义、社会主义思想道德和健康的审美情趣，发展个性，培养创新精神和合作精神，逐步形成积极的人生态度和正确的世界观、价值观。

2. 认识中华文化的丰厚博大，汲取民族文化智慧。关心当代文化生活，尊重多样文化，吸收人类优秀文化的营养，提高文化品位。

3. 培育热爱祖国语言文字的情感，增强学习语文的自信心，养成良好的语文学习习惯，初步掌握学习语文的基本方法。

4. 在发展语言能力的同时，发展思维能力，学习科学的思想方法，逐步养成实事求是、崇尚真知的科学态度。

5. 能主动进行探究性学习，激发想象力和创造潜能，在实践中学习和运用语文。

6. 学会汉语拼音。能说普通话。认识3500个左右常用汉字。能正确工整地书写汉字，并有一定的速度。

7. 具有独立阅读的能力，学会运用多种阅读方法。有较为丰富的积累和良好的语感，注重情感体验，发展感受和理解的能力。能阅读日常的书报杂志，能初步鉴赏文学作品，丰富自己的精神世界。能借助工具书阅读浅易文言文。背诵优秀诗文240篇(段)。九年课外阅读总量应在400万字以上。

8. 能具体明确、文从字顺地表达自己的见闻、体验和想法。能根据需要，运用常见的表达方式写作，发展书面语言运用能力。

9. 具有日常口语交际的基本能力，学会倾听、表达与交流，初步学会运用口头语言文明地进行人际沟通和社会交往。

10.学会使用常用的语文工具书。初步具备搜集和处理信息的能力，积极尝试运用新技术和多种媒体学习语文。

二、学段目标与内容

第一学段(1～2年级)

(一)识字与写字

1.喜欢学习汉字，有主动识字、写字的愿望。

2.认识常用汉字1600个左右，其中800个左右会写。

3.掌握汉字的基本笔画和常用的偏旁部首，能按笔顺规则用硬笔写字，注意间架结构。初步感受汉字的形体美。

4.努力养成良好的写字习惯，写字姿势正确，书写规范、端正、整洁。

5.学会汉语拼音。能读准声母、韵母、声调和整体认读音节。能准确地拼读音节，正确书写声母、韵母和音节。认识大写字母，熟记《汉语拼音字母表》。

6.学习独立识字。能借助汉语拼音认读汉字，学会用音序检字法和部首检字法查字典。

(二)阅读

1.喜欢阅读，感受阅读的乐趣。养成爱护图书的习惯。

2.学习用普通话正确、流利、有感情地朗读课文。学习默读。

3.结合上下文和生活实际了解课文中词句的意思，在阅读中积累词语。借助读物中的图画阅读。

4.阅读浅近的童话、寓言、故事，向往美好的情境，关心自然和生命，对感兴趣的人物和事件有自己的感受和想法，并乐于与人交流。

5.诵读儿歌、儿童诗和浅近的古诗，展开想象，获得初步的情感体验，感受语言的优美。

6.认识课文中出现的常用标点符号。在阅读中体会句号、问号、感叹号所表达的不同语气。

7.积累自己喜欢的成语和格言警句。背诵优秀诗文50篇(段)。课外阅读总量不少于5万字。

(三)写话

1.对写话有兴趣,留心周围事物,写自己想说的话,写想象中的事物。

2.在写话中乐于运用阅读和生活中学到的词语。

3.根据表达的需要,学习使用逗号、句号、问号、感叹号。

(四)口语交际

1.学说普通话,逐步养成讲普通话的习惯。

2.能认真听别人讲话,努力了解讲话的主要内容。

3.听故事、看音像作品,能复述大意和自己感兴趣的情节。

4.能较完整地讲述小故事,能简要讲述自己感兴趣的见闻。

5.与别人交谈,态度自然大方,有礼貌。

6.有表达的自信心。积极参加讨论,敢于发表自己的意见。

(五)综合性学习

1.对周围事物有好奇心,能就感兴趣的内容提出问题,结合课内外阅读共同讨论。

2.结合语文学习,观察大自然,用口头或图文等方式表达自己的观察所得。

3.热心参加校园、社区活动。结合活动,用口头或图文等方式表达自己的见闻和想法。

第二学段(3～4年级)

(一)识字与写字

1.对学习汉字有浓厚的兴趣,养成主动识字的习惯。

2.累计认识常用汉字2500个左右,其中1600个左右会写。

3.有初步的独立识字能力。会运用音序检字法和部首检字法查字典、词典。

4.能使用硬笔熟练地书写正楷字,做到规范、端正、整洁。用毛笔临摹正楷字帖。

5.写字姿势正确,有良好的书写习惯。

（二）阅读

1. 用普通话正确、流利、有感情地朗读课文。

2. 初步学会默读，做到不出声，不指读。学习略读，粗知文章大意。

3. 能联系上下文，理解词句的意思，体会课文中关键词句表达情意的作用。能借助字典、词典和生活积累，理解生词的意义。

4. 能初步把握文章的主要内容，体会文章表达的思想感情。能对课文中不理解的地方提出疑问。

5. 能复述叙事性作品的大意，初步感受作品中生动的形象和优美的语言，关心作品中人物的命运和喜怒哀乐，与他人交流自己的阅读感受。

6. 诵读优秀诗文，注意在诵读过程中体验情感，展开想象，领悟诗文大意。

7. 在理解语句的过程中，体会句号与逗号的不同用法，了解冒号、引号的一般用法。

8. 积累课文中的优美词语、精彩句段，以及在课外阅读和生活中获得的语言材料。背诵优秀诗文 50 篇(段)。

9. 养成读书看报的习惯，收藏图书资料，乐于与同学交流。课外阅读总量不少于 40 万字。

（三）习作

1. 乐于书面表达，增强习作的自信心。愿意与他人分享习作的快乐。

2. 观察周围世界，能不拘形式地写下自己的见闻、感受和想象，注意把自己觉得新奇有趣或印象最深、最受感动的内容写清楚。

3. 能用简短的书信、便条进行交流。

4. 尝试在习作中运用自己平时积累的语言材料，特别是有新鲜感的词句。

5. 学习修改习作中有明显错误的词句。根据表达的需要，正确使用冒号、引号等标点符号。

6. 课内习作每学年 16 次左右。

（四）口语交际

1. 能用普通话交谈。学会认真倾听，能就不理解的地方向人请教，就不同的意见与人商讨。

2.听人说话能把握主要内容,并能简要转述。

3.能清楚明白地讲述见闻,说出自己的感受和想法。讲述故事力求具体生动。

（五）综合性学习

1.能提出学习和生活中的问题,有目的地搜集资料,共同讨论。

2.结合语文学习,观察大自然,观察社会,用书面或口头方式表达自己的观察所得。

3.能在教师的指导下组织有趣味的语文活动,在活动中学习语文,学会合作。

4.在家庭生活、学校生活中,尝试运用语文知识和能力解决简单问题。

第三学段(5～6年级)

（一）识字与写字

1.有较强的独立识字能力。累计认识常用汉字3000个左右,其中2500个左右会写。

2.硬笔书写楷书,行款整齐,力求美观,有一定的速度。

3.能用毛笔书写楷书,在书写中体会汉字的优美。

4.写字姿势正确,有良好的书写习惯。

（二）阅读

1.能用普通话正确、流利、有感情地朗读课文。

2.默读有一定的速度,默读一般读物每分钟不少于300字。学习浏览,扩大知识面,根据需要搜集信息。

3.能联系上下文和自己的积累,推想课文中有关词句的意思,辨别词语的感情色彩,体会其表达效果。

4.在阅读中了解文章的表达顺序,体会作者的思想感情,初步领悟文章的基本表达方法。在交流和讨论中,敢于提出看法,作出自己的判断。

5.阅读叙事性作品,了解事件梗概,能简单描述自己印象最深的场景、人物、细节,说出自己的喜爱、憎恶、崇敬、向往、同情等感受。阅读诗歌,大体把握诗意,想象诗歌描述的情境,体会作品的情感。受到优秀作品的感染和激励,向往和追求美好的理想。阅读说明性文章,能抓住要点,了解文章的基本说明方法。阅读简单的非连续性文本，能从图文等组合材料中找出有价值的信息。

6.在理解课文的过程中，体会顿号与逗号、分号与句号的不同用法。

7.诵读优秀诗文，注意通过语调、韵律、节奏等体味作品的内容和情感。背诵优秀诗文60篇(段)。

8.扩展阅读面。课外阅读总量不少于100万字。

（三）习作

1.懂得写作是为了自我表达和与人交流。

2.养成留心观察周围事物的习惯，有意识地丰富自己的见闻，珍视个人的独特感受，积累习作素材。

3.能写简单的纪实作文和想象作文，内容具体，感情真实。能根据内容表达的需要，分段表述。学写读书笔记，学写常见应用文。

4.修改自己的习作，并主动与他人交换修改，做到语句通顺，行款正确，书写规范、整洁。根据表达需要，正确使用常用的标点符号。

5.习作要有一定速度。课内习作每学年16次左右。

（四）口语交际

1.与人交流能尊重和理解对方。

2.乐于参与讨论，敢于发表自己的意见。

3.听人说话认真、耐心，能抓住要点，并能简要转述。

4.表达有条理，语气、语调适当。

5.能根据对象和场合，稍作准备，作简单的发言。

6.注意语言美，抵制不文明的语言。

（五）综合性学习

1.为解决与学习和生活相关的问题，利用图书馆、网络等信息渠道获取资料，尝试写简单的研究报告。

2.策划简单的校园活动和社会活动，对所策划的主题进行讨论和分析，学写活动计划和活动总结。

3.对自己身边的、大家共同关注的问题，或电视、电影中的故事和形象，组织讨论、专题演讲，学习辨别是非、善恶、美丑。

4.初步了解查找资料、运用资料的基本方法。

第四学段(7～9年级)

(一)识字与写字

1. 能熟练地使用字典、词典独立识字,会用多种检字方法。累计认识常用汉字3500个左右。

2. 在使用硬笔熟练地书写正楷字的基础上,学写规范、通行的行楷字,提高书写的速度。

3. 临摹名家书法,体会书法的审美价值。

4. 写字姿势正确,有良好的书写习惯。

(二)阅读

1. 能用普通话正确、流利、有感情地朗读。

2. 养成默读习惯,有一定的速度,阅读一般的现代文,每分钟不少于500字。能较熟练地运用略读和浏览的方法,扩大阅读范围。

3. 在通读课文的基础上,理清思路,理解、分析主要内容,体味和推敲重要词句在语言环境中的意义和作用。

4. 对课文的内容和表达有自己的心得,能提出自己的看法,并能运用合作的方式,共同探讨、分析、解决疑难问题。

5. 在阅读中了解叙述、描写、说明、议论、抒情等表达方式。

6. 能够区分写实作品与虚构作品,了解诗歌、散文、小说、戏剧等文学样式。

7. 欣赏文学作品,有自己的情感体验,初步领悟作品的内涵,从中获得对自然、社会、人生的有益启示。对作品中感人的情境和形象,能说出自己的体验;品味作品中富于表现力的语言。

8. 阅读简单的议论文,区分观点与材料(道理、事实、数据、图表等),发现观点与材料之间的联系,并通过自己的思考,作出判断。阅读新闻和说明性文章,能把握文章的基本观点,获取主要信息。阅读科技作品,还应注意领会作品中所体现的科学精神和科学思想方法。阅读由多种材料组合、较为复杂的非连续性文本,能领会文本的意思,得出有意义的结论。

9. 诵读古代诗词,阅读浅易文言文,能借助注释和工具书理解基本内容。注重积累、感悟和运用,提高自己的欣赏品位。

10. 随文学习基本的词汇、语法知识,用来帮助理解课文中的语言难点;

了解常用的修辞方法，体会它们在课文中的表达效果。了解课文涉及的重要作家作品知识和文化常识。

11. 能利用图书馆、网络搜集自己需要的信息和资料，帮助阅读。

12. 学会制订自己的阅读计划，广泛阅读各种类型的读物，课外阅读总量不少于260万字，每学年阅读两三部名著。背诵优秀诗文80篇(段)。

(三)写作

1. 写作要有真情实感，力求表达自己对自然、社会、人生的感受、体验和思考。

2. 多角度观察生活，发现生活的丰富多彩，能抓住事物的特征，有自己的感受和认识，表达力求有创意。

3. 注重写作过程中搜集素材、构思立意、列纲起草、修改加工等环节，提高独立写作的能力。

4. 写作时考虑不同的目的和对象。根据表达的需要，围绕表达中心，选择恰当的表达方式。合理安排内容的先后和详略，条理清楚地表达自己的意思。运用联想和想象，丰富表达的内容。正确使用常用的标点符号。

5. 写记叙性文章，表达意图明确，内容具体充实；写简单的说明性文章，做到明白清楚；写简单的议论性文章，做到观点明确，有理有据；根据生活需要，写常见应用文。

6. 能从文章中提取主要信息，进行缩写；能根据文章的基本内容和自己的合理想象，进行扩写；能变换文章的文体或表达方式等，进行改写。

7. 根据表达的需要，借助语感和语文常识，修改自己的作文，做到文从字顺。能与他人交流写作心得，互相评改作文，以分享感受，沟通见解。

8. 作文每学年一般不少于14次，其他练笔不少于1万字，45分钟能完成不少于500字的习作。

(四)口语交际

1. 注意对象和场合，学习文明得体地交流。

2. 耐心专注地倾听，能根据对方的话语、表情、手势等，理解对方的观点和意图。

3. 自信、负责地表达自己的观点，做到清楚、连贯、不偏离话题。

4. 注意表情和语气，根据需要调整自己的表达内容和方式，不断提高应对能力，增强感染力和说服力。

5.讲述见闻,内容具体、语言生动。复述转述,完整准确、突出要点。能就适当的话题作即席讲话和有准备的主题演讲,有自己的观点,有一定说服力。

6.讨论问题,能积极发表自己的看法,有中心、有根据、有条理。能听出讨论的焦点,并能有针对性地发表意见。

(五)综合性学习

1.自主组织文学活动,在办刊、演出、讨论等活动过程中,体验合作与成功的喜悦。

2.能提出学习和生活中感兴趣的问题,共同讨论,选出研究主题,制订简单的研究计划。能从书刊或其他媒体中获取有关资料,讨论分析问题,独立或合作写出简单的研究报告。

3.关心学校、本地区和国内外大事,就共同关注的热点问题,搜集资料,调查访问,相互讨论,能用文字、图表、图画、照片等展示学习成果。

4.掌握查找资料、引用资料的基本方法,分清原始资料与间接资料的主要差别,学会注明所援引资料的出处。

第三部分　实施建议

一、教学建议

(一)充分发挥师生双方在教学中的主动性和创造性

学生是语文学习的主体,教师是学习活动的组织者和引导者。语文教学应在师生平等对话的过程中进行。

语文教学应激发学生的学习兴趣,培养学生自主学习的意识和习惯,引导学生掌握语文学习的方法,为学生创设有利于自主、合作、探究学习的环境。应尊重学生的个体差异,鼓励学生选择适合自己的学习方式。

教师应确立适应社会发展和学生需求的语文教育观念,注重吸收新知识,不断提高自身的综合素养。应认真钻研教材,正确理解、把握教材内容,创造性地使用教材;积极开发、合理利用课程资源,灵活运用多种教学策略和现代教育技术,努力探索网络环境下新的教学方式;精心设计和组织教学活动，重视启发式、讨论式教学，启迪学生智慧，提高语文教学质量。

（二）教学中努力体现语文的实践性和综合性

教师应努力改进课堂教学，整体考虑知识与能力、过程与方法、情感态度与价值观的综合，注重听说读写之间的有机联系，加强教学内容的整合，统筹安排教学活动，促进学生语文素养的整体提高。

重视学生读书、写作、口语交际、搜集处理信息等语文实践，提倡多读多写，改变机械、粗糙、烦琐的作业方式，让学生在语文实践中学习语文，学会学习。善于通过专题学习等方式，沟通课堂内外，沟通听说读写，增加学生语文实践的机会。充分利用学校、家庭和社区等教育资源，开展综合性学习活动，拓宽学生的学习空间。

（三）重视情感、态度、价值观的正确导向

培养学生正确的思想观念、科学的思维方式、高尚的道德情操、健康的审美情趣和积极的人生态度，是与帮助他们掌握学习方法、提高语文能力的过程融为一体的，不应该当作外在的附加任务。应该根据语文学科的特点，注重熏陶感染，潜移默化，把这些内容渗透于日常的教学过程之中。

（四）重视培养学生的创新精神和实践能力

语文教学要注重语言的积累、感悟和运用，注重基本技能训练，让学生打好扎实的语文基础。尤其要注重激发学生的好奇心、求知欲，发展学生的思维，培养想象力，开发创造潜能，提高学生发现、分析和解决问题的能力，提高语文综合应用能力。

（五）具体建议

学生生理、心理以及语言能力的发展具有阶段性特征，不同内容的教学也有各自的规律，应该根据不同学段学生的特点和不同的教学内容，采取合适的教学策略。

1. 关于识字、写字与汉语拼音教学

识字、写字是阅读和写作的基础，是第一学段的教学重点，也是贯串整个义务教育阶段的重要教学内容。

低年级阶段学生“会认”与“会写”的字量要求有所不同。在教学过程中要“多认少写”,要求学生会认的字不一定同时要求会写。本标准附有“识字、写字教学基本字表”,建议先认先写“字表”中的300个字,逐步发展识字写字能力。

识字教学要注意儿童特点,将学生熟识的语言因素作为主要材料,结合学生的生活经验,引导他们利用各种机会主动识字,力求识用结合。

要运用多种识字教学方法和形象直观的教学手段,创设丰富多彩的教学情境,提高识字教学效率。

按照规范要求认真写好汉字是教学的基本要求,练字的过程也是学生性情、态度、审美趣味养成的过程。每个学段都要指导学生写好汉字。要求学生写字姿势正确,指导学生掌握基本的书写技能,养成良好的书写习惯,提高书写质量。第一、第二、第三学段,要在每天的语文课中安排10分钟,在教师指导下随堂练习,做到天天练。要在日常书写中增强练字意识,讲究练字效果。

汉语拼音教学要尽可能有趣味性,宜多采用活动和游戏的形式,应与学说普通话、识字教学相结合,注意汉语拼音在现实语言生活中的运用。

2. 关于阅读教学

阅读是运用语言文字获取信息、认识世界、发展思维、获得审美体验的重要途径。阅读教学是学生、教师、教科书编者、文本之间对话的过程。

阅读是学生的个性化行为。阅读教学应引导学生钻研文本,在主动积极的思维和情感活动中,加深理解和体验,有所感悟和思考,受到情感熏陶,获得思想启迪,享受审美乐趣。要珍视学生独特的感受、体验和理解。教师应加强对学生阅读的指导、引领和点拨,但不应以教师的分析来代替学生的阅读实践,不应以模式化的解读来代替学生的体验和思考;要善于通过合作学习解决阅读中的问题,但也要防止用集体讨论来代替个人阅读。

阅读教学应注重培养学生感受、理解、欣赏和评价的能力。这种综合能力的培养,各学段可以有所侧重,但不应把它们机械地割裂开来。

在理解课文的基础上,提倡多角度、有创意的阅读,利用阅读期待、阅读反思和批判等环节,拓展思维空间,提高阅读质量。但要防止逐字逐句的过深分析和远离文本的过度发挥。

各个学段的阅读教学都要重视朗读和默读。各学段关于朗读的目标中都要求“有感情地朗读”,这是指,要让学生在朗读中通过品味语言,体会作者及作品中的情感态度,学习用恰当的语气语调朗读,表现自己对作者及其作品情感态度的理解。朗读要提倡自然,要摒弃矫情做作的腔调。

应加强对阅读方法的指导,让学生逐步学会精读、略读和浏览。有些诗文应要求学生诵读,以利于丰富积累、增强体验,培养语感。

在阅读教学中,为了帮助理解课文,可以引导学生随文学习必要的语文知识,但不能脱离语文运用的实际去进行"系统"的讲授和操练,更不应要求学生死记硬背概念、定义。

要重视培养学生广泛的阅读兴趣,扩大阅读面,增加阅读量,提高阅读品位。提倡少做题,多读书,好读书,读好书,读整本的书。关注学生通过多种媒介的阅读,鼓励学生自主选择优秀的阅读材料。加强对课外阅读的指导,开展各种课外阅读活动,创造展示与交流的机会,营造人人爱读书的良好氛围。

3. 关于写作教学

写作是运用语言文字进行表达和交流的重要方式,是认识世界、认识自我、创造性表述的过程。写作能力是语文素养的综合体现。写作教学应贴近学生实际,让学生易于动笔,乐于表达,应引导学生关注现实,热爱生活,积极向上,表达真情实感。

关于"写作"的目标,第一学段定位于"写话",第二学段开始"习作",这是为了降低学生写作起始阶段的难度,重在培养学生的写作兴趣和自信心。

在写作教学中,应注重培养学生观察、思考、表达和创造的能力。要求学生说真话、实话、心里话,不说假话、空话、套话,并且抵制抄袭行为。

为学生的自主写作提供有利条件和广阔空间,减少对学生写作的束缚,鼓励自由表达和有创意的表达。鼓励写想象中的事物,加强平时练笔指导,改进作文命题方式,提倡学生自主选题。

写作教学应抓住取材、构思、起草、加工等环节,指导学生在写作实践中学会写作。重视引导学生在自我修改和相互修改的过程中提高写作能力。

要重视写作教学与阅读教学、口语交际教学之间的联系,善于将读与写、说与写有机结合,相互促进。要关注作文的书写质量,要使学生把作文的书写也当作练字的过程。

积极合理利用信息技术与网络的优势,丰富写作形式,激发写作兴趣,增加学生创造性表达、展示交流与互相评改的机会。

4. 关于口语交际教学

口语交际能力是现代公民的必备能力。应培养学生倾听、表达和应对的能力,使学生具有文明和谐地进行人际交流的素养。

口语交际是听与说双方的互动过程。教学活动主要应在具体的交际情境中进行,不宜采用大量讲授口语交际原则、要领的方式。应努力选择贴近生活的话题,采用灵活的形式组织教学。

重视在语文课堂教学中培养口语交际的能力,鼓励学生在各科教学活动以及日常生活中锻炼口语交际能力。

5. 关于综合性学习

综合性学习主要体现为语文知识的综合运用、听说读写能力的整体发展、语文课程与其他课程的沟通、书本学习与生活实践的紧密结合。

综合性学习应贴近现实生活。联系生活中的实际问题开展学习活动,在实现语文学习目标的同时,提高对自然、社会现象与问题的认识,追求积极、健康、和谐的生活方式,增强抵御风险和侵害的意识,增强在与自然、社会和他人互动中的应对能力。

综合性学习应突出学生的自主性,重视学生主动积极的参与精神,主要由学生自行设计和组织活动,特别注重探索和研究的过程,要加强教师在各环节中的指导作用。

综合性学习应强调合作精神,注意培养学生策划、组织、协调和实施的能力。

综合性学习的设计应开放、多元,提倡与其他课程相结合,开展跨领域学习。跨学科学习,也应以提高学生语文素养为目的。

积极构建网络环境下的学习平台,拓展学生学习和创造的空间,支持和丰富语文综合性学习。

6. 关于语法修辞知识

本标准"学段目标与内容"中涉及语音、文字、词汇、语法、修辞、文体、文学等丰富的知识内容。在教学中应根据语文运用的实际需要,从所遇到的具体语言实例出发进行指导和点拨。指导与点拨的目的是为了帮助学生更好地识字、写字、阅读与表达,形成一定的语言应用能力和良好的语感,而不在于对知识系统的记忆。因此,要避免脱离实际运用,围绕相关知识的概念、定义进行"系统、完整"的讲授与操练。

本标准通过所附的"语法修辞知识要点"对相关内容略加展开,大致规定教学中点拨的范围和难度;这一部分提到有关的名称,则便于教师在引导学生认识语言现象和问题时称说。关于语言结构和运用的规律,须让学生在具有比较丰富的语言积累和良好语感的基础上，在实际运用中逐步体味把握。

二、评价建议

语文课程评价的根本目的是为了促进学生学习，改善教师教学。语文课程评价应准确反映学生的学习水平和学习状况，全面落实语文课程目标。应充分发挥语文课程评价的多重功能，恰当运用多种评价方式，注重评价主体的多元与互动，突出语文课程评价的整体性和综合性。要根据不同年龄学生的学习特点，按照不同学段的课程目标，抓住关键，突出重点，采用合适方式，提高评价效率。语文课程评价应该改变过于重视甄别和选拔的状况，突出评价的诊断和发展功能。

（一）充分发挥语文课程评价的多种功能

语文课程评价具有检查、诊断、反馈、激励、甄别和选拔等多种功能，其目的是为了考察学生实现课程目标的程度，检验和改进学生的学习和教师的教学，改善课程设计，完善教学过程。应发挥语文课程评价的多种功能，尤其应注意发挥其诊断、反馈和激励的功能，有效地促进学生的发展。

（二）恰当运用多种评价方式

形成性评价关注学习过程，有利于及时揭示问题、及时反馈、及时改进教与学活动。终结性评价关注学习结果，有利于对教学活动作出总结性的结论。形成性评价和终结性评价都是必要的。应加强形成性评价，注意收集、积累能够反映学生语文学习与发展的资料，可采用成长记录袋等各种方式，记录学生的成长过程。对学生语文学习的日常表现，应以表扬、鼓励等积极的评价为主，采用激励性的评语，从正面加以引导。

要坚持定性评价和定量评价相结合，全面反映学生语文学习的状态及水平。评价方法除了纸笔测试以外，还有平时的行为观察与记录、问卷调查、面谈讨论等各种方法。语文学习具有重情感体验和感悟的特点，更应重视定性评价。学校和教师要对学生的成长记录和考试结果进行分析，评价结果的呈现方式除了等级或分数以外，还可用代表性的事实客观描述学生语文学习的进步，并提出建议。

各种评价方法都有其一定的适应性，在评价的客观性和深刻性上也各有差别，因此，评价设计要注重可行性和有效性，力戒烦琐，防止片面追求形式。

（三）注重评价主体的多元与互动

应注意将教师的评价、学生的自我评价及学生之间的相互评价相结合，加强学生的自我评价和相互评价，促进学生主动学习，自我反思。评价要理解和尊重学生的自我评价与相互评价。要尊重学生的个体差异，有利于每个学生的健康发展。

根据需要，可让学生家长、社区、专业人员等适当参与评价活动，争取社会对学生语文学习的更多关注和支持。

（四）突出语文课程评价的整体性和综合性

语文课程评价要体现语文课程目标的整体性和综合性，全面考察学生的语文素养。应注意识字与写字、阅读、写作、口语交际和综合性学习五个方面的有机联系，注意知识与能力、过程与方法、情感态度与价值观的交融、整合，避免只从知识、技能方面进行评价。

（五）具体建议

1. 关于识字与写字的评价

汉语拼音学习的评价，重在考察学生认读和拼读的能力，以及借助汉语拼音认读汉字、讲普通话、纠正地方音的情况。

识字的评价，要考察学生认清字形、读准字音、掌握汉字基本意义的情况，以及在具体语言环境中运用汉字的能力，借助字典、词典等工具书查检字词的能力。第一、第二学段应多关注学生主动识字的兴趣，第三、第四学段要重视考察学生独立识字的能力。

写字的评价，要考察学生对于要求“会写”的字的掌握情况，重视书写的正确、端正、整洁，在此基础上，逐步要求书写流利。第一学段要关注学生写好基本笔画、基本结构和基本字，第二、第三学段还要关注学生的毛笔书写，第四学段还要关注学生基本行楷字的书写和对名家书法作品的临摹。义务教育的各个学段的写字评价都要关注学生写字的姿势与习惯，引导学生提高书写质量。第三学段要求学生会写 2500 个字。对学生写字学习情况的评价，当以本标准附录 5“义务教育语文课程常用字表・字表一”为依据。

评价要有利于激发学生识字、写字的兴趣，帮助学生养成写规范字的习惯，减少错别字。

2. 关于阅读的评价

阅读的评价，要综合考察学生阅读过程中的感受、体验和理解，要关注其阅读兴趣与价值取向、阅读方法与习惯，也要关注其阅读面和阅读量，以及选择阅读材料的能力。重视对学生多角度、有创意阅读的评价。语文知识的学习重在运用，其概念不作为考试内容。

能用普通话正确、流利、有感情地朗读课文，是朗读评价的总要求。根据阶段目标，各学段的要求可以有所侧重。评价学生的朗读，可从语音、语调和语气等方面进行综合考察，评价“有感情地朗读”，要以对内容的理解与把握为基础，要防止矫情做作。

诵读的评价，重在提高学生的诵读兴趣，增加积累，发展语感，加深体验和领悟。在不同学段，可在诵读材料的内容、范围、数量、篇幅、类型等方面逐渐增加难度。

默读的评价，应从学生默读的方法、速度、效果和习惯等方面进行综合考察。

精读的评价，重点评价学生对阅读材料的综合理解能力，要重视评价学生的情感体验和创造性的理解。第一学段可侧重考察对文章内容的初步感知和文中重要词句的理解、积累；第二学段侧重考察通过重要词句帮助理解文章，体会其表情达意的作用，以及对文章大意的把握；第三学段侧重考察对文章表达顺序和基本表达方法的了解领悟；第四学段侧重考察理清思路、概括要点、探究内容等方面的情况，以及读懂不同文体文章的能力。

略读的评价，重在考察学生能否把握阅读材料的大意。浏览的评价，重在考察学生能否从阅读材料中捕捉有用信息。

文学作品阅读的评价，着重考察学生感受形象、体验情感、品味语言的水平，对学生独特的感受和体验应加以鼓励。第一学段侧重考察学生能通过朗读和想象等手段，大体感受作品的情境、节奏和韵味；第二学段侧重考察在阅读全文基础上对重要段落和语句的细致阅读，具体感受作品的形象和语言；第三、第四学段，可通过考察学生对形象、情感、语言的领悟程度，以及自己的体验，来评价学生初步鉴赏文学作品的水平。

评价学生阅读古代诗词和浅易文言文，重点考察学生的记诵积累，考察他们能否凭借注释和工具书理解诗文大意。词法、句法等方面的概念不作为考试内容。

要重视学生课外阅读的评价。应根据各学段的要求，通过小组和班级交流、学习成果展示等方式,了解学生的阅读量和阅读面,进而考察其阅读的兴趣、习惯、品位、方法和能力。

3. 关于写作的评价

写作的评价,应按照不同学段的目标要求,综合考察学生写作水平的发展状况。第一学段主要评价学生的写话兴趣;第二学段是习作的起始阶段,要鼓励学生大胆习作;第三、第四学段要通过多种评价,促进学生具体明确、文从字顺地表达自己的见闻、体验和想法。对于作文的评价还须关注学生汉字书写的情况。

写作的评价,要重视学生的写作兴趣和习惯,鼓励表达真情实感,鼓励有创意的表达,引导学生热爱生活,亲近自然,关注社会。

写作材料准备过程的评价,不仅要具体考察学生占有材料的丰富性、真实性,也要考察他们获取材料的方法。要引导学生通过观察、调查、访谈、阅读等途径,运用多种方法搜集材料。

重视对作文修改的评价。要考察学生对作文内容、文字表达的修改,也要关注学生修改作文的态度、过程和方法。要引导学生通过自改和互改,取长补短,促进相互了解和合作,共同提高写作水平。

评价结果的呈现方式,根据实际需要,可以是书面的,可以是口头的;可以用等级表示,也可以用评语表示;还可以采用展示、交流等多种方式。

提倡学生在成长记录中收存有代表性的课内外作文和有价值的典型案例分析,以反映写作的实际情况和发展过程。

4. 关于口语交际的评价

口语交际的评价,须注重提高学生对口语交际的认识和表达沟通的水平。考察口语交际水平的基本项目可以有讲述、应对、复述、转述、即席讲话、主题演讲、问题讨论等。

口语交际的评价,应按照不同学段的要求,综合考察学生的参与意识、情意态度和表达能力。第一学段主要评价学生口语交际的态度与习惯,重在鼓励学生自信地表达;第二、第三学段主要评价学生日常口语交际的基本能力,学会倾听、表达与交流;第四学段要通过多种评价方式,促进学生根据不同的对象和内容,文明地进行人际沟通和社会交往。评价宜在具体的交际情境中进行,让学生承担有实际意义的交际任务,并结合学生在日常生活和学习活动中的表现,综合考察学生真实的口语交际水平。

5. 关于综合性学习的评价

综合性学习的评价，应着重考察学生的语文综合运用能力、探究精神与合作态度。主要着眼于学生在综合性学习过程中的表现，如是否能积极参与活动，是否能主动提出问题，还有搜集整理材料、综合运用语文知识探究问题、展示与交流学习成果等方面的情况。第一、第二学段要较多地关注学生参与语文学习活动的兴趣与态度。第三、第四学段要多关注学生在语文活动中提出问题、探究问题以及展示学习活动成果的能力。各个学段综合性学习的评价都要着眼于促进学生提高语文水平的效率，并有助于他们扩大视野，更好地掌握学习语文的方法。

评价要尊重和保护学生学习的自主性和积极性，鼓励学生运用多种方法，从不同的角度进行探究。要充分注意学生解决问题的思路和方法。对有新意的思路和表达以及有特点的展示方式，尤其要给予足够的重视。除了教师的评价之外，要多让学生开展自我评价和相互评价。

三、教材编写建议

1. 教材编写应依据课程标准，全面有序地安排教学内容，设计教学活动，并注意体现基础性和阶段性，关注各学段之间的衔接。

2. 教材应体现时代特点和现代意识，关注现实，关注人类，关注自然，理解和尊重多样文化，有助于学生树立正确的世界观、人生观、价值观。

3. 教材要注重继承与弘扬中华民族优秀文化和革命传统，有助于增强学生的民族自尊心和爱国主义感情。

4. 教材应符合学生的身心发展特点，适应学生的认知水平，密切联系学生的经验世界和想象世界，有助于激发学生的学习兴趣和创新精神。

5. 教材选文要文质兼美，具有典范性，富有文化内涵和时代气息，题材、体裁、风格丰富多样，各种类别配置适当，难易适度，适合学生学习。要重视开发高质量的新课文。

6. 教材应注意引导学生掌握语文学习的方法，养成良好的学习习惯。课文注释和练习等应少而精，具有启发性，有利于学生在探究中学会学习。

7. 教材内容的安排要避免烦琐，简化头绪，突出重点，加强整合，注重情感态度、知识能力之间的联系，致力于学生语文素养的整体提高。

8. 教材的体例和呈现方式应灵活多样，避免模式化。设计的体验性活动和研究性专题要体现语文特点，内容适量，便于实施。

9. 教材要有开放性和弹性。在合理安排基本课程内容的基础上，给地方、学校和教师留有开发、选择的空间，也为学生留出选择和拓展的空间，以满足不同学生学习和发展的需要。

10. 教材编写应努力追求设计的创新和编写的特色。要重视现代教育技术在语文课程中的运用。编写语言应准确、规范。

四、课程资源开发与利用的建议

1. 语文课程资源包括课堂教学资源和课外学习资源，例如：教科书、相关配套阅读材料、其他图书、报刊、工具书、教学挂图，电影、电视、广播、网络，报告会、演讲会、辩论会、研讨会、戏剧表演，生产劳动与社会实践场所，图书馆、博物馆、纪念馆、展览馆，布告栏、报廊、各种标牌广告，等等。

自然风光、文化遗产、风俗民情、方言土语，国内外的重要事件，日常生活的话题等也都可以成为语文课程的资源。

2. 各地都蕴藏着多种语文课程资源。学校要有强烈的资源意识，认真分析本地和本校的特点，充分利用已有的资源，积极开发潜在的资源，特别是人的资源因素和在课程实施过程中生成的资源因素。

3. 学校应积极创造条件，努力为语文教学配置相应的设备；还应当争取社会各方面的支持，与社区建立稳定的联系，给学生创设语文实践的环境，开展多种形式的语文学习活动。

4. 语文教师应高度重视课程资源的开发与利用，创造性地开展各类活动，增强学生在各种场合学语文、用语文的意识，通过多种途径提高学生的语文素养。

附录1　关于优秀诗文背诵推荐篇目的建议

《全日制义务教育语文课程标准》要求学生背诵古今优秀诗文，包括中国古代、现当代和外国优秀诗文，具体篇目可由教科书编者和任课教师推荐，这里仅推荐古诗文135篇(段)。其中1～6年级75篇，7～9年级61篇。1～6年级的背诵篇目都是诗歌；7～9年级的篇目，除诗歌外，也选入了一些短篇散文。这些诗文主要供学生读读背背，增加积累，在教科书中可作不同的安排，不必都编成课文。

1～6 年级(75 篇)		
1	江南(江南可采莲)	汉乐府
2	长歌行(青青园中葵)	汉乐府
3	敕勒歌(敕勒川)	北朝民歌
4	咏鹅(鹅鹅鹅)	骆宾王
5	风(解落三秋叶)	李峤
6	咏柳(碧玉妆成一树高)	贺知章
7	回乡偶书(少小离家老大回)	贺知章
8	凉州词(黄河远上白云间)	王之涣
9	登鹳雀楼(白日依山尽)	王之涣
10	春晓(春眠不觉晓)	孟浩然
11	凉州词(葡萄美酒夜光杯)	王翰
12	出塞(秦时明月汉时关)	王昌龄
13	芙蓉楼送辛渐(寒雨连江夜入吴)	王昌龄
14	鹿柴(空山不见人)	王维
15	送元二使安西(渭城朝雨浥轻尘)	王维
16	九月九日忆山东兄弟(独在异乡为异客)	王维
17	静夜思(床前明月光)	李白
18	古朗月行(小时不识月)	李白
19	望庐山瀑布(日照香炉生紫烟)	李白
20	赠汪伦(李白乘舟将欲行)	李白
21	黄鹤楼送孟浩然之广陵(故人西辞黄鹤楼)	李白
22	早发白帝城(朝辞白帝彩云间)	李白
23	望天门山(天门中断楚江开)	李白
24	别董大(千里黄云白日曛)	高适
25	绝句(两个黄鹂鸣翠柳)	杜甫
26	春夜喜雨(好雨知时节)	杜甫
27	绝句(迟日江山丽)	杜甫
28	江畔独步寻花(黄师塔前江水东)	杜甫
29	枫桥夜泊(月落乌啼霜满天)	张继

续　表

1～6 年级(75 篇)		
30	滁州西涧(独怜幽草涧边生)	韦应物
31	游子吟(慈母手中线)	孟郊
32	早春呈水部张十八员外(天街小雨润如酥)	韩愈
33	渔歌子(西塞山前白鹭飞)	张志和
34	塞下曲(月黑雁飞高)	卢纶
35	望洞庭(湖光秋月两相和)	刘禹锡
36	浪淘沙(九曲黄河万里沙)	刘禹锡
37	赋得古原草送别(离离原上草)	白居易
38	池上(小娃撑小艇)	白居易
39	忆江南(江南好)	白居易
40	小儿垂钓(蓬头稚子学垂纶)	胡令能
41	悯农(锄禾日当午)	李绅
42	悯农(春种一粒粟)	李绅
43	江雪(千山鸟飞绝)	柳宗元
44	寻隐者不遇(松下问童子)	贾岛
45	山行(远上寒山石径斜)	杜牧
46	清明(清明时节雨纷纷)	杜牧
47	江南春(千里莺啼绿映红)	杜牧
48	蜂(不论平地与山尖)	罗隐
49	江上渔者(江上往来人)	范仲淹
51	元日(爆竹声中一岁除)	王安石
51	泊船瓜洲(京口瓜洲一水间)	王安石
52	书湖阴先生壁(茅檐长扫净无苔)	王安石
53	六月二十七日望湖楼醉书(黑云翻墨未遮山)	苏轼
54	饮湖上初晴后雨(水光潋滟晴方好)	苏轼
55	惠崇春江晓景(竹外桃花三两枝)	苏轼
56	题西林壁(横看成岭侧成峰)	苏轼
57	夏日绝句(生当作人杰)	李清照

续　表

1～6年级(75篇)		
58	三衢道中(梅子黄时日日晴)	曾几
59	示儿(死去元知万事空)	陆游
60	秋夜将晓出篱门迎凉有感(三万里河东入海)	陆游
61	四时田园杂兴(昼出耘田夜绩麻)	范成大
62	四时田园杂兴(梅子金黄杏子肥)	范成大
63	小池(泉眼无声惜细流)	杨万里
64	晓出净慈寺送林子方(毕竟西湖六月中)	杨万里
65	春日(胜日寻芳泗水滨)	朱熹
66	观书有感(半亩方塘一鉴开)	朱熹
67	题临安邸(山外青山楼外楼)	林升
68	游园不值(应怜屐齿印苍苔)	叶绍翁
69	乡村四月(绿遍山原白满川)	翁卷
70	墨梅(我家洗砚池头树)	王冕
71	石灰吟(千锤万凿出深山)	于谦
72	竹石(咬定青山不放松)	郑燮
73	所见(牧童骑黄牛)	袁枚
74	村居(草长莺飞二月天)	高鼎
75	己亥杂诗(九州生气恃风雷)	龚自珍

7～9年级(60篇)		
1	关雎(关关雎鸠)	《诗经》
2	蒹葭(蒹葭苍苍)	《诗经》
3	十五从军征(十五从军征)	汉乐府
4	观沧海(东临碣石)	曹操
5	饮酒(结庐在人境)	陶潜
6	木兰辞(唧唧复唧唧)	北朝民歌
7	送杜少府之任蜀州(城阙辅三秦)	王勃
8	登幽州台歌(前不见古人)	陈子昂

续　表

7～9年级(60篇)		
9	次北固山下(客路青山外)	王湾
10	使至塞上(单车欲问边)	王维
11	闻王昌龄左迁龙标遥有此寄(杨花落尽子规啼)	李白
12	行路难(金樽清酒斗十千)	李白
13	黄鹤楼(昔人已乘黄鹤去)	崔颢
14	望岳(岱宗夫如何)	杜甫
15	春望(国破山河在)	杜甫
16	茅屋为秋风所破歌(八月秋高风怒号)	杜甫
17	白雪歌送武判官归京(北风卷地白草折)	岑参
18	酬乐天扬州初逢席上见赠(巴山楚水凄凉地)	刘禹锡
19	卖炭翁(卖炭翁)	白居易
20	钱塘湖春行(孤山寺北贾亭西)	白居易
21	雁门太守行(黑云压城城欲摧)	李贺
22	赤壁(折戟沉沙铁未销)	杜牧
23	泊秦淮(烟笼寒水月笼沙)	杜牧
24	夜雨寄北(君问归期未有期)	李商隐
25	无题(相见时难别亦难)	李商隐
26	相见欢(无言独上西楼)	李煜
27	渔家傲(塞下秋来风景异)	范仲淹
28	浣溪沙(一曲新词酒一杯)	晏殊
29	登飞来峰(飞来峰上千寻塔)	王安石
30	江城子(老夫聊发少年狂)	苏轼
31	水调歌头(明月几时有)	苏轼
32	渔家傲(天接云涛连晓雾)	李清照
33	游山西村(莫笑农家腊酒浑)	陆游
34	南乡子(何处望神州)	辛弃疾
35	破阵子(醉里挑灯看剑)	辛弃疾
36	过零丁洋(辛苦遭逢起一经)	文天祥

续 表

7～9年级(60篇)		
37	天净沙·秋思(枯藤老树昏鸦)	马致远
38	山坡羊·潼关怀古(峰峦如聚)	张养浩
39	己亥杂诗(浩荡离愁白日斜)	龚自珍
40	满江红(小住京华)	秋瑾
41	《论语》12章(学而时习之;吾日三省吾身;吾十有五而志于学;温故而知新;学而不思则罔;贤哉回也;知之者不如好之者;不义而富且贵;三人行;子在川上曰;三军可夺帅也;博学而笃志)	
42	曹刿论战	《左传》
43	《孟子》三则(鱼我所欲也;富贵不能淫;天将降大任于斯人也)	
44	《庄子》一则(北冥有鱼……亦若是则已矣。)	
45	《礼记》一则(虽有佳肴)	
46	《列子》一则(伯牙善鼓琴……吾于何逃声哉?)	
47	邹忌讽齐王纳谏	《战国策》
48	出师表	诸葛亮
49	桃花源记	陶潜
50	与谢中书书	陶弘景
51	三峡	郦道元
52	杂说(四)	韩愈
53	陋室铭	刘禹锡
54	小石潭记	柳宗元
55	岳阳楼记	范仲淹
56	醉翁亭记	欧阳修
57	爱莲说	周敦颐
58	记承天寺夜游	苏轼
59	送东阳马生序(余幼时即嗜学……况才之过于余者乎?)	宋濂
59	湖心亭看雪	张岱
60	河中石兽	纪昀

附录 2 关于课外读物的建议

《义务教育语文课程标准》要求学生 9 年课外阅读总量达到 400 万字以上,阅读材料包括适合学生阅读的各类图书和报刊。对此提出如下建议:

童话,如安徒生童话、格林童话、叶圣陶《稻草人》、张天翼《宝葫芦的秘密》等。

寓言,如中国古今寓言、《伊索寓言》等。

故事,如成语故事、神话故事、中外历史故事、各民族民间故事等。

诗歌散文作品,如鲁迅《朝花夕拾》、冰心《繁星·春水》、《艾青诗选》、《革命烈士诗抄》、中外童谣、儿童诗歌等。

长篇文学名著,如吴承恩《西游记》、施耐庵《水浒传》、老舍《骆驼祥子》、罗广斌、杨益言《红岩》、笛福《鲁滨孙漂流记》、斯威夫特《格列佛游记》、夏绿蒂·勃朗特《简·爱》、高尔基《童年》、奥斯特洛夫斯基《钢铁是怎样炼成的》等。

教师可根据需要,从中外各类优秀文学作品中选择合适的读物,向学生补充推荐。

科普科幻作品,如儒勒·凡尔纳的系列科幻小说,各类历史、文化读物及传记,以及介绍自然科学与社会科学常识的普及性读物等,可由语文教师和各有关学科教师商议推荐。

附录 3 语法修辞知识要点

1. 词的分类:名词、动词、形容词、数词、量词、代词、副词、介词、连词、助词、语气词、叹词。

2. 短语的结构:并列式、偏正式、主谓式、动宾式、补充式。

3. 单句的成分:主语、谓语、宾语、定语、状语、补语。

4. 复句的类型:并列、递进、选择、转折、因果、假设、条件。

5. 常见修辞格:比喻、拟人、夸张、排比、对偶、反复、设问、反问。

附录 4 识字、写字教学基本字表

本表是识字、写字教学的基本字表。这些字构形简单,重现率高,其中的大多数能成为其他字的结构成分。先学这些字,有利于打好识字、写字的基础,有利于发展识字、写字能力,提高学习效率。这些字应作为第一学段教科书中识字、写字教学的重要内容。

字表中的 17 字附带部首变体:人(亻)、刀(刂)、心(忄)、水(氵)、手(扌)、爪

(罒)、犬(犭)、火(灬)、玉(王)、示(礻)、衣(衤)、竹(⺮)、肉(月)、足(⻊)、言(讠)、金(钅)、食(饣)。

(共300字,按音序排列)

B

八 把 爸 白 百 班 办 半 包 饱 北 贝 被 本 比 边
别 不

C

才 草 册 长 厂 吵 车 成 吃 尺 虫 出 穿 船 窗 床
春 次 从

D

打 大 但 当 刀 到 道 的 灯 地 点 电 东 冬 动 都
豆 对 多

E

儿 耳 二

F

发 反 饭 方 放 飞 分 风

G

干 高 哥 个 给 更 工 公 共 狗 瓜 关 光 广 国
果 过

H

孩 海 好 合 和 河 很 红 后 花 画 话 还 回 会 火

J

机 几 己 加 家 见 江 交 叫 姐 巾 今 金 进 京 经
九 就 军

K

开 看 可 课 口 哭 快

L

来 老 乐 里 力 立 脸 两 亮 了 林 六

M
妈　马　猫　毛　没　每　美　妹　门　们　米　面　民　明　木　目

N
那　奶　你　年　鸟　牛　农　女

P
胖　跑　朋　皮　片　票　平

Q
七　奇　起　气　千　前　青　秋　去　全

R
然　让　人　日

S
三　山　上　少　舌　身　生　声　师　十　什　石　时　市　是　手
书　树　双　谁　水　说　四　岁

T
他　她　台　太　天　田　条　跳　听　同　头　土

W
外　玩　晚　万　王　网　为　卫　文　问　我　五　午

X
西　习　洗　下　先　现　向　小　校　笑　些　心　兴　星　行
学　雪

Y
牙　羊　阳　样　要　爷　也　业　叶　页　一　衣　医　以　因　阴
音　用　有　又　鱼　羽　雨　语　元　月　云

Z
再　在　早　站　找　这　真　正　知　直　只　中　竹　主　住　桌
着　子　字　自　走　作　坐　做

附录 5　义务教育语文课程常用字表

本字表共收常用汉字 3500 个，根据它们在当代各类汉语阅读材料中的出现频率和汉字教学的需要，又分成两个字表。提供这样的字表，便于在教材编写中安排汉字教学的设计，也便于开展对汉字教学的评估。下面“字表一”可作为第三学段识字、写字教学评价的依据。

字表一(2500)

A

1 阿	2 啊	3 哎	4 哀	5 唉	6 埃	7 挨	8 癌
9 矮	10 艾	11 爱	12 碍	13 安	14 氨	15 俺	16 岸
17 按	18 案	19 暗	20 昂	21 凹	22 熬	23 傲	24 奥
25 澳							

B

26 八	27 巴	28 叭	29 吧	30 拔	31 把	32 坝	33 爸
34 罢	35 霸	36 白	37 百	38 柏	39 摆	40 败	41 拜
42 班	43 般	44 颁	45 斑	46 搬	47 板	48 版	49 办
50 半	51 伴	52 扮	53 瓣	54 邦	55 帮	56 膀	57 傍
58 棒	59 包	60 胞	61 宝	62 饱	63 保	64 堡	65 报
66 抱	67 豹	68 暴	69 爆	70 卑	71 杯	72 悲	73 碑
74 北	75 贝	76 备	77 背	78 倍	79 被	80 辈	81 奔
82 本	83 崩	84 逼	85 鼻	86 比	87 彼	88 笔	89 币
90 必	91 毕	92 闭	93 辟	94 碧	95 蔽	96 壁	97 避
98 臂	99 边	100 编	101 蝙	102 鞭	103 扁	104 便	105 变
106 遍	107 辨	108 辩	109 标	110 表	111 别	112 宾	113 滨
114 冰	115 兵	116 丙	117 柄	118 饼	119 并	120 病	121 拨
122 波	123 玻	124 剥	125 播	126 脖	127 伯	128 驳	129 泊
130 勃	131 博	132 搏	133 膊	134 薄	135 卜	136 补	137 捕
138 不	139 布	140 步	141 部				

C

142 擦	143 猜	144 才	145 材	146 财	147 裁	148 采	149 彩
150 踩	151 菜	152 蔡	153 参	154 餐	155 残	156 蚕	157 惨

158 灿	159 仓	160 苍	161 舱	162 藏	163 操	164 曹	165 槽
166 草	167 册	168 侧	169 测	170 策	171 层	172 叉	173 插
174 查	175 茶	176 察	177 差	178 拆	179 柴	180 缠	181 产
182 阐	183 颤	184 昌	185 长	186 肠	187 尝	188 偿	189 常
190 厂	191 场	192 畅	193 倡	194 唱	195 抄	196 超	197 巢
198 朝	199 潮	200 吵	201 炒	202 车	203 扯	204 彻	205 撤
206 尘	207 臣	208 沉	209 陈	210 闯	211 衬	212 称	213 趁
214 撑	215 成	216 呈	217 承	218 诚	219 城	220 乘	221 惩
222 程	223 橙	224 吃	225 池	226 驰	227 迟	228 持	229 匙
230 尺	231 齿	232 斥	233 赤	234 翅	235 充	236 冲	237 虫
238 崇	239 抽	240 仇	241 绸	242 愁	243 筹	244 酬	245 丑
246 瞅	247 臭	248 出	249 初	250 除	251 厨	252 础	253 储
254 楚	255 处	256 触	257 川	258 穿	259 传	260 船	261 喘
262 串	263 窗	264 床	265 晨	266 创	267 吹	268 垂	269 锤
270 春	271 纯	272 唇	273 醇	274 词	275 瓷	276 慈	277 辞
278 磁	279 雌	280 此	281 次	282 刺	283 从	284 匆	285 葱
286 聪	287 丛	288 凑	289 粗	290 促	291 催	292 脆	293 翠
294 村	295 存	296 寸	297 措	298 错			

D

299 搭	300 达	301 答	302 打	303 大	304 呆	305 代	306 带
307 待	308 袋	309 逮	310 戴	311 丹	312 单	313 担	314 胆
315 旦	316 但	317 诞	318 弹	319 淡	320 蛋	321 氮	322 当
323 挡	324 党	325 荡	326 刀	327 导	328 岛	329 倒	330 蹈
331 到	332 盗	333 道	334 稻	335 得	336 德	337 的	338 灯
339 登	340 等	341 邓	342 凳	343 瞪	344 低	345 堤	346 滴
347 迪	348 敌	349 笛	350 底	351 抵	352 地	353 弟	354 帝
355 递	356 第	357 颠	358 典	359 点	360 电	361 店	362 垫
363 淀	364 殿	365 雕	366 吊	367 钓	368 调	369 掉	370 爹
371 跌	372 叠	373 蝶	374 丁	375 叮	376 盯	377 钉	378 顶
379 订	380 定	381 丢	382 东	383 冬	384 懂	385 动	386 冻
387 洞	388 都	389 斗	390 抖	391 陡	392 豆	393 督	394 毒
395 读	396 独	397 堵	398 赌	399 杜	400 肚	401 度	402 渡

403 端　404 短　405 段　406 断　407 锻　408 堆　409 队　410 对
411 吨　412 敦　413 蹲　414 盾　415 顿　416 多　417 夺　418 朵
419 躲

E

420 俄　421 鹅　422 额　423 恶　424 饿　425 鳄　426 恩　427 儿
428 而　429 尔　430 耳　431 二

F

432 发　433 乏　434 伐　435 罚　436 阀　437 法　438 帆　439 番
440 翻　441 凡　442 烦　443 繁　444 反　445 返　446 犯　447 泛
448 饭　449 范　450 贩　451 方　452 坊　453 芳　454 防　455 妨
456 房　457 肪　458 仿　459 访　460 纺　461 放　462 飞　463 非
464 啡　465 菲　466 肥　467 废　468 沸　469 肺　470 费　471 分
472 纷　473 芬　474 坟　475 粉　476 份　477 奋　478 愤　479 粪
480 丰　481 风　482 枫　483 封　484 疯　485 峰　486 锋　487 蜂
488 冯　489 逢　490 缝　491 凤　492 奉　493 佛　494 否　495 夫
496 肤　497 孵　498 弗　499 伏　500 扶　501 服　502 浮　503 符
504 幅　505 福　506 辐　507 蝠　508 抚　509 府　510 辅　511 腐
512 父　513 付　514 妇　515 负　516 附　517 复　518 赴　519 副
520 傅　521 富　522 赋　523 腹　524 覆

G

525 该　526 改　527 钙　528 盖　529 溉　530 概　531 干　532 甘
533 杆　534 肝　535 赶　536 敢　537 感　538 刚　539 岗　540 纲
541 缸　542 钢　543 港　544 高　545 搞　546 稿　547 告　548 戈
549 哥　550 胳　551 鸽　552 割　553 歌　554 阁　555 革　556 格
557 葛　558 隔　559 个　560 各　561 给　562 根　563 跟　564 更
565 耕　566 工　567 弓　568 公　569 功　570 攻　571 供　572 宫
573 恭　574 巩　575 拱　576 共　577 贡　578 勾　579 沟　580 钩
581 狗　582 构　583 购　584 够　585 估　586 咕　587 姑　588 孤
589 菇　590 古　591 谷　592 股　593 骨　594 鼓　595 固　596 故
597 顾　598 瓜　599 刮　600 挂　601 拐　602 怪　603 关　604 观
605 官　606 冠　607 馆　608 管　609 贯　610 惯　611 灌　612 罐
613 光　614 广　615 归　616 龟　617 规　618 硅　619 轨　620 鬼

621 柜　622 贵　623 桂　624 滚　625 棍　626 郭　627 锅　628 国
629 果　630 裹　631 过

H

632 哈　633 孩　634 海　635 害　636 含　637 函　638 寒　639 韩
640 罕　641 喊　642 汉　643 汗　644 旱　645 杭　646 航　647 毫
648 豪　649 好　650 号　651 浩　652 耗　653 呵　654 喝　655 合
656 何　657 和　658 河　659 核　660 荷　661 盒　662 贺　663 褐
664 赫　665 鹤　666 黑　667 嘿　668 痕　669 很　670 狠　671 恨
672 哼　673 恒　674 横　675 衡　676 轰　677 哄　678 红　679 宏
680 洪　681 虹　682 鸿　683 侯　684 喉　685 猴　686 吼　687 后
688 厚　689 候　690 乎　691 呼　692 忽　693 狐　694 胡　695 壶
696 湖　697 葫　698 糊　699 蝴　700 虎　701 互　702 户　703 护
704 花　705 华　706 哗　707 滑　708 化　709 划　710 画　711 话
712 桦　713 怀　714 淮　715 坏　716 欢　717 还　718 环　719 缓
720 幻　721 唤　722 换　723 患　724 荒　725 慌　726 皇　727 黄
728 煌　729 晃　730 灰　731 恢　732 挥　733 辉　734 徽　735 回
736 毁　737 悔　738 汇　739 会　740 绘　741 惠　742 慧　743 昏
744 婚　745 浑　746 魂　747 混　748 活　749 火　750 伙　751 或
752 货　753 获　754 祸　755 惑　756 霍

J

757 击　758 饥　759 圾　760 机　761 肌　762 鸡　763 积　764 基
765 迹　766 绩　767 激　768 及　769 吉　770 级　771 即　772 极
773 急　774 疾　775 集　776 辑　777 籍　778 几　779 己　780 挤
781 脊　782 计　783 记　784 纪　785 忌　786 技　787 际　788 剂
789 季　790 既　791 济　792 继　793 寂　794 寄　795 加　796 夹
797 佳　798 家　799 嘉　800 甲　801 贾　802 钾　803 价　804 驾
805 架　806 假　807 嫁　808 稼　809 尖　810 坚　811 间　812 肩
813 艰　814 兼　815 监　816 减　817 剪　818 检　819 简　820 碱
821 见　822 件　823 建　824 剑　825 健　826 舰　827 渐　828 践
829 鉴　830 键　831 箭　832 江　833 姜　834 将　835 浆　836 僵
837 疆　838 讲　839 奖　840 蒋　841 匠　842 降　843 交　844 郊
845 娇　846 浇　847 骄　848 胶　849 焦　850 礁　851 角　852 脚

853 搅 854 叫 855 轿 856 较 857 教 858 阶 859 皆 860 接
861 揭 862 街 863 节 864 劫 865 杰 866 洁 867 结 868 捷
869 截 870 竭 871 姐 872 解 873 介 874 戒 875 届 876 界
877 借 878 巾 879 今 880 斤 881 金 882 津 883 筋 884 仅
885 紧 886 锦 887 尽 888 劲 889 近 890 进 891 晋 892 浸
893 禁 894 京 895 经 896 茎 897 惊 898 晶 899 睛 900 精
901 鲸 902 井 903 颈 904 景 905 警 906 净 907 径 908 竞
909 竟 910 敬 911 境 912 静 913 镜 914 纠 915 究 916 九
917 久 918 酒 919 旧 920 救 921 就 922 舅 923 居 924 局
925 菊 926 橘 927 举 928 矩 929 句 930 巨 931 拒 932 具
933 俱 934 剧 935 惧 936 据 937 距 938 聚 939 卷 940 倦
941 决 942 绝 943 觉 944 掘 945 嚼 946 军 947 君 948 均
949 菌 950 俊 951 峻

K

952 卡 953 开 954 凯 955 慨 956 刊 957 堪 958 砍 959 看
960 康 961 抗 962 炕 963 考 964 烤 965 靠 966 科 967 棵
968 颗 969 壳 970 咳 971 可 972 渴 973 克 974 刻 975 客
976 课 977 肯 978 坑 979 空 980 孔 981 恐 982 控 983 口
984 扣 985 枯 986 哭 987 苦 988 库 989 裤 990 酷 991 夸
992 跨 993 块 994 快 995 宽 996 款 997 狂 998 况 999 矿
1000 亏 1001 葵 1002 愧 1003 溃 1004 昆 1005 困 1006 扩
1007 括 1008 阔

L

1009 垃 1010 拉 1011 啦 1012 喇 1013 腊 1014 蜡 1015 辣
1016 来 1017 莱 1018 赖 1019 兰 1020 拦 1021 栏 1022 蓝
1023 篮 1024 览 1025 懒 1026 烂 1027 滥 1028 郎 1029 狼
1030 廊 1031 朗 1032 浪 1033 捞 1034 劳 1035 牢 1036 老
1037 乐 1038 勒 1039 雷 1040 蕾 1041 泪 1042 类 1043 累
1044 冷 1045 愣 1046 厘 1047 梨 1048 离 1049 莉 1050 犁
1051 璃 1052 黎 1053 礼 1054 李 1055 里 1056 哩 1057 理
1058 鲤 1059 力 1060 历 1061 厉 1062 立 1063 丽 1064 利
1065 励 1066 例 1067 隶 1068 粒 1069 俩 1070 连 1071 帘

1072 怜　1073 莲　1074 联　1075 廉　1076 脸　1077 练　1078 炼
1079 恋　1080 链　1081 良　1082 凉　1083 梁　1084 粮　1085 两
1086 亮　1087 辆　1088 量　1089 辽　1090 疗　1091 聊　1092 僚
1093 了　1094 料　1095 列　1096 劣　1097 烈　1098 猎　1099 裂
1100 邻　1101 林　1102 临　1103 淋　1104 磷　1105 灵　1106 玲
1107 凌　1108 铃　1109 陵　1110 羚　1111 零　1112 龄　1113 领
1114 岭　1115 令　1116 另　1117 溜　1118 刘　1119 流　1120 留
1121 硫　1122 瘤　1123 柳　1124 六　1125 龙　1126 笼　1127 隆
1128 垄　1129 拢　1130 楼　1131 漏　1132 露　1133 卢　1134 芦
1135 炉　1136 鲁　1137 陆　1138 录　1139 鹿　1140 碌　1141 路
1142 驴　1143 旅　1144 铝　1145 履　1146 律　1147 虑　1148 率
1149 绿　1150 氯　1151 滤　1152 卵　1153 乱　1154 掠　1155 略
1156 伦　1157 轮　1158 论　1159 罗　1160 萝　1161 逻　1162 螺
1163 裸　1164 洛　1165 络　1166 骆　1167 落

M

1168 妈　1169 麻　1170 马　1171 玛　1172 码　1173 蚂　1174 骂
1175 吗　1176 嘛　1177 埋　1178 买　1179 迈　1180 麦　1181 卖
1182 脉　1183 蛮　1184 满　1185 曼　1186 慢　1187 漫　1188 忙
1189 芒　1190 盲　1191 茫　1192 猫　1193 毛　1194 矛　1195 茅
1196 茂　1197 冒　1198 贸　1199 帽　1200 貌　1201 么　1202 没
1203 枚　1204 玫　1205 眉　1206 梅　1207 媒　1208 煤　1209 霉
1210 每　1211 美　1212 妹　1213 门　1214 闷　1215 们　1216 萌
1217 盟　1218 猛　1219 蒙　1220 孟　1221 梦　1222 弥　1223 迷
1224 谜　1225 米　1226 泌　1227 秘　1228 密　1229 蜜　1230 眠
1231 绵　1232 棉　1233 免　1234 勉　1235 面　1236 苗　1237 描
1238 秒　1239 妙　1240 庙　1241 灭　1242 民　1243 敏　1244 名
1245 明　1246 鸣　1247 命　1248 摸　1249 模　1250 膜　1251 摩
1252 磨　1253 蘑　1254 魔　1255 抹　1256 末　1257 沫　1258 陌
1259 莫　1260 漠　1261 墨　1262 默　1263 谋　1264 某　1265 母
1266 亩　1267 牡　1268 姆　1269 拇　1270 木　1271 目　1272 牧
1273 墓　1274 幕　1275 慕　1276 穆

N

1277 拿　1278 哪　1279 内　1280 那　1281 纳　1282 娜　1283 钠
1284 乃　1285 奶　1286 奈　1287 耐　1288 男　1289 南　1290 难
1291 囊　1292 恼　1293 脑　1294 闹　1295 呢　1296 嫩　1297 能
1298 尼　1299 泥　1300 你　1301 拟　1302 逆　1303 年　1304 念
1305 娘　1306 酿　1307 鸟　1308 尿　1309 捏　1310 您　1311 宁
1312 凝　1313 牛　1314 扭　1315 纽　1316 农　1317 浓　1318 弄
1319 奴　1320 努　1321 怒　1322 女　1323 暖　1324 挪　1325 诺

O

1326 哦　1327 欧　1328 偶

P

1329 爬　1330 帕　1331 怕　1332 拍　1333 排　1334 牌　1335 派
1336 攀　1337 盘　1338 判　1339 叛　1340 盼　1341 庞　1342 旁
1343 胖　1344 抛　1345 炮　1346 跑　1347 泡　1348 胚　1349 陪
1350 培　1351 赔　1352 佩　1353 配　1354 喷　1355 盆　1356 朋
1357 棚　1358 蓬　1359 鹏　1360 膨　1361 捧　1362 碰　1363 批
1364 披　1365 皮　1366 疲　1367 脾　1368 匹　1369 屁　1370 譬
1371 片　1372 偏　1373 篇　1374 骗　1375 漂　1376 飘　1377 瓢
1378 票　1379 拼　1380 贫　1381 频　1382 品　1383 平　1384 评
1385 凭　1386 苹　1387 屏　1388 瓶　1389 萍　1390 坡　1391 泼
1392 颇　1393 婆　1394 迫　1395 破　1396 剖　1397 扑　1398 铺
1399 葡　1400 蒲　1401 朴　1402 浦　1403 普　1404 谱

Q

1405 七　1406 妻　1407 栖　1408 戚　1409 期　1410 欺　1411 漆
1412 齐　1413 其　1414 奇　1415 歧　1416 骑　1417 棋　1418 旗
1419 企　1420 岂　1421 启　1422 起　1423 气　1424 弃　1425 汽
1426 契　1427 砌　1428 器　1429 恰　1430 千　1431 迁　1432 牵
1433 铅　1434 谦　1435 签　1436 前　1437 钱　1438 潜　1439 浅
1440 遣　1441 欠　1442 枪　1443 腔　1444 强　1445 墙　1446 抢
1447 悄　1448 敲　1449 乔　1450 桥　1451 瞧　1452 巧　1453 切
1454 茄　1455 且　1456 窃　1457 亲　1458 侵　1459 秦　1460 琴
1461 禽　1462 勤　1463 青　1464 氢　1465 轻　1466 倾　1467 清

1468 情　1469 晴　1470 顷　1471 请　1472 庆　1473 穷　1474 丘
1475 秋　1476 蚯　1477 求　1478 球　1479 区　1480 曲　1481 驱
1482 屈　1483 躯　1484 趋　1485 取　1486 娶　1487 去　1488 趣
1489 圈　1490 全　1491 权　1492 泉　1493 拳　1494 犬　1495 劝
1496 券　1497 缺　1498 却　1499 雀　1500 确　1501 鹊　1502 裙
1503 群

R

1504 然　1505 燃　1506 染　1507 嚷　1508 壤　1509 让　1510 饶
1511 扰　1512 绕　1513 惹　1514 热　1515 人　1516 仁　1517 忍
1518 认　1519 任　1520 扔　1521 仍　1522 日　1523 绒　1524 荣
1525 容　1526 溶　1527 熔　1528 融　1529 柔　1530 肉　1531 如
1532 儒　1533 乳　1534 辱　1535 入　1536 软　1537 锐　1538 瑞
1539 润　1540 若　1541 弱

S

1542 撒　1543 洒　1544 萨　1545 塞　1546 赛　1547 三　1548 伞
1549 散　1550 桑　1551 嗓　1552 丧　1553 扫　1554 嫂　1555 色
1556 森　1557 僧　1558 杀　1559 沙　1560 纱　1561 刹　1562 砂
1563 傻　1564 啥　1565 晒　1566 山　1567 杉　1568 衫　1569 珊
1570 闪　1571 陕　1572 扇　1573 善　1574 伤　1575 商　1576 赏
1577 上　1578 尚　1579 梢　1580 烧　1581 稍　1582 少　1583 绍
1584 哨　1585 舌　1586 蛇　1587 舍　1588 设　1589 社　1590 射
1591 涉　1592 摄　1593 申　1594 伸　1595 身　1596 深　1597 神
1598 审　1599 婶　1600 肾　1601 甚　1602 渗　1603 慎　1604 升
1605 生　1606 声　1607 牲　1608 胜　1609 绳　1610 省　1611 圣
1612 盛　1613 剩　1614 尸　1615 失　1616 师　1617 诗　1618 施
1619 狮　1620 湿　1621 十　1622 什　1623 石　1624 时　1625 识
1626 实　1627 拾　1628 蚀　1629 食　1630 史　1631 使　1632 始
1633 驶　1634 士　1635 氏　1636 世　1637 市　1638 示　1639 式
1640 事　1641 侍　1642 势　1643 视　1644 试　1645 饰　1646 室
1647 是　1648 适　1649 逝　1650 释　1651 收　1652 手　1653 守
1654 首　1655 寿　1656 受　1657 兽　1658 售　1659 授　1660 瘦
1661 书　1662 抒　1663 叔　1664 枢　1665 殊　1666 疏　1667 舒

1668 输	1669 蔬	1670 熟	1671 暑	1672 署	1673 鼠	1674 薯
1675 术	1676 束	1677 述	1678 树	1679 竖	1680 数	1681 刷
1682 耍	1683 衰	1684 摔	1685 甩	1686 帅	1687 双	1688 霜
1689 爽	1690 谁	1691 水	1692 税	1693 睡	1694 顺	1695 瞬
1696 说	1697 丝	1698 司	1699 私	1700 思	1701 斯	1702 撕
1703 死	1704 四	1705 寺	1706 似	1707 饲	1708 松	1709 耸
1710 宋	1711 送	1712 颂	1713 搜	1714 艘	1715 苏	1716 俗
1717 诉	1718 肃	1719 素	1720 速	1721 宿	1722 塑	1723 酸
1724 蒜	1725 算	1726 虽	1727 随	1728 髓	1729 岁	1730 遂
1731 碎	1732 穗	1733 孙	1734 损	1735 笋	1736 缩	1737 所
1738 索	1739 锁					

T

1740 他	1741 她	1742 它	1743 塌	1744 塔	1745 踏	1746 胎
1747 台	1748 抬	1749 太	1750 态	1751 泰	1752 贪	1753 摊
1754 滩	1755 坛	1756 谈	1757 潭	1758 坦	1759 叹	1760 炭
1761 探	1762 碳	1763 汤	1764 唐	1765 堂	1766 塘	1767 糖
1768 躺	1769 趟	1770 涛	1771 掏	1772 逃	1773 桃	1774 陶
1775 淘	1776 萄	1777 讨	1778 套	1779 特	1780 疼	1781 腾
1782 藤	1783 梯	1784 踢	1785 啼	1786 提	1787 题	1788 蹄
1789 体	1790 替	1791 天	1792 添	1793 田	1794 甜	1795 填
1796 挑	1797 条	1798 跳	1799 贴	1800 铁	1801 厅	1802 听
1803 廷	1804 亭	1805 庭	1806 停	1807 蜓	1808 挺	1809 艇
1810 通	1811 同	1812 桐	1813 铜	1814 童	1815 统	1816 桶
1817 筒	1818 痛	1819 偷	1820 头	1821 投	1822 透	1823 突
1824 图	1825 徒	1826 涂	1827 途	1828 屠	1829 土	1830 吐
1831 兔	1832 团	1833 推	1834 腿	1835 退	1836 吞	1837 托
1838 拖	1839 脱	1840 驼	1841 妥	1842 拓	1843 唾	

W

1844 哇	1845 娃	1846 挖	1847 蛙	1848 瓦	1849 歪	1850 外
1851 弯	1852 湾	1853 丸	1854 完	1855 玩	1856 顽	1857 挽
1858 晚	1859 碗	1860 万	1861 汪	1862 亡	1863 王	1864 网
1865 往	1866 忘	1867 旺	1868 望	1869 危	1870 威	1871 微

1872 为 1873 围 1874 违 1875 唯 1876 惟 1877 维 1878 伟
1879 伪 1880 尾 1881 纬 1882 委 1883 萎 1884 卫 1885 未
1886 位 1887 味 1888 胃 1889 谓 1890 喂 1891 慰 1892 魏
1893 温 1894 文 1895 纹 1896 闻 1897 蚊 1898 吻 1899 稳
1900 问 1901 翁 1902 窝 1903 我 1904 沃 1905 卧 1906 握
1907 乌 1908 污 1909 屋 1910 无 1911 吴 1912 吾 1913 五
1914 午 1915 伍 1916 武 1917 舞 1918 务 1919 物 1920 误
1921 悟 1922 雾

X

1923 夕 1924 西 1925 吸 1926 希 1927 析 1928 息 1929 牺
1930 悉 1931 惜 1932 晰 1933 稀 1934 溪 1935 锡 1936 熙
1937 嘻 1938 膝 1939 习 1940 席 1941 袭 1942 媳 1943 洗
1944 喜 1945 戏 1946 系 1947 细 1948 隙 1949 虾 1950 瞎
1951 峡 1952 狭 1953 辖 1954 霞 1955 下 1956 吓 1957 夏
1958 厦 1959 仙 1960 先 1961 纤 1962 掀 1963 鲜 1964 闲
1965 弦 1966 贤 1967 咸 1968 衔 1969 嫌 1970 显 1971 险
1972 县 1973 现 1974 线 1975 限 1976 宪 1977 陷 1978 献
1979 腺 1980 乡 1981 相 1982 香 1983 厢 1984 湘 1985 箱
1986 详 1987 祥 1988 翔 1989 享 1990 响 1991 想 1992 向
1993 巷 1994 项 1995 象 1996 像 1997 橡 1998 削 1999 消
2000 萧 2001 硝 2002 销 2003 小 2004 晓 2005 孝 2006 效
2007 校 2008 笑 2009 些 2010 歇 2011 协 2012 胁 2013 斜
2014 谐 2015 携 2016 鞋 2017 写 2018 泄 2019 泻 2020 卸
2021 屑 2022 械 2023 谢 2024 蟹 2025 心 2026 辛 2027 欣
2028 新 2029 信 2030 兴 2031 星 2032 猩 2033 刑 2034 行
2035 形 2036 型 2037 醒 2038 杏 2039 姓 2040 幸 2041 性
2042 凶 2043 兄 2044 匈 2045 胸 2046 雄 2047 熊 2048 休
2049 修 2050 羞 2051 朽 2052 秀 2053 绣 2054 袖 2055 须
2056 虚 2057 需 2058 徐 2059 许 2060 序 2061 叙 2062 畜
2063 绪 2064 续 2065 嗅 2066 蓄 2067 宣 2068 玄 2069 悬
2070 旋 2071 选 2072 穴 2073 学 2074 雪 2075 血 2076 寻
2077 巡 2078 询 2079 循 2080 训 2081 讯 2082 迅

Y

2083 压	2084 呀	2085 鸦	2086 鸭	2087 牙	2088 芽	2089 崖
2090 哑	2091 雅	2092 亚	2093 咽	2094 烟	2095 淹	2096 延
2097 严	2098 言	2099 岩	2100 沿	2101 炎	2102 研	2103 盐
2104 颜	2105 衍	2106 掩	2107 眼	2108 演	2109 厌	2110 宴
2111 艳	2112 验	2113 焰	2114 雁	2115 燕	2116 央	2117 扬
2118 羊	2119 阳	2120 杨	2121 洋	2122 仰	2123 养	2124 氧
2125 痒	2126 样	2127 腰	2128 邀	2129 摇	2130 遥	2131 咬
2132 药	2133 要	2134 耀	2135 爷	2136 也	2137 冶	2138 野
2139 业	2140 叶	2141 页	2142 夜	2143 液	2144 一	2145 伊
2146 衣	2147 医	2148 依	2149 仪	2150 夷	2151 宜	2152 姨
2153 移	2154 遗	2155 疑	2156 乙	2157 已	2158 以	2159 矣
2160 蚁	2161 椅	2162 义	2163 亿	2164 忆	2165 艺	2166 议
2167 亦	2168 异	2169 役	2170 抑	2171 译	2172 易	2173 疫
2174 益	2175 谊	2176 逸	2177 意	2178 溢	2179 毅	2180 翼
2181 因	2182 阴	2183 音	2184 吟	2185 银	2186 引	2187 饮
2188 蚓	2189 隐	2190 印	2191 应	2192 英	2193 婴	2194 鹰
2195 迎	2196 盈	2197 营	2198 蝇	2199 赢	2200 影	2201 映
2202 硬	2203 哟	2204 拥	2205 永	2206 泳	2207 勇	2208 涌
2209 用	2210 优	2211 忧	2212 幽	2213 悠	2214 尤	2215 由
2216 犹	2217 邮	2218 油	2219 游	2220 友	2221 有	2222 又
2223 右	2224 幼	2225 诱	2226 于	2227 予	2228 余	2229 鱼
2230 娱	2231 渔	2232 愉	2233 愚	2234 与	2235 宇	2236 羽
2237 雨	2238 语	2239 玉	2240 吁	2241 育	2242 郁	2243 狱
2244 浴	2245 预	2246 域	2247 欲	2248 喻	2249 寓	2250 御
2251 裕	2252 遇	2253 愈	2254 誉	2255 豫	2256 元	2257 员
2258 园	2259 原	2260 圆	2261 袁	2262 援	2263 缘	2264 源
2265 远	2266 怨	2267 院	2268 愿	2269 曰	2270 约	2271 月
2272 岳	2273 钥	2274 悦	2275 阅	2276 跃	2277 越	2278 云
2279 匀	2280 允	2281 孕	2282 运	2283 晕	2284 韵	2285 蕴

Z

2286 杂	2287 砸	2288 灾	2289 栽	2290 宰	2291 载	2292 再

2293 在	2294 咱	2295 暂	2296 赞	2297 脏	2298 葬	2299 遭
2300 糟	2301 早	2302 枣	2303 藻	2304 灶	2305 皂	2306 造
2307 噪	2308 燥	2309 躁	2310 则	2311 择	2312 泽	2313 责
2314 贼	2315 怎	2316 曾	2317 增	2318 赠	2319 渣	2320 扎
2321 眨	2322 炸	2323 摘	2324 宅	2325 窄	2326 债	2327 沾
2328 粘	2329 展	2330 占	2331 战	2332 站	2333 张	2334 章
2335 涨	2336 掌	2337 丈	2338 仗	2339 帐	2340 胀	2341 账
2342 障	2343 招	2344 找	2345 召	2346 兆	2347 赵	2348 照
2349 罩	2350 遮	2351 折	2352 哲	2353 者	2354 这	2355 浙
2356 针	2357 侦	2358 珍	2359 真	2360 诊	2361 枕	2362 阵
2363 振	2364 镇	2365 震	2366 争	2367 征	2368 挣	2369 睁
2370 蒸	2371 整	2372 正	2373 证	2374 郑	2375 政	2376 症
2377 之	2378 支	2379 汁	2380 芝	2381 枝	2382 知	2383 织
2384 肢	2385 脂	2386 蜘	2387 执	2388 直	2389 值	2390 职
2391 植	2392 殖	2393 止	2394 只	2395 旨	2396 址	2397 纸
2398 指	2399 趾	2400 至	2401 志	2402 制	2403 治	2404 质
2405 致	2406 智	2407 置	2408 中	2409 忠	2410 终	2411 钟
2412 肿	2413 种	2414 仲	2415 众	2416 重	2417 州	2418 舟
2419 周	2420 洲	2421 轴	2422 宙	2423 皱	2424 骤	2425 朱
2426 株	2427 珠	2428 诸	2429 猪	2430 蛛	2431 竹	2432 烛
2433 逐	2434 主	2435 属	2436 煮	2437 嘱	2438 住	2439 助
2440 注	2441 贮	2442 驻	2443 柱	2444 祝	2445 著	2446 筑
2447 抓	2448 爪	2449 专	2450 砖	2451 转	2452 赚	2453 庄
2454 桩	2455 装	2456 壮	2457 状	2458 撞	2459 追	2460 准
2461 捉	2462 桌	2463 着	2464 仔	2465 兹	2466 姿	2467 资
2468 滋	2469 籽	2470 子	2471 紫	2472 字	2473 自	2474 宗
2475 综	2476 棕	2477 踪	2478 总	2479 纵	2480 走	2481 奏
2482 租	2483 足	2484 族	2485 阻	2486 组	2487 祖	2488 钻
2489 嘴	2490 最	2491 罪	2492 醉	2493 尊	2494 遵	2495 昨
2496 左	2497 作	2498 坐	2499 座	2500 做		

字表二(1000)

A

1 蔼　2 隘　3 庵　4 鞍　5 黯　6 肮　7 拗　8 袄　9 懊

B

10 扒　11 芭　12 疤　13 捌　14 跋　15 靶　16 掰　17 扳　18 拌
19 绊　20 梆　21 绑　22 榜　23 蚌　24 谤　25 磅　26 镑　27 苞
28 褒　29 雹　30 鲍　31 狈　32 悖　33 惫　34 笨　35 绷　36 泵
37 蹦　38 匕　39 鄙　40 庇　41 毙　42 痹　43 弊　44 璧　45 贬
46 匾　47 辫　48 彪　49 憋　50 鳖　51 瘪　52 彬　53 斌　54 缤
55 濒　56 鬓　57 秉　58 禀　59 菠　60 舶　61 渤　62 跛　63 簸
64 哺　65 怖　66 埠　67 簿

C

68 睬　69 惭　70 沧　71 糙　72 厕　73 蹭　74 茬　75 岔　76 豺
77 掺　78 搀　79 禅　80 馋　81 蝉　82 铲　83 猖　84 敞　85 钞
86 嘲　87 澈　88 忱　89 辰　90 铛　91 澄　92 逞　93 秤　94 痴
95 弛　96 侈　97 耻　98 宠　99 畴　100 稠　101 锄　102 雏
103 橱　104 矗　105 揣　106 囱　107 疮　108 炊　109 捶　110 椿
111 淳　112 蠢　113 戳　114 绰　115 祠　116 赐　117 醋　118 簇
119 窜　120 篡　121 崔　122 摧　123 悴　124 粹　125 搓　126 撮
127 挫

D

128 瘩　129 歹　130 怠　131 贷　132 耽　133 档　134 叨　135 捣
136 祷　137 悼　138 蹬　139 嘀　140 涤　141 缔　142 蒂　143 掂
144 滇　145 巅　146 碘　147 佃　148 甸　149 玷　150 惦　151 奠
152 刁　153 叼　154 迭　155 谍　156 碟　157 鼎　158 董　159 栋
160 兜　161 蚪　162 逗　163 痘　164 睹　165 妒　166 镀　167 缎
168 兑　169 墩　170 盹　171 囤　172 钝　173 咄　174 哆　175 踱
176 垛　177 堕　178 舵　179 惰　180 跺

E

181 讹　182 娥　183 峨　184 蛾　185 扼　186 鄂　187 愕　188 遏

189 噩　190 饵　191 贰

F

192 筏　193 矾　194 妃　195 匪　196 诽　197 吠　198 吩　199 氛
200 焚　201 忿　202 讽　203 敷　204 芙　205 拂　206 俘　207 袱
208 甫　209 斧　210 俯　211 脯　212 咐　213 缚

G

214 尬　215 丐　216 柑　217 竿　218 尴　219 秆　220 橄　221 赣
222 冈　223 肛　224 杠　225 羔　226 膏　227 糕　228 镐　229 疙
230 搁　231 蛤　232 庚　233 羹　234 埂　235 耿　236 梗　237 蚣
238 躬　239 汞　240 苟　241 垢　242 沽　243 辜　244 雇　245 寡
246 卦　247 褂　248 乖　249 棺　250 逛　251 闺　252 瑰　253 诡
254 癸　255 跪

H

256 亥　257 骇　258 酣　259 憨　260 涵　261 悍　262 捍　263 焊
264 憾　265 撼　266 翰　267 夯　268 嚎　269 皓　270 禾　271 烘
272 弘　273 弧　274 唬　275 沪　276 猾　277 徊　278 槐　279 宦
280 涣　281 焕　282 痪　283 凰　284 惶　285 蝗　286 簧　287 恍
288 谎　289 幌　290 卉　291 讳　292 诲　293 贿　294 晦　295 秽
296 荤　297 豁

J

298 讥　299 叽　300 唧　301 缉　302 畸　303 箕　304 稽　305 棘
306 嫉　307 妓　308 祭　309 鲫　310 冀　311 颊　312 奸　313 歼
314 煎　315 拣　316 俭　317 柬　318 茧　319 捡　320 荐　321 贱
322 涧　323 溅　324 槛　325 缰　326 桨　327 酱　328 椒　329 跤
330 蕉　331 侥　332 狡　333 绞　334 饺　335 矫　336 剿　337 缴
338 窖　339 酵　340 秸　341 睫　342 芥　343 诫　344 藉　345 襟
346 谨　347 荆　348 兢　349 靖　350 窘　351 揪　352 灸　353 玖
354 韭　355 臼　356 疚　357 拘　358 驹　359 鞠　360 桔　361 沮
362 炬　363 锯　364 娟　365 捐　366 鹃　367 绢　368 眷　369 诀
370 倔　371 崛　372 爵　373 钧　374 骏　375 竣

K

376 咖　377 揩　378 楷　379 勘　380 坎　381 慷　382 糠　383 扛
384 亢　385 拷　386 铐　387 坷　388 苛　389 磕　390 蝌　391 垦
392 恳　393 啃　394 吭　395 抠　396 叩　397 寇　398 窟　399 垮
400 挎　401 筷　402 筐　403 旷　404 框　405 眶　406 盔　407 窥
408 魁　409 馈　410 坤　411 捆　412 廓

L

413 睐　414 婪　415 澜　416 揽　417 缆　418 榄　419 琅　420 榔
421 唠　422 姥　423 涝　424 烙　425 酪　426 垒　427 磊　428 肋
429 擂　430 棱　431 狸　432 漓　433 篱　434 吏　435 沥　436 俐
437 荔　438 栗　439 砾　440 痢　441 雳　442 镰　443 敛　444 粱
445 谅　446 晾　447 寥　448 嘹　449 撩　450 缭　451 瞭　452 咧
453 琳　454 鳞　455 凛　456 吝　457 赁　458 躏　459 拎　460 伶
461 聆　462 菱　463 浏　464 琉　465 馏　466 榴　467 咙　468 胧
469 聋　470 窿　471 娄　472 搂　473 篓　474 陋　475 庐　476 颅
477 卤　478 虏　479 赂　480 禄　481 吕　482 侣　483 屡　484 缕
485 峦　486 抡　487 仑　488 沦　489 啰　490 锣　491 箩　492 骡

M

493 蟆　494 馒　495 瞒　496 蔓　497 莽　498 锚　499 卯　500 昧
501 媚　502 魅　503 氓　504 朦　505 檬　506 锰　507 咪　508 靡
509 眯　510 觅　511 缅　512 瞄　513 渺　514 藐　515 蔑　516 皿
517 闽　518 悯　519 冥　520 铭　521 谬　522 馍　523 摹　524 茉
525 寞　526 沐　527 募　528 睦　529 暮

N

530 捺　531 挠　532 瑙　533 呐　534 馁　535 妮　536 匿　537 溺
538 腻　539 捻　540 撵　541 碾　542 聂　543 孽　544 拧　545 狞
546 柠　547 泞　548 钮　549 脓　550 疟　551 虐　552 懦　553 糯

O

554 殴　555 鸥　556 呕　557 藕

P

558 趴　559 啪　560 耙　561 徘　562 湃　563 潘　564 畔　565 乓

566 螃　567 刨　568 袍　569 沛　570 砰　571 烹　572 彭　573 澎
574 篷　575 坯　576 劈　577 霹　578 啤　579 僻　580 翩　581 撇
582 聘　583 乒　584 坪　585 魄　586 仆　587 菩　588 圃　589 瀑
590 曝

Q

591 柒　592 凄　593 祈　594 脐　595 崎　596 鳍　597 乞　598 迄
599 泣　600 掐　601 洽　602 钳　603 乾　604 黔　605 谴　606 嵌
607 歉　608 呛　609 跷　610 锹　611 侨　612 憔　613 俏　614 峭
615 窍　616 翘　617 撬　618 怯　619 钦　620 芹　621 擒　622 寝
623 沁　624 卿　625 蜻　626 擎　627 琼　628 囚　629 岖　630 渠
631 痊　632 瘸

R

633 冉　634 瓤　635 壬　636 刃　637 纫　638 韧　639 戎　640 茸
641 蓉　642 榕　643 冗　644 揉　645 蹂　646 蠕　647 汝　648 褥
649 蕊　650 闰

S

651 腮　652 叁　653 搔　654 骚　655 臊　656 涩　657 瑟　658 鲨
659 煞　660 霎　661 筛　662 删　663 煽　664 擅　665 赡　666 裳
667 晌　668 捎　669 勺　670 奢　671 赦　672 呻　673 绅　674 沈
675 笙　676 甥　677 矢　678 屎　679 恃　680 拭　681 柿　682 嗜
683 誓　684 梳　685 淑　686 赎　687 蜀　688 曙　689 恕　690 庶
691 墅　692 漱　693 蟀　694 拴　695 栓　696 涮　697 吮　698 烁
699 硕　700 嗽　701 嘶　702 巳　703 伺　704 祀　705 肆　706 讼
707 诵　708 酥　709 粟　710 溯　711 隋　712 祟　713 隧　714 唆
715 梭　716 嗦　717 琐

T

718 蹋　719 苔　720 汰　721 瘫　722 痰　723 谭　724 檀　725 毯
726 棠　727 膛　728 倘　729 淌　730 烫　731 滔　732 誊　733 剔
734 屉　735 剃　736 涕　737 惕　738 恬　739 舔　740 迢　741 帖
742 彤　743 瞳　744 捅　745 凸　746 秃　747 颓　748 蜕　749 褪
750 屯　751 豚　752 臀　753 驮　754 鸵　755 椭

W

756 洼　757 袜　758 豌　759 宛　760 婉　761 惋　762 皖　763 腕
764 枉　765 妄　766 偎　767 薇　768 巍　769 帷　770 苇　771 畏
772 尉　773 猬　774 蔚　775 瘟　776 紊　777 嗡　778 涡　779 蜗
780 呜　781 巫　782 诬　783 芜　784 梧　785 蜈　786 侮　787 捂
788 鹉　789 勿　790 戊

X

791 昔　792 犀　793 熄　794 蟋　795 徙　796 匣　797 侠　798 暇
799 馅　800 羡　801 镶　802 宵　803 潇　804 箫　805 霄　806 嚣
807 淆　808 肖　809 哮　810 啸　811 蝎　812 邪　813 挟　814 懈
815 芯　816 锌　817 薪　818 馨　819 衅　820 腥　821 汹　822 锈
823 戌　824 墟　825 旭　826 恤　827 酗　828 婿　829 絮　830 轩
831 喧　832 癣　833 炫　834 绚　835 渲　836 靴　837 薛　838 勋
839 熏　840 旬　841 驯　842 汛　843 逊　844 殉

Y

845 丫　846 押　847 涯　848 衙　849 讶　850 焉　851 阎　852 蜒
853 檐　854 砚　855 唁　856 谚　857 堰　858 殃　859 秧　860 鸯
861 漾　862 夭　863 吆　864 妖　865 尧　866 肴　867 姚　868 窑
869 谣　870 舀　871 椰　872 腋　873 壹　874 怡　875 贻　876 胰
877 倚　878 屹　879 邑　880 绎　881 姻　882 茵　883 荫　884 殷
885 寅　886 淫　887 瘾　888 莺　889 樱　890 鹦　891 荧　892 莹
893 萤　894 颖　895 佣　896 庸　897 咏　898 踊　899 酉　900 佑
901 迂　902 淤　903 渝　904 隅　905 逾　906 榆　907 舆　908 屿
909 禹　910 芋　911 冤　912 鸳　913 渊　914 猿　915 苑　916 粤
917 耘　918 陨　919 酝

Z

920 哉　921 赃　922 凿　923 蚤　924 澡　925 憎　926 咋　927 喳
928 轧　929 闸　930 乍　931 诈　932 栅　933 榨　934 斋　935 寨
936 毡　937 瞻　938 斩　939 盏　940 崭　941 辗　942 栈　943 绽
944 彰　945 樟　946 杖　947 昭　948 沼　949 肇　950 辙　951 蔗
952 贞　953 斟　954 疹　955 怔　956 狰　957 筝　958 拯　959 吱
960 侄　961 帜　962 挚　963 秩　964 掷　965 窒　966 滞　967 稚

968 衷　969 粥　970 肘　971 帚　972 咒　973 昼　974 拄　975 瞩
976 蛀　977 铸　978 拽　979 撰　980 妆　981 幢　982 椎　983 锥
984 坠　985 缀　986 赘　987 谆　988 卓　989 拙　990 灼　991 茁
992 浊　993 酌　994 啄　995 琢　996 咨　997 姊　998 揍　999 卒
1000 佐

附录二

普通高中语文课程标准
（实验）

第一部分　前　言

普通高中教育是面向大众的、与九年义务教育相衔接的基础教育。社会的发展对我国高中教育提出了新的要求。适应时代的需要，调整课程内容和目标，变革学习方式和评价方式，构建具有时代性、基础性和选择性的高中语文课程，是基础教育改革的一项重要任务。

高中语文课程的建设，应以马克思主义和教育科学理论为指导，在义务教育语文课程改革的基础上继续推进。高中语文课程要充分发挥其促进学生发展的独特功能，使全体高中学生获得应该具备的语文素养，并为学生的不同发展倾向提供更大的学习空间；要为造就时代所需要的多方面人才，弘扬和培育民族精神，增强民族创造力和凝聚力发挥应有的作用。

一、课程性质

语文是最重要的交际工具，是人类文化的重要组成部分。工具性与人文性的统一，是语文课程的基本特点。

高中语文课程应进一步提高学生的语文素养，使学生具有较强的语文应用能力和一定的语文审美能力、探究能力，形成良好的思想道德素质和科学文化素质，为终身学习和有个性的发展奠定基础。

二、课程的基本理念

建设高中语文课程，应继续坚持《全日制义务教育语文课程标准（实验）》中提出的基本理念，根据新时期高中语文教育的任务和学生的需求，从“知识和能力”“过程和方法”“情感态度和价值观”三个方面出发设计课程目标,努力改革课程的内容、结构和实施机制。

(一)全面提高学生的语文素养,充分发挥语文课程的育人功能

高中语文课程应帮助学生获得较为全面的语文素养,在继续发展和不断提高的过程中有效地发挥作用,以适应未来学习、生活和工作的需要。

高中语文课程必须充分发挥自身的优势,弘扬和培育民族精神,使学生受到优秀文化的熏陶,塑造热爱祖国和中华文明、献身人类进步事业的精神品格,形成健康美好的情感和奋发向上的人生态度;应增进课程内容与学生成长的联系,引导学生积极参与实践活动,学习认识自然、认识社会、认识自我、规划人生,实现本课程在促进人的全面发展方面的价值追求。

(二)注重语文应用、审美与探究能力的培养,促进学生均衡而有个性地发展

高中语文课程,应注重应用,加强与社会发展、科技进步的联系,加强与其他课程的沟通,以适应现实生活和学生自我发展的需要。要使学生掌握语言交际的规范和基本能力,并通过语文应用使学生养成认真负责、实事求是的科学态度。

审美教育有助于促进人的知、情、意全面发展。文学艺术的鉴赏和创作是重要的审美活动,科学技术的创造发明以及社会生活的许多方面也都贯串着审美追求。未来社会更崇尚对美的发现、追求和创造。语文具有重要的审美教育功能,高中语文课程应关注学生情感的发展,让学生受到美的熏陶,培养自觉的审美意识和高尚的审美情趣,培养审美感知和审美创造的能力。

现代社会要求人们思想敏锐,富有探索精神和创新能力,对自然、社会和人生具有更深刻的思考和认识。高中学生身心发展渐趋成熟,已具有一定的阅读表达能力和知识文化积累,促进他们探究能力的发展应成为高中语文课程的重要任务。应在继续提高学生观察、感受、分析、判断能力的同时,重点关注学生思考问题的深度和广度,使学生增强探究意识和兴趣,学习探究的方法,使语文学习的过程成为积极主动探索未知领域的过程。

(三)遵循共同基础与多样选择相统一的原则,构建开放、有序的语文课程

高中语文课程应遵循共同基础与多样选择相统一的原则,精选学习内

容，变革学习方式，使全体学生都获得必需的语文素养；同时，必须顾及学生在原有基础、自我发展方向和学习需求等方面的差异，激发学生的兴趣和潜能，增强课程的选择性，为每一个学生创设更好的学习条件和更广阔的成长空间，促进学生特长和个性的发展。

高中语文课程应该具有相对稳定的结构系统，并形成富有弹性的实施机制。学校应在课程标准的指导下，有选择地、创造性地设计和实施课程，帮助教师提高水平、发展特长，开发和利用各方面的课程资源，建立互补互动的资源网络，建设开放、多样、有序的语文课程体系。

三、课程设计思路

（一）为了适应高中教育发展的趋势，适应社会对人才的多样化需求和学生对语文教育的不同期待，高中语文课程必须体现时代性、基础性和选择性，既要在义务教育的基础上，使学生的语文素养普遍获得进一步的提高，同时也要为具有不同需求的学生提供更大的发展空间。因此，需要建设一个新的高中语文课程结构体系和实施机制。

（二）高中语文课程包括必修课程和选修课程两部分。课程结构图示如下：

必修课程

语文 1→语文 2→语文 3→语文 4→语文 5

选修课程

系列1	系列2	系列3	系列4	系列5

（三）必修课程要突出课程的基础性和均衡性。学生通过必修课程的学习，应该具有良好的思想文化修养和较强的运用语言文字的能力，在语文的应用、审美和探究等方面得到比较协调的发展。选修课程也应该体现基础性，但更应该致力于让学生有选择地学习，促进学生有个性地发展。

（四）必修和选修课程均按模块组织学习内容，每个模块 36 学时，2 学分。每个学期分两段，每一学段（约 10 周）完成一个模块的学习。这样的设计有利于学校灵活安排课程，也有利于满足学生多样的学习需求，便于学生根据自己的实际情况选学或者重新学习某个模块的内容。

（五）必修课程包含“阅读与鉴赏”“表达与交流”两个方面的目标，组成

“语文1”至“语文5”五个模块。每个模块都是综合的,体现“阅读与鉴赏”“表达与交流”的目标和内容。必修课程五个模块的学习可在高一至高二两个学期半的时间里循序渐进地完成,也可以根据需要灵活安排。

(六)选修课程设计五个系列。系列1:诗歌与散文;系列2:小说与戏剧;系列3:新闻与传记;系列4:语言文字应用;系列5:文化论著研读。每个系列可设计若干模块。学校应按照各个系列的课程目标,根据本校的课程资源和学生的需求,有选择地设计模块,开设选修课。对于模块的内容组合以及模块与模块之间的顺序编排,各学校可以根据实际情况灵活实施。课程的具体名称可由学校自定。

(七)学生修满必修课的10学分便可视为完成了本课程的基本学业,达到高中阶段的最低要求;应鼓励学生根据自己的学习兴趣、未来学业和就业的需要,选修有关课程。对于希望进一步学习的学生,建议从五个系列的选修课程中任意选修4个模块,获得8学分,加上必修课程的10学分,共计可获得18学分;对于学习兴趣浓厚并希望进一步深造的学生,建议在此基础上,再从这五个系列里任意选修3个模块,这样一共可获得24学分。

第二部分　课程目标

通过高中语文必修课程和选修课程的学习,学生应该在以下五个方面获得发展。

积累・整合

能围绕所选择的目标加强语文积累,在积累的过程中,注重梳理。根据自己的特点,扬长补短,逐步形成富有个性的语文学习方式。了解学习方法的多样性,掌握学习语文的基本方法,能根据需要,采用适当的方法解决阅读、交流中的问题。通过对语文知识、能力、学习方法和情感、态度、价值观等方面要素的融汇整合,切实提高语文素养。

感受・鉴赏

阅读优秀作品,品味语言,感受其思想、艺术魅力,发展想象力和审美力。具有良好的现代汉语语感,努力提高对古诗文语言的感受力。在阅读中,体味大自然和人生的多姿多彩,激发珍爱自然、热爱生活的感情;感受艺术和科学中的美,提升审美境界。通过阅读和鉴赏,深化热爱祖国语文的感情,体会中华文化的博大精深、源远流长,陶冶性情,追求高尚情趣,提高道德修养。

思考・领悟

根据自己的学习目标，选读经典名著和其他优秀读物，与文本展开对话。通过阅读和思考，领悟其丰富内涵，探讨人生价值和时代精神，以利于逐步形成自己的思想、行为准则，树立积极向上的人生理想，增强为民族振兴而努力的使命感和社会责任感。养成独立思考、质疑探究的习惯，发展思维的严密性、深刻性和批判性。乐于进行交流和思想碰撞，在相互切磋中，加深领悟，共同提高。

应用・拓展

能在生活和其他学习领域中，正确、熟练、有效地运用祖国语言文字。在语文应用中开阔视野，初步认识自己学习语文的潜能和倾向，根据需要和可能，在自己喜爱的领域有所发展。增强文化意识，重视人类文化遗产的传承，尊重和理解多元文化，关注当代文化生活，学习对文化现象的剖析，积极参与先进文化的传播和交流。注重跨领域学习，拓展语文学习的范围，通过广泛的实践，提高语文综合应用能力。

发现・创新

注意观察语言、文学和中外文化现象，学习从习以为常的事实和过程中发现问题，培养探究意识和发现问题的敏感性。对未知世界始终怀有强烈的兴趣和激情，敢于探异求新，走进新的学习领域，尝试新的方法，追求思维的创新、表达的创新。学习多角度多层次地阅读，对优秀作品能够常读常新，获得新的体验和发现。学习用历史眼光和现代观念审视古代作品的内容和思想倾向，提出自己的看法。在探究活动中，勇于提出自己的见解，尊重他人的成果，不断提高探究能力，逐步养成严谨、求实的学风。

一、必修课程

阅读与鉴赏

1.在阅读与鉴赏活动中，不断充实精神生活，完善自我人格，提升人生境界，逐步加深对个人与国家、个人与社会、个人与自然关系的思考和认识。

2.发展独立阅读的能力。从整体上把握文本内容，理清思路，概括要点，理解文本所表达的思想、观点和感情。善于发现问题、提出问题，对文本能作出自己的分析判断，努力从不同的角度和层面进行阐发、评价和质疑。根据语境揣摩语句含义，运用所学的语文知识，帮助理解结构复杂、含义丰富的语句,体会精彩语句的表现力。

3.注重个性化的阅读,充分调动自己的生活经验和知识积累,在主动积极的思维和情感活动中,获得独特的感受和体验。学习探究性阅读和创造性阅读,发展想象能力、思辨能力和批判能力。

4.能阅读理论类、实用类、文学类等多种文本。根据不同的阅读目的,针对不同的阅读材料,灵活运用精读、略读、浏览、速读等阅读方法,提高阅读效率。

5.能用普通话流畅地朗读,恰当地表达出文本的思想感情和自己的阅读感受。

6.学习鉴赏中外文学作品,具有积极的鉴赏态度,注重审美体验,陶冶性情,涵养心灵。能感受形象,品味语言,领悟作品的丰富内涵,体会其艺术表现力,有自己的情感体验和思考。努力探索作品中蕴涵的民族心理和时代精神,了解人类丰富的社会生活和情感世界。

7.在阅读鉴赏中,了解诗歌、散文、小说、戏剧等文学体裁的基本特征及主要表现手法。了解作品所涉及的有关背景材料,用于分析和理解作品。

8.学习中国古代优秀作品,体会其中蕴涵的中华民族精神,为形成一定的传统文化底蕴奠定基础。学习从历史发展的角度理解古代文学的内容价值,从中汲取民族智慧;用现代观念审视作品,评价其积极意义与历史局限。

9.阅读浅易文言文,能借助注释和工具书,理解词句含义,读懂文章内容。了解并梳理常见的文言实词、文言虚词、文言句式的意义或用法,注重在阅读实践中举一反三。诵读古代诗词和文言文,背诵一定数量的名篇。(可参考附录一《关于诵读篇目和课外读物的建议》)

10.具有广泛的阅读兴趣,努力扩大阅读视野。学会正确、自主地选择阅读材料,读好书,读整本书,丰富自己的精神世界,提高文化品位。课外自读文学名著(五部以上)及其他读物,总量不少于150万字。(可参考附录一《关于诵读篇目和课外读物的建议》)

11.注重合作学习,养成互相切磋的习惯。乐于与他人交流自己的阅读鉴赏心得,展示自己的读书成果。

12.学会灵活使用常用语文工具书,能利用多种媒体搜集和处理信息。

表达与交流

1.学会多角度地观察生活,丰富生活经历和情感体验,对自然、社会和人生有自己的感受和思考。

2.能考虑不同的目的要求，以负责的态度陈述自己的看法，表达真情实感，培育科学理性精神。

3.书面表达要观点明确，内容充实，感情真实健康；思路清晰连贯，能围绕中心选取材料，合理安排结构。在表达实践中发展形象思维和逻辑思维，发展创造性思维。

4.力求有个性、有创意的表达，根据个人特长和兴趣自主写作。在生活和学习中多方面地积累素材，多想多写，做到有感而发。

5.进一步提高记叙、说明、描写、议论、抒情等基本表达能力，并努力学习运用多种表达方式。能调动自己的语言积累，推敲、锤炼语言，表达力求准确、鲜明、生动。

6.能独立修改自己的文章，结合所学语文知识，多写多改，养成切磋交流的习惯。乐于相互展示和评价写作成果。45分钟能写600字左右的文章。课外练笔不少于2万字。

7.增强人际交往能力，在口语交际中树立自信，尊重他人，说话文明，仪态大方，善于倾听，敏捷应对。

8.注意口语的特点，能根据不同的交际场合和交际目的，恰当地进行表达。借助语调、语气、表情和手势，增强口语交际的效果。

9.学会演讲，做到观点鲜明，材料充分、生动，有说服力和感染力，力求有个性和风度。在讨论或辩论中积极主动地发言，恰当地应对和辩驳。朗诵文学作品，能准确把握作品内容，传达作品的思想内涵和感情倾向，具有一定的感染力。

二、选修课程

高中语文选修课程设计五个系列：诗歌与散文、小说与戏剧、新闻与传记、语言文字应用、文化论著研读。

诗歌与散文

1.培养鉴赏诗歌和散文作品的浓厚兴趣，丰富自己的情感世界，养成健康高尚的审美情趣，提高文学修养。

2.阅读古今中外优秀的诗歌、散文作品，理解作品的思想内涵，探索作品的丰富意蕴，领悟作品的艺术魅力。用历史的眼光和现代的观念审视古代诗文的思想内容，并给予恰当的评价。

3.借助工具书和有关资料，读懂不太艰深的我国古代诗文（与附录一所建议的古诗文程度相当),背诵一定数量的古代诗文名篇。学习古代诗词格律基础知识,了解相关的中国古代文化常识,丰富传统文化积累。

4. 学习鉴赏诗歌、散文的基本方法,初步把握中外诗歌、散文各自的艺术特性,注意从不同角度和层面发现作品意蕴,不断获得新的阅读体验。

5. 尝试进行诗歌、散文的创作,组织文学社团,展示成果,交流体会。

小说与戏剧

1. 培养阅读古今中外各类小说、戏剧作品(包括影视剧本)的兴趣,从优秀的小说、戏剧作品中吸取思想、感情和艺术的营养,丰富、深化对历史、社会和人生的认识,提高文学修养。

2. 形成良好的文化心态,学会尊重、理解作品所体现的不同时代、不同民族、不同流派风格的文化,理解作品所表现出来的价值判断和审美取向,作出恰当的评价。

3. 学习鉴赏小说、戏剧的基本方法,初步把握中外小说、戏剧各自的艺术特性。注意从不同的角度和层面解读小说、戏剧作品,提高阅读能力和鉴赏水平。学写小说、戏剧评论,力求表达出自己的独特感受和新颖见解。

4. 朗诵小说或表演剧本的精彩片段,品味语言,深入领会作品内涵,体验人物的命运遭遇和内心世界,把握人物的性格特征。

5. 尝试对感兴趣的古今中外小说、戏剧进行比较研究或专题研究。

6. 留心观察社会生活,丰富人生体验,有意识地积累创作素材,尝试创作小说、剧本,相互交流。

新闻与传记

1. 养成阅读新闻的习惯,关心国内外大事及社会生活,能迅速、准确地捕捉基本信息,就所涉及的事件和观点作出自己的评判。

2. 阅读新闻、通讯(包括特写、报告文学等)作品,了解其社会功用、体裁特点和构成要素,把握语言特色。

3. 广泛搜集资料,根据表达需要和体裁要求,对资料进行核实、筛选、提炼,尝试新闻、通讯的写作。

4. 阅读古今中外的人物传记、回忆录等作品,能把握基本事实,了解传主的人生轨迹,从中获得有益的人生启示,并形成有一定深度的思考和判断。

5. 认识传记作品的基本特性。尝试人物传记的写作。

语言文字应用

1. 注意在生活和跨学科的学习中学语文、用语文,在学习和运用的过程中提高语言文字应用能力。

2.能综合运用在语文与其他学科中获得的知识、能力和方法，读懂与自己学识程度相当的著作，运用多种方式展开交流和讨论。

3.阅读应用文，能把握主要内容和关键信息。能根据需要，按照相关格式和要求，写作应用文，力求准确、简明、得体。在学写应用文的过程中，培养对事负责、与人合作的精神和严谨细致的作风。

4.在实践活动中增强口头应用的能力，能根据交际的需要，选择恰当的时机和场合，提出话题，敏捷应对，注意表达效果。参加演讲与辩论，学习主持集会、演出等活动。

5.联系语言文字应用中的现象和问题，阅读有关著作，尝试用所学的知识和方法作出解释；了解语言文字法规的有关内容，增强规范意识，学会辨析和纠正错误，提高语言文字应用的正确性和有效性。

6.观察语言文字应用中的新现象，思考语言文字发展中的新问题，努力在语言文字应用过程中有所创新。

7.拓展运用语言文字交流的途径，学会用现代信息技术辅助交流，如使用计算机进行编辑、版面设计、制作个人网页和演示文稿。

文化论著选读与专题研讨

1.选读古今中外文化论著，拓宽文化视野和思维空间，培养科学精神，提高文化修养。以发展的眼光和开放的心态看待传统文化和外来文化，关注当代文化生活，能通过多种途径，开展文化专题研讨。思考人生价值和时代精神，增强使命感和责任感，努力形成自己的思想、行为准则。

2.借助工具书、图书馆和互联网查找有关资料，了解论著作者情况、相关背景和论著中涉及的主要问题，排除阅读中遇到的障碍。在整体了解论著内容的基础上，选读其中的重点章节，有侧重地进行探究学习，把握论著的主要观点和基本倾向，了解用以支撑观点的关键材料。

3.学习运用科学的思想方法发现问题、分析问题和解决问题，在阅读过程中注重反思，探究论著中的疑点和难点，敢于提出自己的见解，并乐于和他人交流切磋，共同提高。

4.关注现实生活和社会的发展，对感兴趣的问题进行思考，参考有关论著，学习对当代社会生活中的问题和中外文化现象作出分析和解释，积极参与先进文化的传播和交流，提高自己的思考、交流能力和认识水平。

第三部分　实施建议

一、教学建议

(一)全面发挥语文课程的功能,促进学生素质的整体提高

语文课程的功能是多方面的。高中语文课程应在义务教育的基础上进一步提高学生的语文素养。应该继续关注学生的语言积累以及语感和思维的发展,帮助学生在阅读与欣赏、表达与交流的实践中,掌握学习语文的方法,增强语文应用能力,培养审美能力、探究能力。

高中语文教学还应体现高中课程的共同价值,重视情感、态度、价值观的正确导向,充分发挥本课程的优势,促进学生整体素质的提高。

(二)针对高中语文课程的特点实施教学

语文课程具有丰富的人文内涵和很强的实践性。应该重视语文的熏陶感染作用和教学内容的价值取向,尊重学生在学习过程中的独特体验。应该让学生在广泛的语文实践中学语文、用语文,逐步掌握运用语言文字的规律。语文教学应该注意汉语言文字的特点,重视培养语感和整体把握能力。

学生经过义务教育阶段的学习,已具备一定的语文素养,语文学习中的个性倾向渐渐明显,不同学生的学习兴趣和需求的差异逐渐增大。高中语文的教学,要在保证全体学生达到共同的基本目标的前提下,充分关注学生在语文学习中面临的选择,努力满足其学习要求,支持其特长发展和个性发展。学生对于应用性目标、审美性目标、研究性目标可能各有侧重,教师应该指导他们通过适当的选修课实现其目标。

(三)积极倡导自主、合作、探究的学习方式

语文教学应为学生创设良好的自主学习情境,帮助他们树立主体意识,根据各自的特点和需要,调整学习心态和策略,探寻适合自己的学习方法和途径。为改变过于强调接受学习、死记硬背、机械训练的状况,特别要重视探究的学习方式,教师应努力提高组织教学和引导学生学习的质量。

合作学习有利于在互动中提高学习效率,有利于培养合作意识和团队精

神。应鼓励学生在个人钻研的基础上,积极参与讨论及其他学习活动,善于倾听、吸纳他人的意见,学会宽容和沟通,学会协作和分享。

(四)教师和语文课程同步发展

教师是学习活动的组织者和引导者。教师应认真研究《基础教育课程改革纲要(试行)》和《普通高中语文课程标准(实验)》,研究自己的教学对象,从本课程的目标和学生的具体情况出发,灵活运用多种教学策略,有针对性地组织和引导学生在实践中学会学习。在教学中,充分发挥主动性,创造性地使用教科书和其他有关资料。

教师要努力适应课程改革的需要,继续学习,更新观念,丰富知识,提高自身文化素养;要认真读书,精心钻研教科书,在与学生平等对话的合作互动中,加强对学生的点拨和指导,实现教学相长。

教师应遵循教学基本规律,并根据自身的特点和条件,发挥优势和特长,努力形成自己的教学特色;应从学生的需要出发,按照学校的规划,积极开设选修课,充分利用本校本地区的课程资源,拓宽学生的学习空间。

(五)关于必修课程的教学

必修课程根据“阅读与鉴赏”“表达与交流”两个方面的目标,组织五个模块实施教学。

阅读与鉴赏

阅读是搜集处理信息、认识世界、发展思维、获得审美体验的重要途径。阅读教学是学生、教师、教科书编者、文本之间的多重对话,是思想碰撞和心灵交流的动态过程。阅读中的对话和交流,应指向每一个学生的个体阅读。教师既是与学生平等的对话者之一,又是课堂阅读活动的组织者、学生阅读的促进者。教师要为学生的阅读实践创设良好环境,提供有利条件,充分关注学生阅读态度的主动性、阅读需求的多样性、阅读心理的独特性;尊重学生个人的见解,应鼓励学生批判质疑,发表不同意见。教师的点拨是必要的,但不能以自己的分析讲解代替学生的独立阅读。

在具体的教学过程中,对不同类型文本的阅读指导应该有所侧重。阅读论述类文本,教师应引导学生把握观点与材料之间的联系,着重关注思想的深刻性、观点的科学性、逻辑的严密性、语言的准确性。阅读实用类文本中的新闻,应引导学生注意材料的来源与真实性、事实与观点的关系、基本事件与典型细节、文本的价值取向与实用效果等;常用应用文教学,应主要借助文本示例来了解其功用和基本格式,以学生自学为主,不必作过多分析。阅读文学作品的过程,是发现和建构作品意义的过程。作品的文学价值,是由读者在阅读鉴赏过程中得以实现的。文学作品的阅读鉴赏,往往带有更多的主观性和个人色彩。应引导学生设身处地去感受体验,重视对作品中形象和情感的整体感知与把握,注意作品内涵的多义性和模糊性,鼓励学生积极地、富有创意地建构文本意义。应引导学生在阅读文学作品时努力做到知人论世,通过查阅有关资料,了解与作品相关的作家经历、时代背景、创作动机以及作品的社会影响等,加深对作家作品的理解。

古代诗文的阅读,应指导学生学会使用有关工具书,自行解决阅读中的障碍。文言常识的教学要少而精,重在提高学生阅读古诗文的能力。要求学生精读一定数量的优秀古代散文和诗词曲作品,教师应激发学生诵读的兴趣,培养学生诵读的习惯。

课外阅读活动是阅读教学的重要组成部分。应根据不同学生的具体情况,适时推荐文化品位高、难易程度适当的课外读物。鼓励学生开展多种活动,如写书评、读后感,举办读书报告会、作品讨论会等,分享阅读乐趣,交流阅读成果,共同提高阅读能力。

表达与交流

写作是运用语言文字进行书面表达和交流的重要方式,是认识世界、认识自我、进行创造性表述的过程。写作教学应着重培养学生的观察能力、想象能力和表达能力,重视发展学生的思维能力,发展创造性思维。鼓励学生自由地表达、有个性地表达、有创意地表达,尽可能减少对写作的束缚,为学生提供广阔的写作空间。

在写作教学中,教师应鼓励学生积极参与生活,体验人生,关注社会热点,激发写作欲望。引导学生表达真情实感,不说假话、空话、套话,避免为文造情。指导学生根据写作需要搜集素材,可以采用走访、考察、座谈、问卷等方式进行社会调查,通过图书、报刊、文件、网络、音像等途径获得有用信息。应鼓励学生将自己或同学的文章加以整理,按照要求进行加工,汇编成册,回顾和交流学习成果。还可采用现代信息技术演示自己的文稿,学习用计算机进行文稿编辑、版面设计,用电子邮件进行交流。

良好的口语交际能力是现代公民的重要素养。口语交际是在一定的语言情境中相互传递信息、分享信息的过程,是人与人之间交流和沟通的基本手段。口语交际教学应注重培养人际交往的文明态度和语言修养，如有自信心、有独立见解、相互尊重和理解、谈吐文雅等。应重视指导学生在各种交际实践中提高口语交际能力，选择他们感兴趣的、贴近生活的交际话题，采用灵活的形式组织口语交际教学，而不必过多传授口语交际知识。还应鼓励学生在各科教学活动以及日常生活中锻炼口语交际能力。

（六）关于选修课的设计与教学

高中语文选修课程是在必修课的基础上的拓展与提高，有的侧重于实际应用，有的着眼于鉴赏陶冶，有的旨在引导探索研究。

1. 选修课程的设计

选修课的设计，必须以课程目标为依据，充分考虑学生的需求和实际水平。不能把选修课上成必修课的补习课和应考的辅导课，也不能简单地照搬大学里的选修课。

学校及教师应充分发挥积极性和创造性，努力创造条件，建设满足社会发展需求和学生愿望的选修课。学校及其所在地区具有的某种特殊条件，教师具有的某些特长，都是课程的重要资源，可以成为一些特色课的生长点。

2. 对学生选课的指导

选课的指导，首先是要让学生充分了解选修课的主要内容和特点，并且要让学生明白，选课既是为了满足自己当前的学习需求，也是为了锻炼自己，学习自我规划。教师应该认真做好选修课的介绍。其次，要帮助学生了解在若干选修课中哪一门或哪几门最适合自己，学会正确行使选课的自主权。学生可能并不完全了解自己在学习兴趣、需求和发展趋向等方面的特点，教师要帮助学生认识自己，根据自己的兴趣和未来发展的需要，决定取舍。

3. 选修课程的教学

选修课和必修课的教学存在一定的差别。选修课的学生人数不像必修课那样固定，课程有较大的灵活性和拓展性，学生具有不同于必修课的期望。

选修课的教学，要按照课程目标制订计划，不能因其设置灵活而凌乱随意、漫无计划，也不能因其拓展性要求而片面追求新奇深奥，脱离课程目标和学生实际。

选修课应该具有很强的针对性，教学内容和要求，必须在充分考虑学生需要和特点的基础上设定。不能单纯从教师的知识储备和喜好出发决定教学内容。

学校开设选修课应当从实际出发,充分估计所具备的现实条件,包括师资条件和学校所能利用的物质条件。课程设计也要因地制宜,注意开发潜在的资源,如聘请校外行家兼课,选派教师进修,利用电视、互联网等手段和当地的人文、自然资源,建设选修课程。

不同类型的选修课之间存在着课程目标和教学方法上的差异。有的重在实际操作,需要突出某一方面的专门知识和技能;有的重在发挥想象和联想,注重情感和审美的体验;有的重思辨和推理,强调理性和严谨,如此等等。所以选修课特别需要注意寻求与课程内容相适应的教学方法。

4.关于五类选修课的教学

诗歌与散文

本系列课程,应在一定阅读量的基础上,精选重点,鉴赏研读。

可通过多种途径帮助学生阅读和鉴赏,如加强诗文的诵读,在诵读中感受和体验作品的意境和形象,得到精神陶冶和审美愉悦;采用多媒体教学辅助手段,帮助学生感受和理解作品;提供必需的作家作品资料,或引导学生自行从书刊、互联网搜集有关资料,丰富对作品的理解。对有兴趣尝试诗歌散文创作的学生应给予鼓励。

应重视作品阅读欣赏的实践活动,注重对作品的个性化解读,充分激发学生的想象力和创造潜能,努力提高审美能力。教学中不要一味追求统一答案,也不必系统讲授鉴赏理论和文学史知识。

提倡举办诗歌散文朗诵会,组织文学社团,创办文学刊物,积极向校内外报刊投稿。

小说与戏剧

本系列课程的一些基本教学要求,与“诗歌和散文”大致相同,应重视作品阅读欣赏的实践活动,不必系统讲授鉴赏理论和文学史知识;提供必需的作家作品资料,引导学生自行从书刊、互联网搜集有关资料,或采用多媒体教学辅助手段,丰富对作品的理解;组织小说、剧本阅读欣赏的报告会、讨论会,交流阅读欣赏的心得。此外,可结合观摩根据小说改编的戏剧影视作品,帮助对小说的感悟和理解;鼓励学生组织文学社团,创办文学刊物,积极向校内外报刊投稿;通过观摩戏剧演出,尝试戏剧表演,加深对戏剧作品的体验。

新闻与传记

重在指导学生阅读典范性新闻作品。要理解其基本内容和社会影响,有的还可以了解其采写过程，深入把握作者立场、观点，学习其敬业精神和捕捉重大新闻的能力。新闻与传记的写作应以学校社区生活和熟悉的人物为对象，从写新闻评述、综述或传记性小故事开始，逐步提高。在写作中引导学生运用调查、访问、讨论、查找资料等多种方式获取素材，提高根据表达需要搜集信息和处理信息的能力。

语言文字应用

应引导学生增强应用意识，注重在生活和其他学科的学习中学习语文，在广泛的实践中提高运用语言文字的能力。指导学生在阅读中逐步学会筛选和整合，提高提取信息的准确性和速度；阅读规范的应用文，了解应用文的性质和用途，注意应用文的格式、术语和语言风格。结合阅读和生活实际开展活动或创设情境，练习写作和口头交流。引导学生在自己的语言实践中发展思维品质，提高思维能力。

选择合适的语言文字方面的著作，推荐给学生阅读，帮助学生用所学的基本知识和初步的方法，认识、分析有关问题，并进一步了解自己的语文学习状况，提高止确运用语言文字的自觉性。引导学生注意观察学习和生活中的语言文字现象，有计划地收集材料，学习表达的创新，思考语言文字应用与发展中的问题，展开专题研究。引导学生在调查、探究的过程中养成严谨、虚心、求实的作风。

鼓励学生参加专题研讨会、读书报告会等活动，有条件的学校可以举办专家讲座，或组织学生访问专家学者。注意用生动的实例展开教学，力求科学性与趣味性相结合，创造性地设计多种形式的活动。

文化论著研读

应指导学生阅读论著，调查和梳理材料，增强文化意识，学习探究文化问题的方法，提高认识和分析文化现象的能力，吸收优秀文化的营养，参与先进文化的传播。

阅读文化论著，重在领会精神，抓住重点，对其中的主要内容或观点进行讨论，不必面面俱到。对著作中的疑难问题，应引导学生自行钻研、互相探讨，必要时教师可作适当的讲解。

应积极开发和利用本地文化资源，引导学生联系生活实际和社会现象考察文化问题，进行分析和解释，提出自己的见解，通过口头、文字、图表、图片等多种形式展示考察成果。引导专题探究，重在培养学生的探究意识和探究能力，让学生体验探究的过程，学习探究的方法。所追求的探究结果应该切合实际，不要盲目拔高目标。

二、评价建议

（一）　评价的基本原则

1. 评价的根本目的是为了促进学生语文素养的全面提高

普通高中语文课程与九年义务教育语文课程相衔接，致力于进一步提高学生的语文应用能力、审美能力和探究能力，全面提高学生的语文素养。语文课程评价要突出整体性和综合性，从知识和能力、过程和方法、情感态度和价值观几方面进行全面考察。

2. 评价应以课程目标为基准，面向全体学生

课程目标是评价的基准，语文课程评价要根据总目标和分类目标，抓住关键，突出重点，在保证达成基本目标的基础上，尊重学生的个体差异，关注学生的不同兴趣、不同表现和不同学习需要。评价要有利于鼓励学生对课程的自主选择，促进每个学生的健康发展，要根据学生的个体差异和个性化要求，采用生动活泼、灵活多样的评价方法。

3. 评价要充分发挥诊断、激励和发展的功能

课程评价具有检查、诊断、反馈、激励和发展等多种功能，正确的评价能真实地了解学生的学习状况和学习过程，准确地判断学生的学业水平与发展需求。评价的各种功能都不能忽视，但首先应充分发挥其诊断、激励和发展的功能，不应片面地强调评价的甄别和选拔功能。语文课程评价重在激发学生提高语文素养的热情，并有利于教师发现学生学习上的优势。在此基础上提出有针对性的发展建议，同时反思自己的教学行为，不断调整和完善教学过程，促进自身的发展。

4. 提倡评价主体多元化

“评价主体多元化”是当前评价改革的重要理念和方向。语文课程评价一方面要尊重学生的主体地位，指导学生开展自我评价和促进反思，另一方面要鼓励同伴、家长等参与到评价之中，使评价成为学校、教师、学生、同伴、家长等多个主体共同积极参与的交互活动。

5. 评价应注意必修课和选修课的联系与区别

普通高中语文课程分必修课和选修课两种类型，它们的目标既有联系又有区别，共同构成高中语文课程总目标。语文课程评价既要注意两者的相互衔接，更要注意它们的不同特点。必修课的评价应立足于“共同基础”，而选修课的评价在注重基础的同时，更多地着眼于差异性和多样性。选修课的评价尤其要突破一味追求刻板划一的传统评价模式，努力探索新的评价方式来促进目标的达成。要注意各类选修课本身的特点和要求，因课制宜地制订评价方案，密切联系社会实践活动和语文的实际运用，使评价更富实效。

6. 评价应根据不同的情况综合采用不同的方式

课程评价有多种方式，每一种方式都有其优势和局限，都有适用的条件和范围。学生发展的不同侧面有不同特点和表现形式，对评价也有不同的要求。如书面的语文考试较适合于评价认知水平，观察活动较适合于评价学生的兴趣特长，成长记录能较全面地评价学生的情感态度和实践能力等。再如，探究能力的形成，具有重过程、重体验的特点，所以评价学生的探究能力不能简单地以活动结果作为主要依据，而应将学生自主探究的过程与结果统一起来，以学生在自主探究中的表现，如态度、创意、责任心、意志力、合作精神、参与程度和交往能力等方面，作为评价的重点。要努力探寻适合于不同目的的评价手段和方法，提高评价效率。

（二）必修课程的评价

1. 阅读与鉴赏的评价

论述类文本阅读的评价，着重考察学生的抽象思维能力，如能否概括和提炼文本的思想观点、发现观点材料之间的逻辑联系，并作出初步的评价。对言之有据的独特见解，应予以鼓励。

实用类文本阅读的评价，着重考察学生对文本内容的准确解读，以及对文本信息的筛选和处理能力。实用文体的语言风格、格式等特征，学生只需作基本的了解。

文学类文本阅读的评价，是阅读与鉴赏评价的重点。要重视评价学生对作品的整体把握，特别是对艺术形象的感悟和文本价值的独到理解，鼓励学生的个性化阅读和创造性的解读。要重视评价学生对不同文体作品的阅读鉴赏能力，以及借助有关资料评介作品的能力。

文言文阅读的评价，重点考察阅读不太艰深的文言文的能力，还要注意考察学生能否了解文化背景，感受中国文化精神，用历史眼光和现代观念审视作品的内容和思想倾向。

2. 表达与交流的评价

对写作的评价,应关注学生的写作态度和写作水平。论述类文本写作的评价,应考察能否恰当地表达自己的观点,并能用可靠的材料支撑观点。实用类文本写作的评价,应考察学生能否根据此类文本中常用文体的特点和要求,完成常见实用文的写作。

口语交际的评价,应考察学生参与口语交际实践活动的态度,能否把握口语交际的基本要求,善于倾听,在交流中捕捉重要的信息,清楚、准确、自信地表达自己的思想和感情。

(三)　选修课程的评价

1. 诗歌与散文

学生的阅读积累是评价的基础,要注意考察他们的阅读兴趣和文化视野。

以学生的审美能力、艺术趣味和欣赏个性作为评价的重点,如能否拓展想象和联想,能否对作品的形象和意境产生感情的共鸣,能否发现作品的丰富内蕴和深层意义,是否对作品有独到的感受和创造性理解,是否具有批判质疑的能力等。可通过写读书报告、读书札记、评论鉴赏文章、举行朗诵表演等具体成果考察学生的诗歌散文鉴赏水平。

在诗歌散文评论和创作方面,既要考察学生的参与态度,也要评价其成果的水平。

2. 小说与戏剧

评价的基本要求和"诗歌与散文"大致相同。评价中还应关注学生对作品的人物、情节、场景等的感受。

3. 新闻与传记

重在评价学生是否关心国内外大事,是否养成阅读新闻的习惯,并能准确把握主要内容和关键信息,评价学生能否运用多种形式写作简短的新闻并关注其效果反馈,能否掌握新闻写作的基本要求,是否具有良好文风;传记写作的评价应关注内容的真实,文字的生动,以及是否给人以有益的启示。

4. 语言文字应用

注意考察学生是否能综合运用有关知识、能力和方法,进行广泛阅读和交流讨论,具有积极的运用意识和负责的态度;能否读懂语文学科以外与自己学识相当的著作；在交流中是否能注意所掌握和运用的材料充分而真实可信，并有针对性；语言表达是否严密而有条理，并讲究语言艺术和实际效果。关于应用文的写作，重在评价学生是否具有良好的文风，掌握基本的格式要求。

注意考察学生能否运用所学的知识归纳、梳理语言文字的规则，能否发现语言文字表达中的错误并予以纠正；是否能对语言文字的发展变化、对语言文字应用的创新和规范化有较好的理解和认识，考察学生对语言文字现象的敏锐性和探究兴趣，考察其能否运用一些基本的知识和方法分析、探究语言文字问题。

5. 文化论著研读

考察学生是否认真研读经典原著，对论著内容的理解和观点的把握是否正确，能否借助注释、工具书、参考资料自主学习。注意评价他们提问题的角度、思考的深度，还要注意考察他们的阅读兴趣和文化视野。

对学生阅读经典著作所写的读书心得或小论文，以及文化专题探究方面的成果，进行展示、比较，做出总体评价，也应兼顾学生在参加研讨会、报告会、讲座、调查考察等活动中的表现。评价中应对学生的探究意识、参与程度、探究方法及探究结果进行综合考虑。

三、教科书编写建议

（一）教科书编写要以马克思主义为指导，坚持面向现代化、面向世界、面向未来；贯彻国家课程改革的精神，落实《普通高中语文课程标准（实验）》的要求，全面达到高中语文教育的各项目标。

（二）教科书编写应以科学的教育理论为指导，充分体现时代特点和现代意识，要重视继承和弘扬中华民族优秀文化，理解和尊重多元文化，要有助于增强学生的民族自尊心和爱国主义情感，有助于树立正确的世界观、人生观和价值观。

（三）教科书要适应高中学生身心发展的特点，符合语文能力形成和发展的规律，要有助于培养学生的实践能力和创新精神，有助于形成学生良好的个性和健全的人格。

（四）教科书应突出语文课程的特点，要便于指导学生自学。内容的确定和教学方法的选择，都要有利于学生自主、合作与探究的学习，掌握自学的方法，养成自学的习惯，不断提高独立学习和探究的能力。

(五)教科书选文要具有时代性和典范性,富于文化内涵,文质兼美,丰富多彩,难易适度,能激发学生的学习兴趣,开阔学生的眼界。

(六)教科书的体例和呈现方式应灵活多样,避免模式化。要注意设计体验性活动和研究性学习专题,有助于学生创造性地学习。

(七)教科书应有开放性,在合理安排课程计划和课程内容的基础上,给地方、学校和教师留有开发和选择的空间,也要给学生留出选择和拓展的余地,以满足不同学生学习和发展的需要。

(八)教科书要重视现代信息技术的运用。

(九)必修课教科书,可以将课程内容综合设计成五个模块;也可以按“阅读与鉴赏”“表达与交流”的目标分编,供学校在教学中自行组合成五个模块。

(十)选修课教科书,可以根据五个系列的课程目标,在每个系列中设计若干选修模块进行编写。学校也可以选用现成的图书作教科书。

四、课程资源的利用与开发

(一)高中语文课程要满足多样化和选择性的需要,必须增强课程资源意识,重视课程资源的利用和开发。各地区都蕴藏着自然、社会、人文等方面的语文课程资源,应积极利用和开发。

(二)语文课程资源包括课堂教学资源和课外学习资源,例如:教科书、教学挂图、工具书、其他图书、报刊,电影、电视、广播、网络、报告会、演讲会、辩论会、研讨会、戏剧表演,图书馆、博物馆、纪念馆、展览馆,布告栏、报廊、各种标牌广告,等等。

自然风光、文物古迹、风俗民情,国内外的重要事件,学生的家庭生活,以及日常生活话题等也都可以成为语文课程的资源。

(三)各地区、各学校的课程资源是有差别的,各学校应该认真分析本地和本校的资源特点,充分利用已有的资源,积极开发潜在的资源。

(四)学校应积极创造条件,努力为语文教学配置相应的设备;还应当争取社会各方面的支持,与社区建立稳定的联系,给学生创设语文实践的环境,开展多种形式的语文学习活动。

(五)学校在充分利用已有资源、逐步推动语文课程新资源生成的同时,也应该注意学校之间资源的互补与共享。

(六)语文教师应高度重视课程资源的利用与开发,充分发挥自身的潜力,参与必修课和选修课的建设,创造性地开展各类活动,增强学生在各种场合学语文、用语文的意识,多方面地提高学生的语文素养。

附 录

一、关于诵读篇目和课外读物的建议

1. 关于诵读篇目的建议

关于诵读篇目提出如下建议：

先秦散文，如荀子《劝学》、庄子《逍遥游》等；

唐宋散文，如韩愈《师说》、杜牧《阿房宫赋》、苏轼《赤壁赋》等；

《诗经》，如《氓》等；

《楚辞》，如《离骚》等；

唐诗，如李白《蜀道难》、杜甫《登高》、白居易《琵琶行》、李商隐《锦瑟》等；

唐宋词，如李煜《虞美人》(春花秋月何时了)、苏轼《念奴娇》(大江东去)、辛弃疾《永遇乐》(千古江山)等；

白话诗文，由教科书编者和任课教师推荐。

2. 关于课外读物的建议

课外读物包括适合高中学生阅读的各类图书和报刊。对此提出如下建议：

文化经典著作，如《论语》《孟子》《庄子》等；

小说，如罗贯中《三国演义》、曹雪芹《红楼梦》、鲁迅《呐喊》、茅盾《子夜》、巴金《家》、沈从文《边城》、塞万提斯《堂吉诃德》、雨果《巴黎圣母院》、巴尔扎克《欧也妮·葛朗台》、狄更斯《匹克威克外传》、列夫·托尔斯泰《复活》、海明威《老人与海》、莫泊桑短篇小说、契诃夫短篇小说、欧·亨利短篇小说等；

诗歌散文，如郭沫若《女神》、普希金诗、泰戈尔诗、鲁迅杂文、朱自清散文等；

剧本，如王实甫《西厢记》、曹禺《雷雨》、老舍《茶馆》、莎士比亚《哈姆莱特》等；

语言文学理论著作，如吕叔湘《语文常谈》、朱光潜《谈美书简》、爱克曼《歌德谈话录》等；

当代文学作品，建议教师从近年来发表的各类中外优秀作品中选择推荐；

科学与人文方面的各类读物可由语文教师和各有关学科教师商议推荐。

二、选修课程举例

选修课程，要根据本校的课程资源和学生的需求，按照课程目标，逐步加以建设。

选修课的内容和实施方式，可以是多方面内容的综合，如“中国古代诗歌散文选读”“中外小说名作选读”，这样的课程有利于使课内的学习扩展、延伸到课外，学生在课内学到某一作者著作的选篇，产生了强烈的兴趣和进一步了解作者全部著作的愿望，课外多方搜集，系统学习；也可以选择一本书或某一个时期、某一位作者的著作，指导学生用多种方法、多角度地阅读与探究。学生在一段时间里专注地读好一两本书，会终身受益。

有的选修课，其内容实践性很强，可以到生活实践中学习，理论与实践相联系。如“新闻与传记”“语言文字应用”“文化论著研读”系列课程的学习，应引导学生关注国内外重大事件和社会热点问题，注意观察生活中出现的各种语言文字现象，思考从现实中提取出来的文化问题，积极参与本地区文化建设。

以下所列关于选修课的设想，详略不等，目的在于提供一些思路，供建设选修课时参考。

课程举例一：唐诗选读

选读唐代不同时期(初唐、盛唐、中唐、晚唐)重要诗歌流派和诗人的代表作品，联系当时的时代背景和社会环境，理解作品的思想感情内涵，了解作品的价值取向，领略作品所反映的时代精神，认识唐代诗歌创作的杰出成就，培养热爱中华优秀文化的民族自豪感。

在鉴赏的过程中要具有强烈的自主意识，激发浓厚的鉴赏兴趣，充分展开联想和想象，对作品进行多元的开放性的解读，对作品的意蕴力求有新的发现；学习用历史眼光和现代观念审视作品，就思想内容或艺术特色的某一方面作出富有创意和个性的评述。

加强诵读涵泳，在诵读涵泳中感受作品的意境和形象，获得情感的体验、心灵的共鸣和精神的陶冶。在整体感知的基础上，学习从创意和构思、意境和意象、语言技巧等方面对唐诗作品进行赏析，感悟作品的艺术魅力，获得丰富的审美感受。运用诗词格律知识鉴赏唐诗作品。背诵一定数量的优秀唐诗作品。

可以把若干具有相同因素的唐诗组编在一起，进行专题性阅读鉴赏。从书刊、网络等渠道搜集有关的历史文化知识和作品评论资料，帮助阅读鉴赏；组织学生诗社等业余社团，开展专题研究活动；依托本地自然、人文资源，围绕所读的唐诗作品组织游览、考察活动；利用多媒体技术帮助感受和理解作品。

类似课程，如宋词选读、杜甫诗歌选读、东坡词选读等。

课程举例二：中外戏剧选读

选读、观摩若干中外戏剧（包括影视剧）的经典作品，可以是篇幅短小的独幕剧，也可以是一部剧本的节选。了解作品所反映的历史现象、社会生活和人生百态，丰富、深化对历史、社会和人生的认识。正确理解中外戏剧作品表现出来的价值判断和审美取向，从中吸取思想和艺术的营养，提升艺术欣赏品位，丰富精神生活。

了解中外戏剧的基础知识和相关的文化常识，了解有代表性的作家、作品的有关情况。学习欣赏中外戏剧的基本方法，学习解读戏剧作品，对戏剧作品具有欣赏兴趣和初步的鉴赏能力。

结合鉴赏中国古典戏剧作品，培养对传统戏曲和地方戏曲的兴趣，领略民族文化的独特魅力，加深对传统文化的了解。

对感兴趣的中外戏剧作品进行专题研究或比较研究，开展戏剧评论。组织观看传统剧目的演出，请有关专家和演员作专题讲座，帮助理解戏剧的内容和艺术特色。举行阅读报告会、作品讨论会、戏曲演唱会等，以形象生动的形式提高学习戏剧的效果。

课程举例三：中外小说戏剧名著精读

专选中外小说与戏剧的单部经典名著，用精读的方法进行鉴赏和专题研讨。中国古代小说如《三国演义》《水浒传》《西游记》《红楼梦》《儒林外史》《聊斋志异》等，古代戏剧名著如《窦娥冤》《西厢记》《琵琶记》《牡丹亭》《桃花扇》等，中国现代小说如鲁迅、茅盾、巴金、沈从文的作品，现代戏剧名著如田汉、老舍、曹禺的作品；外国小说如塞万提斯、雨果、巴尔扎克、列夫·托尔斯泰、卡夫卡的作品，戏剧名著如莎士比亚、果戈理、莫里哀的作品。

课程举例四：新闻通讯的阅读与写作

指导学生阅读新闻、通讯作品，学会迅速、准确地捕捉基本信息，并能综合其他相关知识，就所涉及的事件和观点，文本的写作意图和实效，作出自己的评判。增强关注社会发展的意识，培养对时事的敏感，能及时发现相关事件、人物的社会意义和影响。

阅读典范的新闻、通讯(含特写、报告文学)作品,了解新闻、通讯作品的内容要素和结构特点,分析观点与所报道的事实之间的关系,辨析其表达方式和表达效果。知道搜集与处理素材的一般要求,学习写作新闻、通讯。组织采访小组,通过实地察访、个别访谈、开座谈会等调查方法,搜集第一手和第二手资料(包括统计数据和个案),根据表现主旨的需要,对素材加以筛选,使用最具典型性的材料,进行报道和分析。

类似课程,如采访与编辑等。

课程举例五:传记选读

阅读人物传记,在了解时代和社会背景的基础上,分析各种因素对传主成长历程的影响;认识传主对人类物质文明和精神文明发展所产生的正面作用或负面影响,评价其功过得失;了解传主的人生轨迹和内心感情世界,丰富自己的人生经验,获得有益的启示。

能把握作品中具有典型意义的事件细节,理解作者对传主及有关事实所作的评价,并形成自己的思考和判断。认识传记的基本特性和功用,注重作品材料的可靠性与真实性,分析作品在事件叙述、人物描写和语言表达等方面的特色。

可以比较阅读不同作家关于同一传主的传记作品,或者同一作家对不同传主的传记作品;也可以将相关题材的影视片,与传记作品进行比较,对不同作品作出评论。

在阅读中,了解传记作者的基本观点,结合自己的阅读感受作出评价;通过阅读,大体掌握传记写作中选择和组织材料的方法;体会传记褒贬鲜明、文采斐然的语言特色,吸收有用的语言表达方式。同时注意引导学生在阅读传记的同时,适当参考阅读相关作品进行比较阅读,并结合传记阅读,介绍有关的文化背景,观看相关的影视作品,举办读书报告会、讨论会等活动。特别建议选取体现时代特点,贴近学生生活的传记文学来让学生阅读,并结合教学,鼓励学生尝试写小传。

课程举例六:语言文字专题

引导学生认识语言文字在社会沟通、信息交流过程中的重要作用,学习现代汉语和文言文的基础知识,练习对语言材料进行分析和归纳,梳理有关语言文字结构和运用的规则,提高理性认识能力和实际运用能力。

可以设置文字、语法、修辞、逻辑、普通话与方言等方面的专题,阅读相关论著,了解基本的知识、原理和方法,联系实际问题进行探究。关注学校和社会生活中的语言现象，尝试运用所学的知识作出分析解释。例如根据语音、词汇、语法知识，对说普通话时出现的一些错误能够识别并学会纠正。了解生活区域内方言的情况，分析当地人学说普通话的主要障碍和解决对策。也可以针对一两个专门领域（如司法、商务、传媒等领域）的语言使用情况进行调查研究，尝试分析其风格和特征。

类似课程，如汉字专题、语法专题、修辞专题、逻辑专题、普通话与方言等。

课程举例七：演讲与辩论

讨论若干典型的演讲、辩论案例，从多方面进行分析研究，总结其经验和教训，从中获得启示。观摩演讲、辩论活动，感受在演讲、辩论过程中表现出来的机智与艺术。分析演讲者、辩论者的文化修养、思想深度、应对策略、语言技巧、神态风度等，观察听众的反应，了解演讲者、辩论者表达的效果。

引导学生平时加强积累，扩大知识面，熟悉一些典范的演讲、辩论案例；提高思想文化修养，增强观察事物的敏锐性和思考问题的深刻性。设计丰富多彩的活动，指导学生在每一次活动前做好充分准备，通过反复实践，丰富临场经验，提高语言艺术水平和随机应变能力。

课程举例八：先秦诸子论著选读

先秦时期是我国思想文化取得辉煌成就的时期，出现了许多学派，他们的论著代表着中华文化精神，对后世产生了极其深远的影响。开设《先秦诸子论著选读》课程，对继承和发扬我国优秀文化遗产，体会中华文化的博大精深、源远流长，提高学生的思想道德修养，形成积极健康的人生观和价值观，培养好学深思的探究态度，具有十分重要的意义。

本课程可选择先秦诸子各学派代表人物（如孔子、孟子、墨子、老子、庄子、荀子、韩非子）有代表性的文章或片段，进行阅读探究。

在此基础上，还可以结合有关阅读内容，形成若干专题，如："孔子论学""孟子论义与利""《老子》中的矛盾观""《庄子》中的譬喻"等。

课程举例九：《人间词话》选读

王国维的《人间词话》是重要的近代文艺美学论著，也是古代诗词曲鉴赏的典范之作。通读全书，了解基本内容，初步领悟王国维词学、美学理论的民族特色，以及它所接受的外来影响。

阅读《人间词话》，宜侧重从作品鉴赏的角度领会其基本理论观点，对书中涉及的古代诗词曲作品有所接触和感知，并用来帮助对王氏理论观点的了解。根据自己对书中所涉及作品的熟悉程度,自主选择精读若干则词话,或围绕几个专题,有重点地加以研读,运用某一理论观点(如“有我之境”与“无我之境”,“造境”与“写境”,“诗人之境界与“常人之境界”,以及情与景、隔与不隔、自然与雕琢、雅与俗、入与出),帮助欣赏诗词曲作品,提高运用理论观点鉴赏评价作品的能力。不求面面俱到,一些比较偏僻的知识和比较艰深的内容可以从略。

课程举例十:《歌德谈话录》选读

歌德友人爱克曼整理的《歌德谈话录》一书,记录了德国近代最伟大的文学家之一歌德的重要思想和文艺理论观点,是世界文学的杰出成果。高中学生阅读此书,可以接触外国优秀文学传统,培养尊重多元文化的态度,拓宽文化视野,提高文艺理论修养。歌德的不少见解在今天仍有重要借鉴意义,当然也有其历史局限,要使学生对此能有初步的认识和评价。

在通读全书、大体了解基本内容的基础上,可以尝试对书中涉及的文化或文学问题进行归类,如:文学与时代、文学与民族、文学与自然、文学与现实、文学与人生、文学与作家人格、个别与一般、抽象思维与形象思维、文学作品的整体性、艺术创造性、美感和艺术鉴赏力、论著名作家作品(如古希腊戏剧、莎士比亚、席勒、拜伦、莫扎特、拉斐尔)等。联系已有的阅读经验和积累的相关知识,根据自己的兴趣和熟悉程度,选择若干专题进行探究,结合了解歌德和本书产生的时代背景,理解其主要观点和内涵,扩展到对其他文化和文学问题的思考,提出自己的见解。

如有兴趣和可能,可结合阅读歌德传记和他的代表作品(如《少年维特之烦恼》、《浮士德》),以帮助对有关观点的理解。对书中提及的重要文学艺术家的传世作品,也可从各种途径搜集品赏,用以印证歌德的相关观点,或据以提出不同看法。

课程举例十一:中华文化寻根

通过古代文化知识的学习,感受中华文化的辉煌多姿和源远流长,以激发爱国情怀和文化寻根的兴趣。积累历史文化知识,增加文化底蕴,并融会贯通于语文学习的全过程。关心并学习调查自己身边的文化现象,探求其历史根源和演变轨迹,讨论传统文化对现代社会以及社会发展的影响。

本课程可选择的内容专题,可包括民族、氏族、宗教、婚姻、家庭、姓氏,天文、地理、历法、纪时、风俗,艺术、文教、汉字、文献,衣、食、住、行、用等。不追求内容上的面面俱到,可以选择若干古代文化专题作为教学的切入点。通过若干专题的学习，激发学生的兴趣，在自主学习中扩大古代文化的知识面。

教学方法上既要给学生介绍古代文化知识，也要引导学生关注现今文化现象，探求其历史源流，使学生学会搜集材料、调查分析，说明和讨论传统文化现象的社会影响。可根据本地区历史、民俗、文物、古迹等文化资源，设计专题内容，因地制宜地引导学生做调查研究。

课程举例十二：社区文化专题

培养社会参与意识，关注当代文化生活，在城市或农村展开社区文化的调查，搜集整理材料，对社区中市民或村民的生活方式、风俗习惯、思想观念、文化演变等进行分析讨论。在有关部门的领导下，采用多种形式，开展文化交流和社区文化建设活动，积极传播先进文化，提高参与文化建设的自觉性和语文综合应用能力。

注意调查访问与书面学习相结合，现状调查与比较研究相结合，分析研究与参与传播建设相结合。阅读有关书籍，了解关于文化及社区文化的知识和资料；通过观察、访谈、问卷调查、开座谈会等方式，向社区干部、中小学生、市民或村民等进行调查，整理分析资料，写成调查报告、社区建设的建议书等。

类似课程，如民俗文化专题、旅游文化专题、流行文化专题、大众传媒专题、网络文化专题等。

附录三

新媒体对初中学生语文学习影响的问卷调查

各位同学，你们好，我为调查新媒体对学生语文学习的影响设计了此问卷，希望同学们认真作答，你所回答的内容不外传。

学校：________________ 班级：________________

1. 你认为网络、影视、广告、电子游戏等对语文阅读和写作有何影响？（积极影响和消极影响）________________________________

____

2. 你喜欢看哪种类型的影视？请列举几个。

A. 卡通片 B. 励志片 C. 青春生活片 D. 政治教育片 E. 歌舞片

3. 你认为看影视对你的语文阅读有帮助吗？

A. 有 B. 没有

4. 看影视、网络文艺对语文阅读的帮助体现在哪些方面？（可以选多项，其他方面的请进行补充）

A. 阅读速度提高 B. 阅读习惯的养成 C. 阅读面扩大

D. 其他________________________________

____

5. 你认为影视、电子游戏等对你的语文写作有帮助吗？

A. 有 B. 没有 C. 有好处也有坏处，关键看你能否合理使用

D. 合理使用有好处，但我一般做不到合理使用，因此我觉得它们对我们的

学习消极性更大

6. 看电影对写作的帮助体现在哪些方面？
A. 增加题材的选择度　B. 可以积累优美词句　C. 可以学习写作方法
D. 其他＿＿＿＿＿＿＿＿＿＿＿＿＿＿＿＿＿＿＿＿

7. 你认为看电影对阅读的帮助大还是对写作的帮助大呢？
A. 对阅读的帮助大　B. 对写作的帮助大

8. 你喜欢看电视吗？在电影和电视两者中，你更喜欢看哪个？经常看哪个？
A. 喜欢　电影　B. 喜欢　电视　C. 不喜欢　电影　D. 不喜欢　电视
E. 其他＿＿＿＿＿＿＿＿＿＿＿＿＿＿＿＿＿＿＿＿

9. 你喜欢看哪种类型的电视？（可以选多项）
A. 少儿频道　B. 综艺频道　C. 体育频道　D. 电影频道　E. 军事·农业频道　F. 科学·教育频道　G. 社会与法频道　H. 新闻频道　I. 音乐频道

10. 你认为看电视对你的语文阅读有帮助吗？
A. 有　B. 没有　C. 有好处也有坏处，关键看你能否合理使用
D. 其他＿＿＿＿＿＿＿＿＿＿＿＿＿＿＿＿＿＿＿＿

11. 你认为看电视对语文阅读的帮助体现在哪些方面？
A. 阅读速度提高　B. 阅读习惯的养成　C. 阅读面扩大
D. 其他＿＿＿＿＿＿＿＿＿＿＿＿＿＿＿＿＿＿＿＿

12. 你认为看电视对你的语文写作有帮助吗？
A. 有　B. 没有

13. 你认为看电视对写作的帮助体现在哪些方面？
A. 增加题材的选择度　B. 可以积累优美词句　C. 可以学习写作方法
D. 其他＿＿＿＿＿＿＿＿＿＿＿＿＿＿＿＿＿＿＿＿

14. 你认为看电视对阅读的帮助大还是对写作的帮助大呢?
A. 对阅读的帮助大　B. 对写作的帮助大

15. 你认为电影、电视和网络哪个对你的语文学习的帮助更大?
A. 电影　B. 电视　C. 网络

16. 你平时喜欢上网吗?
A. 喜欢　B. 不喜欢

17. 你喜欢上什么样的网?
A. 百度　B. 网易　C. 腾讯　D. 新浪　E. 搜狐　F. 游戏

18. 你经常上网查语文资料吗?
A. 经常　B. 不经常

19. 你认为网络语言对写作有帮助吗?
A. 有　B. 没有　C. 有好处也有坏处,关键看你能否合理使用
D. 其他________________________________

20. 一周看电影、电视和网络的时间共有多长?
A. 没有　B. 1 小时以上　C. 3 小时以上　D. 5 小时以上　E. 有时间就可以玩

21. 你认为网上阅读、手机上阅读等与阅读书籍、课本有什么不同? 有哪些好处和坏处?
____
____
____
____
____

参考文献

一、著作类

[1]冯一粟、叶奕:《大众传媒导论》,北京:科学出版社,2010 年。
[2]王松泉、王相文、韩雪屏:《语文教学概论》,北京:高等教育出版社,1999 年。
[3]朱绍禹:《中学语文课程与教学论》,北京:高等教育出版社,2005 年。
[4]吕叔湘:《吕叔湘论语文教学》,济南:山东教育出版社,1987 年。
[5]孙汝建:《口语交际理论与技巧》,北京:中国轻工业出版社,2007 年。
[6]杨成章:《作文教学原理》,福州:福建人民出版社,1987 年。
[7]李广建:《青少年阅读心理与读书方法》,北京:海洋出版社,1991 年。
[8]卿家康:《阅读与阅读艺术》,北京:知识出版社,1991 年。
[9]区培民:《语文课程与教学论》,杭州:浙江教育出版社,2003 年。
[10]莫雷:《教育心理学》,北京:教育科学出版社,2007 年。
[11]倪文锦、谢锡金:《新编语文课程与教学论》,上海:华东师范大学出版社,2006 年。
[12]邵培仁、海阔:《大众传媒通论》,杭州:浙江大学出版社,2005 年。
[13]张定远:《阅读教学论集》,天津:新蕾出版社,1983 年。
[14]方建移、章结:《大众传媒心理学》,杭州:浙江大学出版社,2005 年。
[15]于根元:《网络语言概说》,北京:中国经济出版社,2001 年。
[16]吴满意:《网络媒体导论》,北京:国防工业出版社,2008 年。
[17]王德华:《网络环境下的教与学》,南京:东南大学出版社,2005 年。
[18]刘淼:《当代语文教育学》,北京:高等教育出版社,2005 年。
[19]曹明海、李洪先:《语文课程与教学论》,济南:山东人民出版社,2005 年。
[20]周有光:《汉字改革概论》,北京:文字改革出版社,1961 年。
[21]姚金铭:《汉字心理学》,南宁:广西教育出版社,2001 年。
[22]萧启宏:《从人字说起》,上海:东方出版社,1999 年。
[23]伍铁平:《语言与思维关系新探》,上海:上海教育出版社,1986 年。

[24]吴式颖:《外国教育史教程》,北京:人民教育出版社,1999 年。
[25]吴庆麟等:《认知教学心理学》,上海:上海科学技术出版社,2000 年。
[26]吴馥梅:《脑活动的内幕》,南京:江苏科学技术出版社,2000 年。
[27]王宁:《汉字构形学讲座》,上海:上海教育出版社,2002 年。
[28]王凤阳:《汉字学》,长春:吉林文史出版社,1989 年。
[29]唐汉著:《唐汉解字》,太原:书海出版社,2003 年。
[30]裘锡圭:《文字学概要》,北京:商务印书馆,1988 年。
[31]苏培成、尹斌庸选编:《现代汉字规范化问题》,北京:语文出版社,1995 年。
[32]彭聃龄:《汉语认知研究》,济南:山东教育出版社,1997 年。
[33]聂鸿音:《中国文字概略》,北京:语文出版社,1998 年。
[34]刘志基:《汉字体态论》,南宁:广西教育出版社,1999 年。
[35]刘又辛、方有国:《汉字发展史纲要》,北京:中国大百科全书出版社,2000 年。
[36]刘长林:《中国系统思维》,北京:中国社会科学出版社,1990 年。
[37]李杏保、顾黄初:《中国现代语文教育史》,成都:四川教育出版社,1997 年。
[38]蒋仲仁:《思维·语言·语文教学》,北京:人民教育出版社,1988 年。
[39]韩雪屏:《语文教育的心理学原理》,上海:上海教育出版社,2001 年。
[40]符淮青:《现代汉语词汇》,北京:北京大学出版社,1985 年。
[41]丁刚:《历史与现实之间:中国教育传统的理论探索》,北京:教育科学出版社,2002 年。
[42]张田若、陈良璜、李卫民:《中国当代汉字认读与书写》,成都:四川教育出版社,1998 年。
[43]戴汝潜主编:《汉字教与学》,济南:山东教育出版社,1999 年。
[44]陈宗明:《汉字符号学——一种特殊的文字符号》,南京:江苏教育出版社,2001 年。
[45]陈中立:《思维方式与社会发展》,北京:社会科学文献出版社,2001 年。
[46]陈树民:《现代儿童识字创新之路》,银川:宁夏人民教育出版社,2003 年。
[47]陈传锋、黄希庭:《结构对称性汉字认知研究与应用》,北京:新华出版社,2004 年。
[48]安子介:《解开汉字之谜》,香港:香港瑞福有限公司,1990 年。
[49]刘金花主编:《儿童发展心理学》,上海:华东师范大学出版社,1997 年。
[50]张书岩、王铁昆、李青梅、安宁:《简化字溯源》,北京:语文出版社,1997 年。
[51]杨学为:《中国高考史述论》,武汉:湖北人民出版社,2007 年。
[52]刘海峰:《高考改革的理论思考》,武汉:华中师范大学出版社,2007 年。

[53]黎锦熙:《国语运动史纲卷》(二),北京:商务印书馆,1934 年。
[54]郑国民:《从文言文教学到白话文教学——我国近现代语文教育的变革历程》,北京:北京师范大学出版社,2000 年。
[55]李杏保、顾黄初:《中国现代语文教育史》,成都:四川教育出版社,2000 年。
[56]张鸿苓等主编:《新中国中学语文教育大典》,北京:语文出版社,2001 年。
[57]秦凤珍等:《信息传媒文化与当代文艺生产消费的新变》,北京:中国社会科学出版社,2012 年。
[58]张隆华、曾仲珊:《中国古代语文教育史》,成都:四川教育出版社,1995 年。
[59]张光鉴等:《相似论》,南京:江苏科学技术出版社,1992 年。
[60]张光鉴等:《科学教育与相似论》,南京:江苏科学技术出版社,2000 年。
[61]臧克和:《汉字文化综论》,南宁:广西教育出版社,1996 年。
[62]叶桂桐:《中国文化解读》,北京:教育科学出版社,2001 年。
[63][美]朱迪斯·巴特勒著:《性别麻烦——女性主义与身份的颠覆》,宋素凤译,上海:上海三联书店,2008 年。
[64][美]柯林·罗斯、麦尔孔·尼柯著:《学习地图》,戴保罗译,北京:中国城市出版社,1999 年。
[65][美]伊丽莎白·爱森斯坦著:《作为变革动因的印刷机》,何道宽译,北京:北京大学出版社,2010 年。
[66][法]波德里亚著:《消费社会》,刘成富、全志钢译,南京:南京大学出版社 2000 年。
[67][法]列维·布留尔著:《原始思维》,丁由译,北京:商务印书馆,1986 年。
[68][瑞典]林西莉:《汉字王国》,济南:山东画报出版社,1998 年。
[69][英]戴维·钱尼:《文化转向:当代文化史概览》,戴从容译,南京:江苏人民出版社,2004 年。

二、论文类

[1]昌家立:《“相似信息块”:客观逻辑转化为观念逻辑的内在机制》,《南京社会科学》(经济·哲学版)1995 年第 5 期。
[2]李革:《网络环境下的语文教学思考》,《四川教育学院学报》2008 年第 1 期。
[3]李镇西:《我看网络与语文教学》,《中学语文教学》2002 年第 1 期。
[4]秦凤珍、蔡园园:《传媒文化与当代青年的文艺生活》,《四川教育学院学报》2010 年第 8 期。

[5]刘锡庆:《谈阅读与写作教学》,《新作文(小学教学)》2003 年第 3 期。
[6]张武田:《汉语词音或字形匹配条件下大脑半球的功能优势》,《心理学杂志》1988 年第 3 期。
[7]李玉萍:《知识迁移与相似信息共振》,《晋阳学刊》2001 年第 1 期。
[8]李辉:《学前阶段儿童汉字认知能力发展的比较研究》,北京师范大学 1999 年博士学位论文。
[9]何克抗、李克东、谢幼如、王本中:《一项影响深远的重要教改试验——小学语文“四结合”教改试验研究项目》,《语言文字应用》1998 年第 4 期。
[10]韩伟:《试论字形文化研究的意义》,《郑州大学学报》(哲学社会科学版)2003 年第 1 期。
[11]管益杰、方富熹:《我国汉字识别研究的新进展》,《心理学动态》2000 年第 2 期。
[12]陈国雄、崔峦:《识字教学的回顾与展望》,《课程・教材・教法》1990 年第 12 期。
[13]韩布新:《汉字识别中部件的频率效应》,《心理科学》1998 年第 3 期。
[14]方富熹、方格:《初入学儿童认知发展中的个别差异和个人内部差异初探》,《心理学报》1991 年第 4 期。
[15]王红兵:《试论我国高考改革的历史、现状和发展前景——兼论高考历史试题的变化》,华中师范大学 2003 年硕士学位论文。
[16]吴锡英:《论相似性思维与技术创新》,《成组技术与生产现代化》2000 年第 1 期。
[17]欧颖:《我国当前高考改革的价值取向研究》,云南师范大学 2006 年硕士学位论文。
[18]中国蔡元培研究会编:《发起国语研究会请立案呈》,载《蔡元培全集(三)》,杭州:浙江教育出版社,1997 年。
[19]蔡元培:《国文之将来》,《北京大学日刊》1919 年 11 月 9 日。
[20]温立三:《新世纪课程标准语文教材编制的四大弊病》,《中学语文》2008 年第 31 期。
[21]吕建生:《我国基础教育教材多样化建设的思考》,《基础教育课程》2009 年第 3 期。
[22]余金泉:《多媒体教学环境下语文教师素养问题的思考》,《语文学刊》2009 年第 4 期。
[23]王兴华:《语文教师信息素养现状调查与培养对策研究》,西北师范大学

2012 年硕士学位论文。
[24]杨存生、翟启明:《中学语文教师信息素养提升策略探索》,《语文学刊》2009 年第 12 期。
[25]秦凤珍、何志钧:《数字时代的网络美育》,《人民日报》2012 年 1 月 20 日第 24 版。
[26]孔刃非:《论汉字的文化学价值》,《古汉语研究》1996 年第 4 期。
[27]赵金铭:《对外汉语研究的基本框架》,《世界汉语教学》2001 年 3 期。
[28]刘飒:《集认识论方法论和思维科学理论于一体,张光鉴提出"相似论"引起广泛关注》,《光明日报》1992 年 5 月 25 日第 1 版。
[29]朱晓平:《汉字句子语境条件下的单词识别——语境效应的作用点》,匡培梓、张嘉棠编:《中国语文——认知科学第五届国际研讨会论文选编》,北京:科学出版社,1997 年。
[30]张旺:《谨防走入培养创造性人才的误区——对开发右脑的反思》,《南都学坛》2001 年第 1 期。
[31]俞红兵:《浅说提高中学生汉字水平的途径》,《中学语文教学》2003 年第 5 期。
[32]王元华:《由学生错字别字反思高考字形字音试题的定位》,《中学语文教与学》2003 年第 11 期。

关键词索引